大航海時代的台灣

Taiwan
in the Age of
Exploration

湯錦台
——著

《大航海時代的台灣》是一本台灣研究領域中罕見的著作。此書不僅將台海歷史的前段有了交待，而其更重要的貢獻則是將台灣歷史放在世界史的格局中，討論西太平洋的海權競爭。台灣歷史是今日台灣的「顯學」，可是大多研究者的角度，大致限於「本土」的視野，此書則是從國際的視野，陳述台灣早期的情形。台灣歷史研究，如果都能從本土的樊圉自拔，當可將今日的台灣意識，擴大其胸襟懷抱，則於台灣今後定位及與人相處之道，更知道其中的分際。

　　十七世紀的大航海活動，是歐洲力量瀰漫全球的重要階段。這一段歷史，也是全球經濟網路成形的第一步。在十六世紀時，新大陸的白銀，已經透過西班牙的高桅船，不斷運來亞洲，購買亞洲的商品，分別從印度洋繞過非洲，或從中美地峽由陸路轉駁到墨西哥灣，運往歐洲博取原料。中國出產的絲綢、茶葉與磁器，日本的各種工藝品（包括刀劍、織物），及南洋出產的各種香料，均是大航道上的商品。中國與日本、都因大量白銀流入，而有長期的經濟繁榮。這一現象，遂使產絲的江南，與產磁器的南部各省（包括江西、湖南、福建、廣東），成為中國最富庶地區。同理，日本的九州諸藩，也因為工藝產業發達，在大航海時代享受了前所未有的經濟繁榮。

　　在上述的時代背景下，本書描述的情形，或能更易理解。十七世紀的海商活動，事實上與海盜活動很難區隔。西方船隊之間，彼此攔截掠奪，已是列國海上競爭的常事。中國沿海的倭寇，其實是國際性的活動，其中頗多中國沿海的海盜。浙江閩粵沿岸，不少離島都是海上活動的基地，非中國官府號令所屬。第一代海商活動的領袖，竟是徽商許氏兄弟及王直，而不是閩粵沿海人士──這也是值得注意的事！我們必須理解：明代徽商的興起當與中國南方繁榮有不可分割的關係。徽商在金融事業獲得巨大財富，其中有人遂轉而投資國際貿易，亦即海商

活動。然而，徽商必須僱用習於風波的沿海居民操舟出海；因此，徽商雖始作其俑，但幾乎立即由閩粵人士接手了。

海上活動向來是國際性的。十七世紀縱橫大洋的海商——海盜集團，其中成員十分複雜。西印度群島的海盜集團如此，中國沿海的海盜也如此！福建在中國南部，左挈浙江、右攬廣東，以福建為基地的海上活動，以其地勢，又可遠通琉球、日本，南下菲律賓與馬來半島。太平洋西岸的洋流，南下北上，因經過台灣，這一優勢遂使台灣一躍而登上國際海上活動的中繼站。閩台兩地，內外呼應，既可扼南北交通咽喉，又可聯繫大陸與海洋。這是十七世紀以來，台灣據有的形勢；至今台灣仍以此特色，以蕞爾小島，卓然自立於西太平洋。讀者如能注意到，十七世紀的時間意義與這一空間位置在當時呈現的特性，當能理解本書所述的特殊現象的來龍去脈。海南島也是中國南方的島嶼，也許因為海南不是南下北上兩條洋流流經之處，海南遂只能是大陸的延伸，不能成為海運的樞紐。

中國與南洋各地的海運交通，早在南宋已相當發達。那時應已有華人移居南洋；明初有鄭和下西洋的壯舉，今日南洋各地華人居住地區，還有以「三寶」為名的遺跡。然而，華人大量移殖南洋，仍當在十六、十七世紀以後。在明鄭時代，單以呂宋（菲律賓）一地而言，即有數萬華人聚居堤岸，並且曾經慘遭西班牙人大批屠殺。南洋若干中繼港的華人聚落沒有發展為華人殖民地，則因為中國的明清兩代政府，都是閉關心態，不能向外發展。同樣的，後來致力於帝國主義侵略行為的日本，於十七世紀也有嚴重的閉關心態；於是，豐臣秀吉繼有侵略朝鮮之舉，也有窺伺中國的野心；但是德川日本只有地方藩侯主導的海上活動，日本人口卻並未大量移往海外，建立殖民地。台灣密邇中國，遂成為中國人口唯一的海上移殖地區，而終於納入中國版圖。如果台灣島離中國距離稍遠，則移殖台

灣的漢人，大約也只能像南洋華人聚落一樣，最後淪為西方帝國主義殖民地的外來人口，而未必能發揚光大，成長為一個漢人的社會。本書作者曾比較台灣與南洋華人聚落之間的歷史，也因察覺時空條件對歷史發展的影響。

　　總之，這是一本好書，有一貫的理念，以駕馭複雜的史事，並且甚有可讀性，值得細讀。

中央研究院院士

許倬雲

2001.1.4

作者序

　　這本書是探討十七世紀台灣脫離原始狀態被動接受外界文明的一本著作。

　　十七世紀是人類歷史上的一個重要轉折時期，資本主義在荷蘭人反抗西班牙統治的戰爭歲月中發軔，從宗教和王權的束縛中解放出來的荷蘭新興商業資本追隨葡萄牙、西班牙人的海外擴張腳步，在亞洲建立了從印尼到日本的商業王國。

　　在此之前，隨著人類進入大航海時代的第一波全球化浪潮中，葡萄牙人、西班牙人的東來，中國人、日本人和歐洲商人之間開始出現了互動，這種互動又因後來居上的荷蘭人的加入而愈演愈烈，最後在東亞形成了以台灣、福建和日本九州為核心的三邊貿易，並由此而開啟了台灣近代的歷史。可以說，如果沒有歐洲人的東來，台灣可能在十七世紀以後相當長的時期內，仍將是中國海盜或是日本倭寇逃避中國官兵追捕的避難後方，漢人大批移民台灣的歷史至少要晚了許多候。因此要探討台灣近代歷史的緣起，就不能不從歐洲人的東來說起。而這方面系統介紹這段時期發展的書籍卻不多見，因此在多年以前，就萌生了撰寫本書的念頭。

　　由於在紐約工作之便，給我研究這段時期的歷史增加了不少方便。從近代歷史起源的角度，紐約在許多方面與台灣有驚人的相似之處。從十七世紀二〇年代到六〇年代，它也是最早被荷蘭人統治過的地方；它同樣是先有土著居民存在，後因歐洲人的到來才打破其原始面貌。從認識荷蘭人殖民紐約的歷史著手，再逐步深入了解西洋人殖民海外的歷史，自然而然地，就掌握了圍繞台灣近代歷史形成的總體時代輪廓。

　　值得一提的是，一九九六年底到一九九七年初期間，菲律賓駐紐約總領事館舉辦的一項長達四個月的展出，給了我永遠難忘的經驗。十六、七世紀之交的時候，一艘環繞地球航行的荷蘭船隻來到了馬尼拉港外，在一場遭遇戰中擊沉了西

班牙人的「聖地牙哥號」大帆船。展出的就是專家打撈上來的沉船遺物，主要是明朝當時福建商人運往馬尼拉販賣的瓷器。一件件精美的青花瓷、造型獨特的龍紋大陶甕，另外還有西班牙人使用的大砲、武器、銀幣和日本傭兵的武士刀護手等等，在我眼前的不僅是古代的文物而已，它們是歐亞文明的早期海上交流和先民們從事國際貿易的最生動寫照。這次的經驗加上我後來在荷蘭阿姆斯特丹、哈林、合恩等市鎮體驗到的聯合東印度公司的活動事跡，給本書所敘述的時代，提供了一些註腳。

在這個大時代的背景下，有一群活躍在東亞海域的閩南海商、海盜（其中最突出的是鄭芝龍家族），竟成為譜寫出這段歷史的要角。為了探訪這些海上活動家的足跡，我曾經先後到過廈門、泉州和日本的長崎、平戶。從實地、實物的體會中，我似乎對當時的時代脈搏有了更深一層的了解，也因此對先民們赤手空拳走南闖北、最後擊敗歐洲人的角逐的闖蕩精神有了更多的敬佩。這種精神一直成為推動我努力寫完這本書的動力。

寫這本書時，從一開頭就不打算把它寫成一本嚴謹、嚴肅的學術著作，只是希望能夠藉這本書為讀者們提供台灣近代歷史形成的生動注解而已。但是對於事務的描述，還是盡量找出論據，包括原始資料，使有所根據，其中並穿插自己的一些看法和體會，力求創新。不過，由於涉及的範圍過於廣泛，和海外蒐集中文資料的侷限，加上自己的學養畢竟有限，疏漏和錯誤在所難免，尚請讀者和專家們指正。

最後，我要特別感謝撰寫本書過程中我的妻子雪梅和家人給予我的全心鼓勵和支持。更要感謝我最尊敬的長輩沈昌瑞先生從頭到尾的關注和指點。我也要感謝好友張健行兄和暨南大學歷史系的林偉盛教授對本書的格式、內容和觀點提供

了寶貴的意見。我還要感謝廈門大學鄧孔昭教授和他的學生，及泉州的王偉明先生，在我考察廈門、東山島和泉州期間給予的熱情幫助。對於出版社編輯部門的張海靜小姐在資料和編輯方面的幫忙，也一併在此表示謝意。沒有他（她）們和其他沒有提到名字的朋友們的幫助，這本書是不可能這麼順利完成的。

湯錦台

2001.1.8

上個世紀末期，基於個人的興趣，我開始了對台灣史的探索，並於世紀之交，推出了最早版本的《大航海時代的台灣》。

　　二十年過去了，在台灣史研究領域，推陳出新，有許多科學發現與學術創建，擴大了我們的視野。首先，學界的合作，在推論出南島語族的族源方面，取得了突破性的成果。譬如，近期，廈門大學人類學研究所與成功大學考古所的合作，對距今兩三千年前台灣古人群所作首次古 DNA 的研究取得了突破性的成果，推斷出他們與中國大陸壯侗語（侗傣語）人群有著非常親近的親緣關係，後經由其南向擴張，傳播了南島語。

　　其次，台灣本地和環南海地區多年的考古與史料發現，以及兩岸學術文化界不斷的深入研究，也給我們對台灣史前人類活動的足跡，及其與來台漢人和周邊地域的關係，提供了許多珍貴的線索。譬如，唐宋以後轉趨頻繁的中國至南海、印度洋航線，處於此航線邊緣的台灣，事實上已經融入了當時世界上最大的海洋貿易圈，而海上貿易更顯然是南島語族向海洋擴張的重要動力。史載北宋開國後與菲律賓群島南部的頻繁貿易往來，也必然帶動處於兩者之間的台灣的商品交易。在菲律賓南部出土的宋代青瓷，也同樣見諸於進入學者所稱的「原史時代」中前期的台灣。在十六世紀初期葡萄牙人占領麻六甲王國後取得的包括了澎湖島與台灣輪廓地圖在內的數張珠江口地圖素描，說明了過去少為學者研究到的歐洲人海上東來前這一環繞東亞的海上貿易，也應是台灣史研究的重要內涵。

　　同樣重要的是，在二十年前《大航海時代的台灣》面世時，此前學界對東亞進入「大航海時代」後，到一六二四年荷蘭人占台為止的漢人在台活動，所知並不多。考古成果和新史料的陸續發現，無疑填補了這一段空白，不僅幫助我們瞭解到這一時期，隨著澳門的開埠與漳州月港的相應開放海禁，先住民與漢人的貿

易開始出現了數量不少的漳州窯青花瓷等器物的內涵，也讓我們對台灣開始脫離原始交易社會型態，成為明中期至後期閩粵之民頻繁進出之地的轉變進程，有了比較清楚的認知。

大體來說，這個進程是一種漢人來台團夥從海上亡命向跨國經營轉型的蛻變。

一五五七年澳門開埠，大明王朝的東南產生了驚天巨變，官宦大戶組成的利益集團和草民中自發生成的海上群雄活躍於從閩粵交界處到澳門的海域。先有吳平、許朝光、林道乾、諸良寶、曾一本、林鳳，後有袁進、李新（又名李忠、洪武老）、劉香、林辛老、林謹吾（林錦吾）等集團，以及最後從日本歸來的李旦、顏思齊與鄭芝龍等勢力與明水師官兵周旋，以澎湖、台灣為基地，將台灣進一步納入了以漳州窯（即後來的出口青花瓷）和絲綢為主要內容的新興環中國、日本和東海海域的國際貿易圈。不數年，這個貿易圈又隨著月港海禁的解除和西班牙人的占領馬尼拉，擴大而為環南海貿易圈。

直到荷蘭人占據台灣以前數年，這些活躍於中國東南海域的漢人海上武裝力量的活動範圍及於基隆、淡水、笨港、魍港、赤崁等地，對台灣早期開發的格局，起到了決定性的作用。

考古發現，這一時期台灣西南平原先住民西拉雅文化區開始輸入大量非本地生產的陶器，並出現以當時主要產於明代客家原鄉平和縣等地的漳州窯為主的青花瓷餐飲用碗、盤、杯等，說明了漢文化開始對台灣的深度滲透。

大陸學者和文史研究者陳小沖和涂志偉的研究表明，最晚到一六一七年，也就是李旦勢力開始利用台灣從事轉口貿易的前一年，漳州漳浦趙家堡家族任明水師軍官的趙如思（趙秉鑒），顯然是在福建官方默許下，利用在台灣北港坐擁

一方並已打開了對日和對大陸三角貿易的林謹吾的勢力，在今台南赤崁城所在地建造了一座簡易城堡，擬將之作為其在台灣開建新基地之用。時間上比荷蘭人在一六五三年就地所建普羅民遮城（Proventia）的年代，早了三十幾年。

這些從十六世紀轉型到十七世紀初台灣先住民與漢人開始規模交易接觸的歷史，是本書最早出版時尚未發掘的重要史料，故利用二版的時機，補上其輪廓，以供讀者參考。

湯錦台

2021.3.14

目次

第一章

西洋人到來以前的台灣社會

十六世紀後半期，當歐洲和東洋日本勢力風起雲湧，世界格局發生前所未有的巨變之際，位於東亞大海之上的台灣，還是一個混沌未開的世外桃源，既不像中國、日本那樣，已自主形成有力的政治主體，也不同於琉球、朝鮮，從屬在龐大的中華帝國的政治保護之下。

這個時期的台灣，除了人數不多的各族土著先住民[1]散居島上各地外，只有來自中國大陸南方沿海的零星漢人不時前來捕魚、交易，交換生活用品；或有一些海上武裝勢力，以它作為逃避官兵追捕的據點。偶而還有個別漢人移居島上，是為漢人移台的先驅。[2]

這種幾乎與世隔絕的存在，直到進入十七世紀歐洲人在台灣海峽上的活動驟趨頻繁，而日本也將目光投向南方之後，才被突然打破，從此開啟了中外勢力交叉影響下的台灣四百年近代歷史。

但是，也許是四百年的歷史太長了，加上有關原始史料不豐，至今我們對這段歷史形成前夕的台灣社會種種，知道的詳情並不多。即使如此，透過有限的文獻記載，大致還是可以瞭解到島上居民們的零星生活梗概。

據《明史》記載，[3]在台灣北部的雞籠（今基隆），又名「東番」，那裡的村社「聚落星散。無君長，有十五社，社多者千人，少或五六百人……男子穿耳，女子年十五，斷唇旁齒以為飾，手足皆刺文。」

又明萬曆三十年（一六〇二），曾經跟隨浯嶼（漳州九龍江出海口南側島嶼）把總沈有容驅趕倭寇並到過台灣南北的福建連江縣人陳第，在他事後所寫的《東番記》中，提到了台灣西南部西拉雅人男女的婚嫁習俗：「娶則視女子可室者，遣人遺瑪瑙珠雙，女子不受則已；受，夜造其家，不呼門，彈口琴挑之。……女聞，納宿，未明徑去，不見女父母。自是宵來晨去必以星，累歲月不改。迨產子女，婦始往婿家迎婿，如親迎，婿始見女父母。遂家其家，養女父母終身，其本父母不得子也。」

這就是說，男女未結婚前，男方看中對象後，以兩顆瑪瑙珠試探，如果女方接納了，男方就在半夜到女子住家前吹口琴挑逗，女孩聽到後開門納宿，兩人同床共枕，天未亮，男子即悄悄離去，夜夜如此。直到女子生下了小孩，才到男子家中把他娶回，終身奉養她的父母。

曾經在台南長老教會服務的一位蘇格蘭人牧師甘為霖（William Campbell），

清代彰化平埔族迎婦圖。　　　　　　　　　　　　　清代台灣中部平埔族獵鹿圖。

在他一九○三年出版的《荷蘭人統治下的台灣》（*Formosa under the Dutch: Described from Contemporary Records*）一書中，引述了文獻所載荷蘭首任駐台牧師甘迪留斯（Rev. George Candidius，一六二七至一六三七年在台）的有關說明，給我們提供了這位荷蘭牧師對當時台灣先住民社會結構的第一手寶貴考察資料。

根據甘迪留斯牧師的描述：

（台南一帶的）土著共有新港（今台南新市）、麻豆、蕭壠（今台南佳里）、目加溜灣（今台南安定）、大目降（今台南新化）、Tifulukan、Teopan 和大武壠（今台南善化）等八個社。這些地方的居民具有相同的儀態、習俗和宗教，講著同樣的語言。這些社都是從海岸延伸到山區分布，離開熱蘭遮城（指荷蘭人的統治中心）總部都在一天行程之內。最遠的村莊是座落在山區的大武壠，從熱蘭遮城來回要三天。居民都很野蠻殘暴，男子通常都非常高大強壯，事實上幾乎像巨人一樣。他們的膚色在黑褐之間，很多像印度人一樣（在此是指東印度人，即南洋土

著），但不像卡菲爾人（Kaffirs，指非洲南部黑人）那麼黑。夏天他們完全赤裸著身體，一點都不害羞。相反的，女子個子很矮小，但是很胖很壯，膚色在褐黃之間。她們穿一點點衣服，有點害羞，可是洗澡的時候並不會不好意思。她們一天要洗兩次澡，洗澡時如果有男人走過，她們也不在乎。

總的來說，福爾摩沙人（荷蘭人對先住民的稱呼）都很友善、忠實和善良。他們對外來人也很好客，以十分的誠意按照他們的方式拿出食物和飲料。……還有，福爾摩沙人對朋友和盟友非常忠實，一點也不奸詐。他們寧可捨命或自己受苦，也不願出賣他人，使別人受到折磨。他們有很好的理解力，記憶力特別強，很容易明白和記住任何事情。

甘迪留斯牧師還提到這些土著居民主要從事簡單的農作，由婦女承擔大部分農事粗活，像插秧、割稻等。割下的稻子直接拿回家中，每天晚上拿出剛好夠吃的兩三束稻穗，掛在火上晾乾，第二天清晨天亮前，再由這些婦女起床樁米。她們年復一年，日復一日，絕不超過一天需要的準備分量。

從甘迪留斯牧師的描寫，我們還知道當時的先住民使用刀、矛和日本製的斧頭打獵或打仗，捕獲的獵物毛皮（主要是鹿皮）被用來與漢人進行以物易物交易。

這些描寫說明了一點，就是在西洋人到達台灣以前，先住民已經從漢人學會種稻和插秧技術，而且也從漢人甚至日本人換得鐵製武器，那麼這些漢人和日本人又是在什麼情況下到台灣的呢？

明代從太祖朱元璋開國以後，屬行海禁，因此，中國大陸沿海居民私下到台灣的機會並不多。但是由於宋、元以來，政府重視海外貿易活動，特別是福建泉州，曾經是對外貿易的中心，吸引過無數伊斯蘭世界和東南亞的商人到此通商。閩南一帶沿海居民得風氣之先，對經營海上貿易，早已形成傳統。明太祖的海禁，雖能禁止沿海居民出海於一時，卻無法長遠禁絕。一部分人鋌而走險，下海出洋，有的遠走南洋，有的前往日本，僑居海外的華人人數反而不斷增加。

明朝中葉以後，中國國內工商業漸趨繁盛，中、日之間的走私活動也相應增加，尤其是在浙江雙嶼（今浙江寧波外海舟山群島中的六橫島與佛渡島）、福建月港（今漳州）的私梟貿易更為猖獗。到十六世紀下半葉的嘉靖、萬曆年間，因

荷蘭海牙國家檔案館收藏的荷據台灣軍政中心熱蘭遮城與駐台長官官邸鳥瞰圖（約一六三五年繪）（取材自維基百科）。

為名將俞大猷、戚繼光追剿倭寇的結果，中、日間的走私貿易，也有一部分從閩南沿海移到了澎湖。

然而，這時閩、粵兩省的海盜也開始崛起，其中較為著名的有洪迪珍、吳平、曾一本、林道乾、諸（朱）良寶、林鳳等。他們以澎湖作為基地，肆虐沿海地帶，一遇官兵追剿即遠遁台灣、南洋，給明朝造成了不少困擾。

例如萬曆二年（一五七四），「海賊林鳳自澎湖逃往東番魍港（今嘉義縣布袋鎮好美里），總兵胡守仁、參將呼良朋追擊之。傳喻番人夾攻賊船，煨燼，鳳等逃散。」[4]

萬曆二十五年（一五九七），日本統治者豐臣秀吉第二次出兵侵略朝鮮，為了防備日人入侵澎湖，明朝遂新設澎湖遊兵八五〇名，管哨船二十艘，於春冬兩季汛期防守。由於朝廷加強了澎湖的防備，於是中、日間的走私貿易會合地又從

澎湖轉到了台灣。

一五九三年，福建巡撫許孚遠在《疏通海禁疏》中說：「東南海邊之地，以販海為生，其由來已久；而閩為甚。……臣又訪得是中同安、海澄、龍溪、漳浦、詔安等處奸徒，每年於四、五月間告給文引，駕駛烏船稱往福寧卸載、北港[5]捕魚及販雞籠（今基隆）、淡水者，往往私裝鉛硝等貨潛去倭國。」沈演《論閩事》也說：「挾倭貨販北港者，實繁有徒。」[6]

除了以台灣為基地發展海上武裝勢力或利用台灣從事中、日轉口貿易外，也有人是專門前往捕魚的。福建巡撫黃承玄在《條議海防事宜疏》中指出：「瀕海之民。以海為業，其採捕於北港之間者，歲無慮數十百艘。」

值得一提的是，到了明朝末葉，官方文書中提到雞籠、淡水和北港等漢人地名的已不少見，證明這些地方漢人的影響力正在逐漸深入，大陸對台灣的商務或漁事活動不斷增加之中。

但大體來說，這個時期漢人出入台灣的畢竟還是不多，估計常年住在台灣的漢人人數不會超過兩、三千人。根據一六二三年荷蘭人占領台灣之前對大員（即現在的台南市安平區）所作的調查，「住在該處原住民中間的中國人，為數超過一千或一千五百人」。在此同時，十六世紀中葉開始來到日本的葡萄牙人，引起了日本人對海外貿易的巨大興趣，到十七世紀初期，日本商船已經開始造訪西班牙人占領的馬尼拉港。根據一六〇三年西班牙人的調查，當時在馬尼拉居住的日本僑民已經多達一千五百人。當中免不了會有人利用台灣處在馬尼拉與日本之間的地理位置，順便與島民從事一些貿易活動。

另外，上面也提過，十六世紀結束之際，中日之間的走私貿易已經從澎湖轉移到了台灣。因此在荷蘭人占領台灣之前，台灣島上也已住有一些日本商人。這些商人都是由日本的地方諸侯或豪商家族（像九州的有馬、松浦和京都的角倉及大阪的末吉等）派出。[7]到荷蘭占領大員建造熱蘭遮城以後，還特地把日本人聚集到城外的居民區去。荷蘭人占領台灣後不久的一六二六年，西班牙人所繪的「台灣島荷蘭人港口圖」上標示，在蕭壠社住有日本人。

總之，在荷蘭人占領台灣的前夕，台灣社會的主體還是保留了其原始社會的風貌，但是隨著東亞海上貿易的轉趨頻繁和漢人、日本人及西洋人的先後到來，台灣島上正預示著新的變局的出現。以中、日、歐勢力在台灣海峽上的角逐和互

動為起點，台灣的歷史展開了新的一頁！

注釋

1. 目前在台灣，習用「原住民」的說法來稱呼早於漢人到台居住的土著住民。但是嚴格來說，我們現在所知的各族土著住民的先人，到台灣的時間互有先後，而且在他們之前，有多少已經消失的其他族群住過台灣，並不確知。因此作者在本書中，用「先住民」一詞而不是用「原住民」稱呼土著居民。

2. 據族譜記載，明成化年間（一四六五～一四八七），福建漳州長泰縣江都村連家即已遷居今台南一帶，南靖縣雙峰村丘家也已移居今台北淡水一帶。見劉子民著，《漳州過台灣》，台北：前景出版社，一九九五年，第三十五頁。

3. 卷三二三。

4. 《神宗實錄》卷三十。

5. 明朝後期所稱的北港，是指今雲林縣北港鎮，與今嘉義縣布袋鎮好美里的古魍港，同為明末漢人在台的兩大據點。

6. 引楊彥杰，《荷據時代台灣史》，江西人民出版社，一九九二年。

7. 德川家康成為日本實質統治者後，幕府實施「朱印狀制度」（即海外貿易特許制），船隻須持有蓋上官方朱印的「朱印狀」才能出港。只有少數諸侯與豪商享有此一特權。

唐舩
入津の圖

第二章

衝破海禁的閩南人

離開現在六百多年前，元朝最後一個皇帝順帝妥懽怗睦爾至元六年（一三四〇），中國的十五名使臣來到了新統一的印度蘇丹王國的都城德里。此行目的是面見印度的回教統治者穆罕默德・圖古拉（Muhammad bin Tughluq），請求允許他們在德里東方大約八十英里的一個小城建造一所佛寺。

在圖古拉王朝擔任法官的一位摩洛哥旅行家伊本・巴圖塔（Ibn Battuta）見到

紀念巴圖塔的杜拜巴圖塔商場內中國館陳列的鄭和大帆船與哥倫布帆船的對比模型（取材自維基百科）。

了這些使臣。第二年夏天，圖古拉任命巴圖塔擔任他的使節，陪著這些中國使者到中國報聘。巴圖塔在一千名護騎的護衛下，帶著大量的財物和二百名女奴，離開了德里，幾經波折，來到了印度西南方馬拉巴邦（Malalbar）的港岸城市加利卡特（Calicut，現稱 Kozhikode），僱用停泊在那邊的中國大帆船，準備在翌年三月順風季節前去中國。

在加利卡特，巴圖塔看到了來自中國的十三艘大帆船（junks）[1] 停留在港裡過冬。他在多年以後出版的遊記中說，這些船隻大的可容納千人，有的船上甲板多達五層，還有私人艙房，高級的甚至配備了私人洗手間，簡直就像今天的豪華郵輪一樣。

他說，高級的艙房可以從裡面把門閂住，讓乘客與帶去的女奴或婦人睡在一起。有時，連船上的其他乘客都不曉得他住在裡面，等船隻到了下一個地點後，才知道有這種情事。

巴圖塔的親身經歷，讓我們領略到了當時中國造船技術的先進，即使是三百多年後的十七世紀，在東方水域揚威的歐洲人的船隻，也遠遠難以匹敵。[2] 因此在半個世紀以後，三寶太監鄭和膾炙後世用來七下西洋的巨大海船，其規模的巨大就不足為奇了。

宋、元以來，由於工商業發達的結果和採取了開放的對外貿易政策，中國曾經出現過盛極一時的遠洋國際貿易。貿易的基地就在福建南部，也就是我們習

明代泉州遠洋航船出航路線圖。

稱的閩南地區。從一度是世界最大貿易港口之一的泉州駛出的海船，曾經縱橫南
洋和印度洋的廣袤洋面，遠達非洲東岸的蒙巴薩（Mombasa）、波斯灣的霍木茲
（Hormuz）、印度的加利卡特、錫蘭（現在的斯里蘭卡）和南洋諸國。透過伊斯
蘭世界的商人，中國的絲綢和瓷器輾轉運抵歐洲，引起了歐洲人對東方的瘋狂嚮
往。在土耳其、埃及、阿曼、巴基斯坦、印度、泰國、馬來西亞、印尼、汶萊和
菲律賓的博物館和考古遺址中，保留了數以萬計的中國瓷器和錢幣。在埃及的西
奈半島，日本學者在一座古民房裡發現了三千多塊宋朝的瓷片；在巴基斯坦南部
的古海港斑波爾（Banbhore）、印度南部的馬拉巴海岸以及斯里蘭卡北部的阿努
拉達普拉（Anuradhapura）地區，學者們也發現過大量的唐宋以來的中國瓷器和錢
幣。

　　另一方面，在泉州，則聚集了大量伊斯蘭世界過來的商販。巴圖塔在他的遊

左圖：二○○三年在馬來西亞沙巴
州北部外海一艘宋代沉船打撈出來
的瓷碗（作者收藏）。

下圖：馬來西亞國家歷史博物館收
藏的中國青花貿易瓷，可能是明代
製品。

記中為我們作了歷史的見證。

　　因為離開加爾各特的時候，遇到風暴，隨行船隻沉沒，巴圖塔在歷盡周折之
後，到元順帝至正六年（一三四六）才隻身來到中國。他的首站就是泉州。這時
已經是元朝統治的末期了，社會開始動盪不安，可是巴圖塔眼中所看到的中國，
仍舊是極為富饒的國度，不但絲綢、瓷器精良，連養的雞和種的李子與西瓜也是
舉世無雙的。他說：「中國是旅行家在全世界旅行最安全、最舒心的地方，即使
身上帶著很多的錢財，也可以單獨到處行走九個月而毫不耽心。」他又說到：「在
中國停留期間，每當我看到穆斯林（伊斯蘭教徒）的時候，總是覺得我遇見的是
自己的家人或很近的親戚。」

　　除了泉州之外，巴圖塔還到過福州、廣州和杭州，可能還到了北京。他在泉
州遇見過在印度德里借過錢給他的一位商人。他在廣州與一位富有的伊斯蘭商人
一起住了兩個星期。他在福州巧遇本國同胞──一位來自摩洛哥的年輕學者。他
在杭州則住在穆斯林社區一位埃及人的家裡。

福建泉州的伊斯蘭墓園
是阿拉伯人曾在中國經
商貿易的歷史見證。

　　巴圖塔給我們描述的是有如現代的紐約或阿姆斯特丹的多種族社會的縮影，
然而，令人極度遺憾的是，好景不常，這麼一個繁盛的國際貿易局面，卻在短短
幾十年內因明朝的海禁而被打斷了。當然，隨著對外貿易的消沉，宋、元以來的
製造龐大海船的精湛技術，在鄭和下西洋以後，也就難以為繼了。

　　明朝自從朱元璋洪武元年（一三六八）開國起，因為肆虐山東沿海一帶的
倭寇活動逐漸南下，對長江以南省分造成了極大的禍害，於是採取消極對付的
政策，屢下禁止入海的禁令；另外為了由朝廷壟斷對外的貿易，並在洪武七年
（一三七四）把元代以來鼓勵對外貿易的市舶司廢除。[3]

　　明代的海禁直到其統治後期的隆慶元年（一五六七）才開始有所緩解，但是
已經給原來生機勃勃的閩南和其他沿海地區黎民商賈的生計造成了毀滅性的打
擊。更嚴重的是，從十五世紀初期鄭和下西洋以後，中國官方的海洋發展幾乎全
部停頓了下來，導致後世面對後來居上的西洋人的船堅砲利束手無策，遺留了無
窮的海防後患。

　　對於閩南地區的百姓來說，從宋代以來，他們與杭州一樣，世代享有全國最
高水準的生活。海禁的結果剝奪了他們的生路，與其坐以待斃，不如鋌而走險。
向外自謀發展的動力於焉形成，越到後來越成為滾滾洪流，並結成足與朝廷抗

一位偉大的阿拉伯人旅行家——伊本・巴圖塔

伊本・巴圖塔是十四世紀阿拉伯世界的一位偉大旅行家，並且到過中國。然而，因為他不是歐洲人，雖然他旅行了更多的國家，他的名氣在西方世界反而遠遠不如比他早六十多年來到中國的馬可波羅。中國人知道的就更少了。

公元一三〇四年，他出生在北非摩洛哥的坦吉爾（Tangier）城（在直布羅陀海峽歐非兩洲交界處），年輕的時候學習過法律。一三二五年前往阿拉伯的麥加朝聖，沿途訪問了北非各地、埃及、巴勒斯坦和敘利亞。完成朝聖後，他繼續前往伊拉克和波斯（現在的伊朗），然後返回麥加。一三二八年，他乘船前往非洲南部的坦桑尼亞，回程訪問了阿曼和波斯灣，並橫貫阿拉伯中部，再到麥加朝聖。一三三〇年，他跋涉埃及、敘利亞和中亞，渡過黑海，折往歐亞交接處的君士坦丁堡（現在的伊斯坦堡，當時是拜占庭王朝的國都），再從裡海北部穿越亞洲大草原，經阿富汗，在一三三三年抵達了印度次大陸北方印度蘇丹王國的都城德里。在印度他一住就是八年。一三四一年，他奉命擔任使臣，前往中國。歷經艱險，他在一三四六年終於來到了繁華的泉州，也去了人口有八十多萬的杭州。訪問中國之後，他經由印度南部、波斯灣、敘利亞和埃及再度前往麥加朝聖，最後經由海路和陸路在一三四九年回到了摩洛哥的首都菲茲（Fez）。一三五三年至一三五五年，他完成了人生的最後一次旅程，騎駱駝穿越撒哈拉沙漠，訪問非洲古文明所在的馬里王國（在西非洲）。

他一生走過的行程達七萬多英里。一三五六年，摩洛哥統治者阿卜・依南蘇丹（Abu'Inan）命令一位年輕的學者伊本・猶扎（Ibn Juzayy）寫下了他口述的遊記。

摩洛哥紀念巴圖塔出生六百週年紀念郵票。

明朝雖實施嚴格的海禁，但從一五一一年葡萄牙人占領麻六甲後，就有閩南海商以印尼萬丹為據點，從事香料貿易。圖為明代最早的萬丹唐人街所在地，緊鄰其蘇丹王城，中國來船可直抵城邊。

衡的龐大的民間武裝勢力。這些勢力分成三股在海外建立基業：一股是在南洋繼續發展西洋貿易的華人商業網絡；一股是北上日本九州開闢新天地的閩籍僑社；最後一股是就近在台灣海峽出沒的海上武裝集團。這三股力量既有獨立發展的一面，也有相互交叉的另一面，同時都曾經與台灣發生過密切的關係。諷刺的是，在明朝末年朝廷對外應對的能力日趨薄弱的時候，在中國與西洋人爭奪海上貿易主導權，甚至能夠以武力相對抗的，竟然是這些來自民間的力量。

一、馬尼拉的華人

　　明朝實施海禁的結果，一部分在海外的商人，被迫留在當地居留，不再回國；一部分沿海居民到海外從事走私貿易。在當地留下的人占據了三佛齊（今印尼蘇門答臘巨港），這裡是控制麻六甲海峽進出的要地。到明朝重開海禁時，爪

明朝開國後，明太祖朱元璋即下達民間海禁令。

西班牙人統治馬尼拉初期，副總督摩加曾要求將居住當地的華人驅逐回國。

哇的萬丹及呂宋島的馬尼拉成了較為著名的華僑社會。到十六、七世紀之交西班牙人統治菲律賓時期，馬尼拉已經是台灣大量吸收漢人移民以前，中國大陸以外最大的閩南人聚居地區了。

馬尼拉的建城與興起，與早期活躍在台灣海峽的武裝集團有密切的關係，這裡是他們從事對南洋貿易的前方和逃避明朝官兵追捕的後方。一四九二年哥倫布發現新大陸後，一五六五年西班牙人開始占領菲律賓，在宿務建立了第一個亞洲殖民地，然後在一五七一年占領了馬尼拉。到十六世紀末期，由於西班牙人需要華人為他們運來中國貨物，這裡已經有一個很大的華人社區了。

但是，華人社區的擴大也使西班牙人倍感威脅。神宗萬曆二年（一五七四）曾經占據台灣魍港的海盜集團領袖林鳳[4] 被明朝官兵追剿後逃到了馬尼拉，對西班牙人發動攻擊，但是遭到擊退。一五九四年，一位中國船員謀殺了西班牙駐馬尼拉的總督達斯馬里納（Gomez Perez Dasmarinas），兩年後新上任的副總督摩加（Antonio de Morga）要求續任總督古佐曼（Francisco Tello de Guzoman）對華人社會進行嚴密的監控，並將一萬二千名華人驅逐回國，可見當時華人在馬尼拉的人數已經不在少數。

萬曆二十八年（一六○○）十月，由荷蘭人范努爾特（Olivier van Noort）率領的一支荷蘭艦隊，總共三艘船隻從大西洋繞過南美洲經太平洋抵達馬尼拉。途中他捕獲了一艘駛往馬尼拉的中國帆船。這艘中國船的船長從澳門的葡萄牙人那裡學會了葡萄牙話。范努爾特在懂得葡萄牙話的船員的幫助下，由這位船長口中瞭解到馬尼拉西班牙人的情況，也獲悉每年十二月到四月順風季節有四百艘中國帆船和兩艘日本船到訪。[5]

在馬尼拉的華人大部分經營絲綢、布匹、瓷器，有的還信奉天主教。雖然這

些華人並無在菲律賓立國的企圖，更無力與西班牙人對抗，但是西班牙人顯然對他們甚不放心，也像對待南美洲的殖民地一樣，不時展開大規模的屠殺行動。萬曆三十一年（一六〇三）的一場大屠殺，使馬尼拉的華人人數從兩萬多人劇減到五百人。但是沒有多久，中國船隻又陸續回來。再經過二十年，華人在菲律賓的人數已經達到三萬。明天啟元年（一六二一）的估計，住在馬尼拉「賤民區」（為管制不信天主教的華人而專設的集中住區，也就是「低等華人區」，又稱「澗內」）的人數多達二萬人。[6]

在早期開發台灣的漢人當中，有三位先後與馬尼拉有過淵源，其中一位是對後來荷蘭人占領台灣產生關鍵作用，同時也與鄭成功的父親鄭芝龍關係密切的人物，他就是被歐洲人稱為 Andrea Dittis 的泉州府同安縣（現屬廈門管轄）人李旦。

有關李旦的生平，史書記載的不多，也不夠詳盡，有的學者認為他就是後來率領部下到魍港開啟台灣漢人社會的顏思齊，但事實上是不同的兩個人物。

據許多研究和中國文獻記載，李旦是曾在馬尼拉經商的商人，因為西班牙人吞奪他的財產，被抓到西班牙船上當划船手，[7]後來逃到日本平戶另立門戶，並收留了也因受到馬尼拉的西班牙人迫害而北上平戶的鄭芝龍。他在一六一五年前後開始了台灣貿易。當時擔任英國東印度公司駐平戶商館館長的考克斯（Richard Cocks），在一六一八年二月十五日寫給總公司的一封信中說：「這兩、三年內，（平戶與長崎的）中國人開始與某些被他們稱為高砂（Tacca Sanga）[8]而在我們的海

圖中稱為福爾摩沙[9]比較靠近中國海岸的島嶼進行貿易。船隻進入該地之處稱為澎湖群島[10]，但只容小船進入，而且只允許中國人通航與貿易。」「每年（冬季東北）季風到來時，中國人派小船航行該處兩、三次。李旦（Andrea Dittis）與他的弟弟歐陽華宇（Whow）船長是當地的最大冒險商。」[11]

考克斯在一六二〇年三月十日寫給總公司的另一封信中還提到，歐陽華宇當年過世後，「這名 Andrea Dittis 已經被推舉為長崎、平戶等地在日華人的總頭領。」[12]

除了李旦以外，還有顏思齊其人也曾經到過馬尼拉，同樣因受到西班牙人迫害而逃到平戶。鄭芝龍一位部下江美鰲的兒子江日昇根據他的父親的口述在康熙年間所寫的《台灣外記》中提到，顏思齊在家鄉漳州海澄曾遭受權勢者的欺壓，一怒之下打死官家奴僕，亡命海外。他後來在台灣魍港從事與日本平戶的轉口貿

明清兩朝護僑不力──鄭成功保僑功虧一簣

西班牙人統治菲律賓期間，多次屠殺華人。第一次慘案發生在一六〇三年，被殺死的華人多達二萬五千人。由於明朝朝廷對這次的事件採取了冷漠的態度，未追究西班牙人的責任，只是下令「送死者妻子歸」，因此西班牙人繼續肆無忌憚，多次進行類似屠殺行動。崇禎十二年（一六三九）又有兩萬二千人左右遭到屠殺，清康熙元年（一六六二）被殺者也達數千，最後一次則發生在康熙二十五年（一六八六），受害人數不詳。此外，西班牙人還曾多次進剿中國海上武裝勢力，對於西班牙人的進剿，中國朝廷也從不過問。

相對於中國朝廷的冷漠，日本政府的態度截然不同。西班牙人占領馬尼拉後，呂宋外海充斥著日本浪人，但是每一次西班牙人的進剿行動，都會引起日本政府的強烈憤怒。

關於一六六二年的屠殺，事出鄭成功在一六六二年逐走占領台灣的荷蘭人後，有意臣服西班牙人，當時他曾派遣他的外交顧問，一位羅馬天主教神父李科羅（Victorio Riccio）前往馬尼拉交涉，要求西班牙人稱臣納貢。李科羅抵達的消息傳出後，住在馬尼拉城邊上華人區（「澗內」）的華人因不滿西班牙人的高壓統治已久，對鄭成功征伐馬尼拉充滿高度期盼，開始躁動不安，引起西班牙人的警覺，雙方敵意陡升，導致澗內發生數名西班牙人遇害的事件，並有部分華人攻擊馬尼拉城。

易，但事實上就是負責經營李旦在台灣的貿易基地。

到明朝滅亡前後，鄭芝龍、鄭成功、鄭經祖孫三代為了籌措軍餉和擴張勢力，都曾努力經營南洋貿易，把馬尼拉作為其船隻前往靠泊的重要口岸。《台灣外記》說：「（永曆二十年）戶都事楊賢回台灣，監督洋船往返暹羅、咬嚼吧（即今雅加達）、呂宋等國，以資兵實。」

二、在長崎、平戶的閩南私商

明朝屬行海禁以後，日本為了打開對中國的貿易，從十五世紀明成祖永樂年間就開始每十年派船二艘到中國進貢，每船百人。到了宣德年間，仍限定每十年一貢，船三艘，人三百。但是，往往船隻和人數超過規定數量，而且常以進貢為名，欺瞞明室，實行搶掠，所以明朝設計了一種勘合貿易制度，規定日船須持明

兵力不足的西班牙人面對華人騷動，連忙糾集當地土著加入反擊。但又擔心鄭成功藉口討伐，不敢像以往兩次大屠殺那樣，大開殺戒，反允許未參與作亂華人躲進澗內避難，後卻迫令他們擠上幾艘舢舨船，遣返福建或送往台灣。有一艘船上擠滿了一千三百多人，逃離者一路站立，無法落坐。另有多艘船隻在途中沉沒，多人淹死。另有為數眾多逃出馬尼拉城的華人，則多被土著砍頭殺害，以致此次屠殺事件，被害者估計也達數千人之多。

據西班牙人的文獻，當逃亡船隻抵達台灣，帶去屠殺事件的消息時，鄭成功聞訊大怒，當時就有南下進兵馬尼拉之意，但因身心受創過度，卻不幸幾天後病故了，他攻打馬尼拉的計畫也跟著無疾而終。遺憾的是，隨著鄭成功的病故，在菲律賓的華人更成了海外孤兒。

清朝方面，從康熙朝起，一直到光緒年間為止，對華人遠赴海外繼續採取敵視態度，根本談不上什麼護僑政策。因此，在清代大部分時間裡，海外華人繼續得不到保護，遭受西方殖民者屠殺的悲慘命運仍不時發生。如乾隆五年（一七四○）又有雅加達近萬華人遭荷蘭人屠殺的慘案，清廷照舊不聞不問，甚至稱受害華人「自棄王化」、「孽由自作」，影響所及，也造成了海外華人地位的長期低下。

十六世紀歐洲一本旅
行書籍中的中國官員
插圖。

　　朝預先發給的勘合底簿（類似今天的簽證本，但有一式二本，中國官方和日本船
隻各執一本，在日本船隻抵達中國港口時進行核對），拿到福建布政司去核對無
誤後，再送到京師禮部再核對一次，才可以進行貿易。

　　雖然要經過這麼繁瑣的手續，但是日本人對華貿易的興致一直很高。永祿天
皇五年（一五六二）被稱為「唐船」的中國商船首次進入了九州的長崎港，促成長
崎的開港。萬曆四十四年（一六一六），日本統治者規定，除中國船隻外，所有
外國船隻都只能進入長崎、平戶兩港，足見日本對中國貿易的歡迎程度。

　　日本天文十二年（一五四三），來自暹羅的葡萄牙人在中國人王直的帶領下
首次登陸九州南方的種子島，這是歐洲人首次接觸日本。七年後，平戶的藩主松
浦隆信為了開展海外貿易，增加收入來源，歡迎首艘葡萄牙船來到平戶。之後，
在一五八四年，一艘呂宋的西班牙船在前往澳門途中迷航漂到平戶，開始了西班
牙人與日本的接觸。在此之前，葡萄牙人由於與平戶領主關係的惡化，已將貿易
據點轉移到長崎。隨著中國人和葡萄牙人的到來，從十六世紀七〇年代起，長崎
開始繁榮起來。

　　十七世紀初期，德川家康統一了日本。一六〇〇年荷蘭人首次踏上了日本

一五六二年被稱為唐船的中國船隻進入長崎港，帶動了長崎開埠。

的土地，到達九州，一六〇九年在平戶設立了商館。接著，在一六一三年英國也在平戶設館，從此開啟了荷蘭人、英國人與葡萄牙人、西班牙人在東亞的商業競爭，而推動台灣成為歐洲人與中、日之間重要商業環節的李旦、顏思齊和鄭芝龍，就是在這樣的國際背景下，先後到達長崎、平戶的。

三人當中，最先抵達平戶的李旦，作為英國人與荷蘭人尋求打通對華貿易關節的關鍵人物，在當地留下了不少有關他長袖善舞、生意面廣博的傳奇事蹟，例如他與松浦藩家族不但密切交往，而且常提供銀錢給他們周轉。他的船隻遠及交趾，甚至印尼的萬丹，另有兄弟及兒子分別在南京和馬尼拉打理他的業務。[13]

李旦在一六二五年八月十二日病逝於平戶。[14]死後留下了龐大的產業和欠下英國商館的大筆債務。他生前為台灣做了兩件大事：一是從一六一五年起在台灣魍港建立了商業基地，使有組織的漢人勢力比荷蘭人更早在台灣立足；二是在平戶收容了鄭芝龍，日後鄭芝龍以他留在台灣的基業起家，成為台灣海峽上對抗荷蘭人的最大勢力。

《台灣外記》中對顏思齊有不少著墨，說他是專門從事海上打劫的海盜集團的頭子，因反日本幕府事機不密，匆忙帶著手下如楊天生、陳德、洪陞、張弘、林福、李英、莊桂、鄭芝龍等逃到了台灣。但據考證，這些人物，除鄭芝龍外，多

一六〇九年荷蘭人在平戶設立商館。

不見於志傳，因此，他的身分一直都撲朔離迷。又因他與李旦同年去世，因此有些研究把兩人誤認為同一人。

但西班牙人的史料顯示，李旦與顏思齊是關係密切的兩個人，在天啟四年（一六二四），當中國水師與占據澎湖的荷蘭人相戶互對峙，而荷蘭人尚未撤往台灣之前，兩人曾一起將西班牙人從馬尼拉派往台灣的一名華人間諜，從大員帶到魍港，在一艘小船上予以審訊，試圖瞭解西班牙人的意圖，而後又偷偷將他放回馬尼拉去。[15]

從這則史料，大致可以推斷，當時顏思齊已是李旦在魍港基地的實際經營者，而且與李旦一起，介入了當時明朝當局與荷蘭人、西班牙人三者之間的糾紛當中。

鄭芝龍是福建南安石井鄉人，因為是長子，故小名稱「一官」，又叫「鄭一」，西洋人後來都以一官稱呼他。

關於他的出生年月和到日本的時間，有不同的說法。一種說法根據日本的史料《駿府記事》、《武德大成記》和《河內浦鄭氏遺跡碑》認為，他是在慶長十七年（明萬曆四十年，一六一二年）到日本的，當時十八歲。據此推算，他是出生於萬曆二十三年（一五九五）。[16]

另一種說法則根據江日昇的《台灣外記》，說他生於「萬曆甲辰（一六〇四）三月十八日辰時」，「天啟元年（一六二一）辛酉，一官（芝龍）年十八，性情逸蕩，不喜讀書，有膂力，好拳棒，潛往粵東香山澳（澳門）尋母舅黃程。」

《台灣外記》還說，他在天啟三年（一六二三）二十歲那一年抵達平戶以後，與十九歲的翁氏（日本人田川氏，因母親改嫁給泉州籍華僑翁翌皇，故《台灣外記》稱她為翁氏）結了婚。

但從後來發現的《鄭氏宗譜》和《鄭氏家譜》對照《台灣外記》中許多錯誤的記載來判斷，[17] 以及他在平戶曾經經歷過一段困頓的日子，後來是因投靠李旦才發跡起來，[18] 並與鄭成功生母田川氏結婚生子的情況來推斷，鄭芝龍似乎是不太可能只在日本逗留不到一年的時間，他應當在日本至少停留過數年。因此，他在萬曆四十年（一六一二）或至少是在比天啟三年（一六二三）更早的時間就到了日本的推斷，似乎比較可靠。不過，他到日本之前曾經到過澳門母舅處居住一段時間的說法，目前似乎沒有人提出異議。

他離開澳門到達日本平戶之後，初期曾經為了生活賣過鞋子和做過裁縫。當時的平戶是一個多山而貧瘠的彈丸小島，原為十四世紀以來侵擾朝鮮、中國沿海的倭寇之鄉，因島主松浦氏有遠見地招徠荷蘭人和英國人在島上開商館，又因其位於九州島最西端，有著聯絡日韓貿易要津博多港並進而經由門司海峽通航大阪的便利，竟然成為日本對外貿易的重要窗口。這個島嶼與其東南方不到一日船程

被德川家康封賞的一位西洋武士

公元一六〇〇年四月十九日，一艘荷蘭船漂抵日本九州的豐後地區（在九州島東北方，現在的大分縣臼杵市），船上只剩二十四名氣息奄奄的船員。擔任航海長的是一個叫威廉·阿當姆斯（William Adams）的英國人。

這是一五九八年六月荷蘭人首次繞道南美洲前往遠東的五艘船隻中僅存的一艘。其中三艘船隻在經過凶惡的麥哲倫海峽時失蹤了，只剩兩艘一齊橫渡太平洋。但是一場颱風又捲走了另一艘，最後只有阿當姆斯領航的船隻「慈愛號」（de Liefde，也有人譯成「愛情號」）飄到了日本九州東北角的豐後國，船上的人被關進了大阪城裡。

荷蘭船隻一出現，立即引起了已經立足日本的葡萄牙人的打擊。他們向當時剛接替過世不久的豐臣秀吉擔任日本實際統治者的德川家康打小報告，說這是一艘海盜船。住在大阪的德川決定親自過問此事，便把荷蘭船長找去查問，但是船長生病了，臨時改由阿當姆斯前往受詢。阿當姆斯很有說服力，向不瞭解外面世界的德川詳細解釋了歐洲的戰爭、武器的發展和火藥的使用，也告訴了他有關航海、造船和天文學的先進科技。

接觸了阿當姆斯後，原來把荷蘭船員當作一群闖入者的德川，觀感完全改變，對他的為人和博學多聞讚賞不已。

一六〇〇年九月，德川家康與反對他的豐臣舊勢力展開最後決戰，在關原之戰中，利用了「慈愛號」上的火藥、槍枝和大砲與敵對方作戰，一舉擊敗了強大的敵人，統一了日本。戰後，德川任命阿當姆斯擔任幕府的外交顧問，並命他在伊勢半島附近海岸建造了兩艘大船。這是日本歷史上有名的「歐洲式帆船建造令」。船造好後，德川在江戶（現在的東京）賞給他一所大房子，並且封他武士的封號，賞給他

樹立在平戶港邊的三浦按針阿當姆斯塑像。

的長崎港成犄角之勢，吸引了不少中國的私商前來。

最早來到平戶的是安徽人王直（嘉靖二十二年，一五四三年），接著又有許二（棟）（嘉靖二十三年，一五四四年）、徐海（嘉靖三十年，一五五一年）等人。在萬曆年間則有李旦，在鄭芝龍抵達的時候，這裡已經成為閩南人在日本的一個重要僑鄉了。

三浦半島逸見村的封地，另有二五〇石俸祿及九十名農民的封賞。對於一個洋人來說，這是無上的榮譽。另外還把江戶一名官員的女兒賞了給他。由於他航行到日本時本是一名領航員（pilot），在日語中叫「按針」，所以人們都以「三浦按針」稱呼他。

阿當姆斯與他的日本妻子生下了一個兒子約瑟夫（Joseph）和女兒蘇姍娜（Susanna）。一六〇九年，他為德川建造的兩艘當中的一艘大船，載著日本商人橫渡了太平洋，前往墨西哥與西班牙人貿易。一六一三年，他又幫助英國東印度公司在平戶設立了商館，然後為這家公司前去琉球、暹羅和安南（現在的越南）開展貿易。

二〇〇五年長崎港紀念與荷蘭交流四百週年海報。

長崎對西洋人的開放也與三浦按針的努力密不可分。他公正地擔任平戶的荷蘭人和英國人的調人，經常辛苦地奔波於平戶、江戶和德川家康退隱後居住的駿府三地之間，為日本幕府的外交事務努力。或許由於阿當姆斯在日本接觸西洋人初期給日本後世留下的良好印象，因此日本在近、現代史上，對洋人的態度一直不如中國人那麼猜忌，這對日本接受西方現代化有很大的幫助，也使日本在現代化方面跑到了中國的前面。

一六一九年三浦曾經與日本人一起航行到中國。回日本後即病魔纏身。

一六二〇年五月二十日，他在平戶去世，年僅五十六歲。他的故事曾被作家詹姆斯‧克拉維爾（James Clavell）寫成了著名的長篇小說《將軍》（*Shogun*），並拍成長篇電視劇，在美國曾膾炙一時。

積極透過王直等中國民間私商開拓對華貿易的平戶島主松浦隆信。

鄭芝龍在經歷了僑居日本初期艱困的生活之後，由於特殊的機緣結識了李旦，並逐漸獲得李旦的信任，掌管了他一部分的事業甚至他的財富。[19] 在這段期間，傳說他也結識了在平戶的另一閩南富商顏思齊，因而有日後《台灣外記》所說的與顏思齊一起在台灣建立基業的說法。[20]

鄭芝龍在平戶時娶了日本人妻子，就是鄭成功的母親田川氏，婚後住在平戶港南邊十里左右的川內浦（又稱柯子），這裡是個從海邊彎進去的海灣，與荷蘭人和英國人居住的平戶港港區有一段山路，但比平戶港的海灣還大。海邊的千里濱海濱鄭成功出生處旁邊有荷蘭商館的倉庫，山坡上有英國平戶商館館長考克斯從琉球引進試種的甘藷園區，來自中國的不少華人，包括船員和修船工等，就住在可以停泊不少船隻的川內港四周。

田川氏在天啟四年鄭芝龍離開日本的那一年農曆七月十四日（陽曆八月二十七日）辰時，[21] 在川內浦東邊海邊的千里濱生下了兒子福松（福建之松的意

左圖：平戶島千里濱海濱鄭成功出生處。
右圖：平戶島千里濱鄭成功慶誕碑文。

思，又名鄭森），就是後來驅走台灣荷蘭人的明朝將軍鄭成功。鄭成功在川內浦成長到六歲才由鄭芝龍派人接回福建老家。[22]

一六二四年一月二十一日，可能是在李旦的推薦下，鄭芝龍搭乘荷蘭船「好望號」（The Good Hope）離開日本，到澎湖擔任荷蘭人的通事（翻譯），[23] 後來自立門戶，以李旦、顏思齊留下的魍港貿易基地為據點，成為台灣海峽上勢力最龐大的武裝勢力。但《台灣外記》說，他是在這一年中秋節前夕倉皇辭別田川氏和剛剛滿月的兒子福松，與顏思齊等人逃離日本到台灣的，[24] 後者臆造的成分居多。

三、出沒台灣海峽的武裝集團

在荷蘭人到台灣以前，台灣海峽已經是中國人海上武裝集團活躍的場所，如嘉靖三十三年（一五五四），漳州人陳老「結巢澎湖」；嘉靖四十二年，廣東惠來人林道乾被明將俞大猷追至澎湖，後遁入魍港；萬曆八年（一五八〇）廣東曾一本「屯澎湖」等。

在這些海上武裝集團當中，林鳳的勢力曾與剛剛立足馬尼拉的西班牙人發生衝突，並幾乎將其消滅。在萬曆二年（一五七四），他因受到明朝官兵追剿，逃到台灣魍港休整人馬時，捕獲了兩艘從馬尼拉返航中國的帆船。船上除有大批值錢貨物外，還有一些黃金與銀元錢幣，經盤問後獲知西班牙人已經占領了菲律賓諸島。他還獲悉，馬尼拉城防守空虛，只有不到七十名西班牙人，遂決定帶著七百多名戰鬥力強悍的部眾南下襲擊，取代西班牙人，長期占居該地。

但是，沒想到西班牙人人手雖少，火力卻很強，在兩次襲擊中，林鳳部眾一進攻即在西式長銃的槍火下紛紛倒下，死去了一百六十七人，最後含恨逃回魍港，又在明朝官兵的追剿下再度南逃，最後不知所終。

林鳳事件促成了西班牙人與明朝官員的初步接觸。當林鳳一夥逃出馬尼拉北撤至呂宋島中部的班詩蘭（Pangasinan）海岸地區期間，明朝把總王望高追蹤到馬尼拉打探消息，西班牙總督得報，厚禮相待，並在次年派二人隨王望高前往福建，要求通商，得到明廷特許西班牙人到漳州通商。

林鳳敗亡之後，台灣海峽上陸續還有一些武裝集團在活動，如萬曆四十六年至四十七年（一六一八～一六一九），袁進與李忠合夥，劫南澳一帶，一度退守

台灣。又天啟二年（一六二二），「林辛老等嘯聚萬計，屯據東番（指台灣）之地，占候風汛，揚帆入犯，沿海數千里，無不受害。」[25]

　　但是，這類的海上勢力，初衷都是以劫掠過往船隻為主，台灣本島對他們來說，只不過是被用作棲息的場所和臨時的退路而已，從未真正打算長期經營。不過，隨著時間的推移，到鄭芝龍統治魍港據點時期，到台依附他的漢人人眾可能已達上千人之多，因此當一六二四年荷蘭人進占大員之時，台灣已開始轉化為到台謀生或貿易的一些福建沿海商民的安生立命之地。

注釋

1. 英文通稱古代中國的帆船為 junk，原為明代馬來半島一帶土著對航行到當地的中國、琉球或阿拉伯帆船的稱呼，十六世紀初期歐洲的葡萄牙人最早航行到此後，就按馬來人或爪哇人的稱呼轉成葡萄牙文的 junco，後為英國人以 junk 沿用至今。到了現代，外文詞彙已將 junk 專用於中國帆船。由於在中國現代語彙中沒有適當的用詞可將 junk 回譯成漢文，故有人就直接按日本人的譯法譯成「戎克船」，而今人以訛傳訛，反誤認中國古代有戎克船的稱呼（例如媒體對台南市新建造的「台灣成功船」也誤以戎克船稱之），這是完全不符中國船隻的歷史稱呼。據早期福建史學家朱維幹先生的考據，junk 可能是「艐」或「䑸」兩字的諧音，閩南航行南北洋的船叫「南䑸」、「北䑸」。
2. 在荷蘭阿姆斯特丹的海洋博物館旁邊，停有一艘複製的十七世紀荷屬東印度公司的航船，遊客可登船體會當年的海上生活。但從船隻的結構來看，即使是當時造船技術大大超越了同期歐洲其他國家的荷蘭遠洋船，最多也只不過可容納一兩百人，並且只有兩層甲板和一個底艙而已。而船長和大副分別設在船首的私人房間，也只有小得不能再小幾乎容納不下一個人的矮小洗手間。
3. 如洪武四年（一三七一），朱元璋諭大都督府，「朕以海道可通外邦，故嘗禁其往來」；洪武十四年（一三八一）又「禁瀕海民私通海外諸國」；洪武二十三年（一三九〇）下令戶部「申嚴交通外（番）之禁」，「兩廣、浙江、福建，愚民無知，往往交通外番，私易貿易，故嚴禁之。沿海軍民官司，縱令私相交易者，悉治之罪」。
4. 明朝個別官方文獻曾經說他是福建人，但大部分文獻都說他是廣東饒平人。西班牙人的文獻中稱他為林阿鳳。
5. 據 Jean-Paul Desroches, Gabriel Casal 和 Franck Goddio 主編，*Treasures of the Sandiego*（《聖地亞哥號的寶藏》），Elf 基金會，一九九六年，第四十九頁。但這一數字可能過於誇大，據 *The Philippine Islands, 1493-1898*（《1493-1898 年的菲律賓群島》，Emma Helen Blair 和 James Alexander Robertson 編輯翻譯，一九〇三年出版）第十四卷所載西班牙原始史料，一六〇六年南下馬尼拉的中國帆船只有二十五艘，不過因每艘船隻載運人數眾多，最多者將近五百人，這一年抵達的中國人人數共有六千五百多人之多。
6. 從這些數字判斷，事實上在一六二四年荷蘭人占領台灣前夕，馬尼拉的華人人口數，已可能超出一六六二年荷蘭人撤出台灣時期的漢人人口。推算荷蘭人撤出台灣時期的全島漢人移民人數只有二、三萬人而已。
7. 據 Jose Eugenio Borao Mateo, *Spaniards in Taiwan (Documents)*（《西班牙人在台灣》），南天書局，二〇〇一年，第一卷（1582-1641），第九十頁，注釋部分。
8. 這是當時日本對台灣的稱呼。
9. 原文為 Isla Fermosa。
10. 原文為 Las Islas Piscadores。
11. 《考克斯日記》（*Diary of Richard Cocks*），紐約 Burt Franklin 出版社複印本，第二卷，第二九八頁。

12. 同上，第三〇九頁。

13. 兒子叫李國助，是正妻所生，在李旦過世後，因與鄭芝龍爭其在台產業，兩人交惡。

14. 一六二五年十月二十六日荷蘭東印度公司平戶商館給公司十七人董事會的報告信。

15. 據《西班牙人在台灣》，第一卷，第九十一、九十二頁，注釋部分。

16. 張宗洽，〈鄭芝龍早年事蹟考辨〉，《鄭成功叢談》，廈門鄭成功研究會與廈門鄭成功紀念館合編，廈門大學出版社，一九九三年，第一一五頁。

17. 如鄭芝龍父親名「士表」，而《外記》卻稱「紹祖」；生母為「徐氏」，《外記》卻將後來掌管鄭氏家族海外貿易大權並且到過台灣與荷蘭人打過交道的「黃氏」當成他的生母；鄭芝虎是其二弟，《外記》卻當成三弟；鄭鴻逵與鄭芝鳳為同一人，《外記》也當成兩人看待。

18. 據一六二四年十二月十二日荷蘭派駐台灣第一任長官宋克給荷蘭東印度公司十七人董事會的報告信，信中說鄭芝龍也可能是李旦的兒子。由於兩人並不可能有血親關係，因此比較可能的是李旦認鄭芝龍作了義子。證諸李旦的兒子李國助多年後指控鄭芝龍吞沒了他父親的財產，或可以從一個側面說明鄭芝龍與李旦之間曾經有過極為密切的關係。

19. 明季遺老黃宗羲的《賜姓始末》一書中曾提到：「初芝龍為盜也，所居泉州之東石。其地濱海有李習者，往來日本，以船舶為事，芝龍以父事之。習授芝龍萬金，寄其妻子（將妻和子交託給鄭芝龍），會習死，芝龍乾沒之（鄭芝龍把這筆錢吞沒了），遂招募無賴，為盜於海中，久之而所得不貲。」其中「李習」與「李旦」應為同一人，由此更證明李旦與鄭芝龍的關係。

20. 一種說法是，鄭芝龍可能因為替李旦攜貨南下，為活動在台灣魍港一帶的顏思齊一夥所劫，最後以千金向顏思齊贖貨，因此結識了顏思齊。另一種說法認為，顏思齊事蹟與李旦過於類似，因此判斷其人是鄭芝龍為了掩飾他吞沒李旦財富的汙名而虛構出來的人物，以表明他的財富是繼承「顏思齊」的事業而來。持後一說法的有台灣學者曹永和、黃典權和大陸學者張宗洽等。

21. 據鄭克塽等所撰《鄭氏祔葬祖父墓誌銘》，換算陽曆為八月二十七日。

22. 鄭芝龍在離開日本後，雖然文獻上沒有關於他曾經回到日本的記載，但是田川氏後來又在鄭成功回國那一年年底生下了一個兒子——七左衛門，因此，鄭芝龍是有可能在這一年回去過日本的。由於清順治二年（一六四五）七左衛門十五歲的時候，鄭芝龍派人將田川氏母子接回中國家門（但最後只有田川氏能夠成行），按照中國人當時的封建傳統和鄭芝龍本人的顯赫地位，如果七左衛門不是田川氏與鄭芝龍所生，鄭氏家族是不可能把他們母子接納回國的，因此判斷七左衛門當是鄭成功離開日本那一年年初，鄭芝龍重返平戶看望田川氏和鄭成功，並安排鄭成功回國之後所生的。不過，因為日本幕府方面的刁難，七左衛門最後還是未能與母親田川氏一起回到中國。據川口長孺的《台灣鄭氏紀事》，當田川氏次年在晉江安海（安平）為清軍辱殺而殉難之後，據稱七左衛門曾「詣江戶，請赴明戮力（鄭）成功，滅清以報仇」。

23. 據一六二四年二月二十日澎湖荷蘭艦隊司令雷約茲給東印度公司總督的信。

24. 《台灣外記》稱，鄭芝龍是與顏思齊在一六二四年中秋節前夕倉促逃離日本的，逃離的原因是因為他們想要舉事，推翻德川政權，但事機不密，怕日本人報復而匆忙出逃。後人也多附會這個說法。但是此說很不可信，因為日本三代將軍德川家光政權此時已經非常鞏固，而且當時日本統治者對待可能威脅他們政權存在的力量，手段非常殘酷，例如殘忍對付天主教徒，因此住在日本邊陲平戶島上的中國人不可能以區區人數，以卵擊石，對抗龐大的幕府政權。

25. 《熹宗實錄》，卷二十。

佛朗機人來了

第三章

西方的歐洲從十五世紀以後進入了大航海時期。但是最早開始海外殖民經營的則是伊比利半島的一個小國葡萄牙。從葡萄牙到最後的大英帝國，中間經歷了四、五百年，西班牙、荷蘭等海上帝國穿插其間，都曾各領風騷，獨霸一方。而最早「發現」台灣的歐洲人，就是從地球的另一邊來到東方的葡萄牙人。

　　葡萄牙是處於歐洲邊陲伊比利半島的一個小小王國，在十五世紀初期，也就是明朝初葉的時候，還是個人口僅有一百多萬人的國家。在鄭和第四次下西洋之後兩年，即在一四一五年，它的海軍跨過了直布羅陀海峽，占領了北非信奉伊斯蘭的摩爾人（Moors，即北非的阿拉伯人或黑人）在摩洛哥的重要港口休特（Ceuta），從此開始了長達五百多年的海外擴張和殖民時期。

　　葡萄牙先於其他西歐國家而向海外擴張，可歸因於三個主要因素：首先是它面向海洋和鄰近非洲的優越地理位置；其次是它逐漸發展起來的海洋貿易經濟，

葡萄牙首都里斯本太古斯河（Tagus River）畔的大航海紀念碑上的雕像，站立在最前方的是亨利王子。

商人階層利用里斯本和波爾圖（Oporto）等重要港口城市投資海上貿易事業。但是沒有亨利王子（Prince Henry，約翰一世國王的兒子）的推動，上述兩項優勢也不可能得到發揮。

亨利王子的綽號叫「航海家」。一四一九年他被封為葡萄牙最南端的阿爾加維省（Algarve）的總督。他醉心於發動新的十字軍運動，將北非的伊斯蘭教徒驅逐出去。他也希望在非洲找到天主教統治者，幫助他進行這場十字軍運動。更重要的是，他希望利用打擊伊斯蘭統治者，取代他們長久以來所控制的香料貿易。

在中世紀，人們還沒有冰箱，肉類不是用鹽巴醃過就是讓它發臭。為了掩蓋醃肉味或是腐臭的味道，需要胡椒之類的香料。而當時胡椒是由遙遠的東方，透過阿拉伯人之手運到埃及，再由義大利人轉賣給其他的歐洲人。香料的價格比黃金還貴，亨利王子希望獲得這項利潤。他在阿爾加維省的港口城市薩格雷斯（Sagres）召集了科學家、船長交換海外知識，尋找新的航路和利用海員帶回的資料製作地圖。他自己還出資航海事業，提供稅收優惠政策和提供保險基金等，這些在現代被視為習以為常的商業獎勵辦法，在當時來說卻是極為了不起的做法。

葡萄牙亨利王子開啟了歐洲人的大航海時代。圖為其在葡萄牙航海博物館的雕像。

葡萄牙人達伽瑪在一四九八年率領船隊，首度繞過非洲好望角，抵達印度。

在亨利王子的鼓勵下，葡萄牙人的船隻不斷沿著他們還一無所知的非洲西部海岸探索前進。到他一四六〇年去世時，這些船隻已經到達了幾內亞灣。不幸的是，在亨利的有生之年，葡萄牙人也開始在西非的村莊捕捉黑人，賣到歐洲市場，從此展開了使人類歷史蒙羞的長達四百年的黑奴貿易。

亨利王子去世之後，葡萄牙人繼續他的航海志業。一四五三年土耳其帝國崛

葡萄牙人在麻六甲建造的
法摩沙堡（A’Famosa）。

葡萄牙人占領初期的印度果阿。

起，占領了歐亞交界的君士坦丁堡（現在的伊斯坦堡），阿拉伯人居間的東西轉口貿易從此中斷，葡萄牙人更急於找尋到東方貿易的新航路。一四八六年，狄亞士（Bartholeum Diaz）抵達了非洲最南端的好望角。在十五世紀即將結束時，達伽瑪（Vascoda Gama）率領四艘船隻組成的船隊於一四九八年，首度繞道好望角，經過東非的蒙巴薩穿越印度洋，抵達印度的加利卡特，也就是一個半世紀前摩洛哥人巴圖塔看到了十三艘中國大帆船的港口。[1]一五一〇年，葡萄牙史上著名的殘暴殖民者阿布克奇（Afonso de Albuquerque）占據了果阿（Goa，古稱臥亞），[2]建立控制印度西海岸的據點；次年他又占領馬來半島的要衝麻六甲。從此，葡萄牙人順著數百年來中國人、阿拉伯人和南洋商人往來的航道，打開了歐洲從海上通往東方的通路。

一、明朝丟掉了澳門

澳門是廣東珠江口的一個小半島，原屬宋代才開始設縣的香山縣。在葡萄牙人到來以前，這裡是海盜出沒之地。明朝武宗皇帝正德八年（一五一三），葡萄牙商人阿爾瓦雷斯（Jorge Alvares）奉麻六甲總督之命，率船初抵廣東珠江口的屯門島（今香港國際機場所在的大嶼山島）[3]從事香料貿易，這是葡萄牙人到中國經商之始。其後在正德十年至十五年（一五一五～一五二〇）陸續有葡萄牙商人和使臣再抵屯門、廣州和泉州。一五二〇年六月至九月，葡萄牙船隊因通商未果，在廣東東莞茜草灣與中國艦隊發生首次武裝衝突，最後葡人被打敗，這是中國與西方第一次出現的海上武裝對抗。

世宗嘉靖五年（一五二六），葡萄牙人再度到中國試探通商，這次他們避開了廣東，直接來到浙江寧波外海的雙嶼港，[4]與中國私商私下通商。當時的

葡萄牙人占領初期的澳門。

雙嶼港是個國際走私商港，是明朝海禁禁令下，徽幫、浙幫和閩幫（以漳州籍集團為主）私商的活躍之地。葡萄牙人到此後如魚得水，生意越做越大，雙嶼港也發展成為有日本人、馬來人、琉球人、暹羅人，甚至還有印度和東非衣索匹亞的「黑鬼番」等國際商人聚居的國際港埠。

葡萄牙人在雙嶼港一住就是二十二年。據當時到過東亞水域的一位葡萄牙人旅行冒險家平托在晚年撰寫的《遠遊記》（*The Travels of Mendes Pinto*）[5]中稱，葡萄牙人在當地設有自己的政府，包括一名稽核官員和數名市政長官，甚至還有警官，另外還設有兩所醫院和一座慈善堂。現代一些研究學者認為這些描述言過其實，但也多少說明了當時葡萄牙人的勢力已到達相當的規模。

不過，這個走私貿易的天堂好景不長。嘉靖二十七年（一五四八），在朝廷中的強硬禁海派的支持下，剛正不阿的浙江巡撫兼浙閩海防軍務提督朱紈（音「完」）不顧一切出動大軍搗毀，一片繁榮的雙嶼港因此付之一炬。吃香喝辣的中國私商紛紛南北逃散，有的跑到日本勾結倭寇，成為中國東南沿海巨患，有的則在閩粵交界處沿海的南澳、東山等島嶼重新集結，逐漸發展為強大的海上武裝勢力。

葡萄牙人也在次年正月，逃到了浯嶼（今漳州外海）、月港（今漳州）等處。但是不久與當地官府發生武裝衝突，再度受到驅逐，只好移師珠江口西側外海的上川島和浪白澳，繼續其走私貿易。

這時，明朝海禁有所鬆弛，廣州允許外人在香山縣（今珠海市）的浪白澳和緊鄰的蠔鏡（即澳門）、[6]十字門，[7]東莞縣的虎頭門、雞棲等海澳抽稅後貿易。如果外船等候季風，或貨物沒有賣完，也私下允許暹羅、安南等國「番人」上岸搭屋休息，等到貨物出手

穿紅著綠的葡萄牙商人。

再拆除這些蓬屋駕船歸國。於是一個一個墟市在廣州外海各海澳逐漸形成。

葡萄牙人利用上川島和浪白澳與這些墟市進行貿易。然而，兩地之間由於交通不便，糧食用物補給困難，在嘉靖三十二年（一五五三），他們藉口船隻遭到風浪，海水打濕「貢物」，要求在澳門借地暫時晾晒，還賄賂海道副使汪柏，從開始時搭建草舍數十間發展到建屋成村。

在嘉靖三十四年（一五五五）左右，澳門大約已經有四百名葡萄牙人居住。嘉靖三十九年（一五六○），許其享有某種程度的自治權，設立由地方長官、大法官與主教組成的自治機構。約在穆宗隆慶六年（一五七二），在廣州交易會中，葡萄牙人在明朝官員出現場合，公開提起每年向中國海道交付地租五百兩白銀之事，這位海道不得不說要將這筆「地租」繳交國庫。從此，私下賄賂的款項變成了葡萄牙人借住澳門的地租，葡人更獲得了長期居留的藉口。另外，他們的商人在早一年還開始按明朝規定繳稅，由私商一躍而為合法商人，葡萄牙人在澳門的居留更獲得了相當程度的合法性。

二、在澳門的福建商人

葡萄牙人定居澳門以後，等於取得了對華貿易的門鑰，也等於開啟了對東洋、南洋和太平洋彼岸的貿易大門，從此在澳門—果阿—里斯本、澳門—長崎和澳門—馬尼拉—墨西哥航線上，來往穿梭，絡繹不絕，這就不能不引起其他歐洲國家眼紅。西班牙人、荷蘭人和英國人都紛起效尤，同樣希望在中國沿海取得貿易據點。

嘉靖四十四年（一五六五），在菲律賓的西班牙人派船占據了廣東虎跳門，被地方當局派兵焚燒了他們的據點。

萬曆二十九年（一六○一）和三十一年（一六○三）荷蘭人范聶克（Jacob van Neck）和韋麻郎（Wybrand van Warwijck），分別帶領武裝船隊襲擊澳門，在遭到葡萄牙人擊退之後，韋麻郎敗退澎湖，占有澎湖一三一天，最後為明將沈有容趕出。

英國人則先是在泰昌元年（一六二○）有商船首次開抵澳門，後來又在崇禎十年（一六三七）派船強占廣州虎門砲台，遭廣東官吏開砲還擊，英方賠禮道歉了事。

在這些歐洲人當中，荷蘭人是最鍥而不捨的。在一六○三年攻取澳門失敗

後，在一六二二年又再度由艦隊司令雷約茲率員攻打。然因力量不足，這次的進攻也同樣遭致慘敗。不得已，雷約茲只好仿傚其前人韋麻郎，退而占據澎湖。但是誰也無法預料，雷約茲竟由於這次的行動，而在兩年後與明朝官員交涉退還澎湖的過程中，無意中換來了遠比澳門更不知好多少倍的另一個據點——台灣。這就是歷史的嘲弄。

由於澳門的開埠所帶來的商機，很自然地吸引了大批閩粵商人跑到這裡與葡萄牙人進行交易。葡人定居初期，當地居民除他們的奴僕外，[8] 有超過一千七百戶的人家，另外還有為數眾多往來日本、馬尼拉和印度支那的船員水手，因此也可以說有一番新的氣象了。

到崇禎三年（一六三○）時，福建商販在澳門的人數已多達兩三萬人。半島上「高棟飛甍，櫛比相望，閩粵商人，趨之若鶩」，「閩之奸徒聚食於澳，教誘生事者不下二、三萬人，粵之盜賊亡命投倚為患者，不可數計。」[9]

明代由福建莆田人所建的「媽閣廟」，原名媽祖閣，已列入聯合國教科文組織世界文化遺產清單。

　　這些住在澳門的中國商販或明朝官員所稱的「奸徒」，主要是從事絲綢和瓷器貿易。萬曆十年（一五八二）七月，兩艘滿載生絲的葡萄牙船駛離澳門前往日本長崎販貨，中途遇到大風，其中一艘在台灣附近遇難，滿船貨物沉入海底，船員獲救回到澳門。[10] 又萬曆三十一年（一六〇三），荷蘭武裝船隊在麻六甲附近截獲一艘自澳門返國的葡萄牙船「凱薩琳娜號」（Catharina），船上裝有將近六十噸約十萬件的青花瓷器，次年在阿姆斯特丹拍賣，轟動整個歐洲。

　　從這兩個事例，可以瞭解葡萄牙人透過中國商販對日本和歐洲進行轉口貿易的內涵。而在澳門閩籍商人人數的龐大正足以說明，他們在葡萄牙人的對華貿易過程中所發揮的重要中間人作用。尤其是上述被荷蘭人截獲後來被稱為「克拉克瓷」的瓷器（取葡萄牙當時的遠洋帆船通稱 Carracks 的發音），主要產地是在漳州平和、詔安、南靖和潮州饒平、大埔等縣分，那麼，從生產、運銷到販售，實際上投入的漳、潮籍閩南和客家人[11]工匠與商販就更不知凡幾了。

葡萄牙人航行遠洋的「克拉克」三桅帆船（Carracks）。

在十七世紀初期澳門的福建人當中，有一位叫黃程的，是後來開闢台灣的鄭芝龍後媽黃氏的兄弟。鄭芝龍十八歲時到澳門投靠了這位舅舅，他在澳門住了一年左右，後來經馬尼拉轉居日本平戶。由於這段淵源，才有日後與住在平戶的閩南商人李旦和顏思齊等人在台灣開闢江山的一番創舉。同時，直到鄭芝龍為清廷劫持軟禁北京城為止，他利用閩南的地理優勢與澳門的貿易聯繫也一直沒有中斷，即使是在荷蘭人占領台灣期間，雖與荷蘭人訂有專門對其供應對日貿易商品的協議，仍沒有停止與荷蘭人的死敵葡萄牙人和西班牙人的商業合作，利用他的船隊把澳門貨物運往日本，再把日本貨物運到呂宋賣給西班牙人。

從一六四一年到一六四六年期間，鄭氏商船往來大陸沿海、日本、台灣、呂宋、澳門之間，絡繹不絕，數量超過荷蘭船數倍之多。可以說，在明朝末季，從南洋到日本，閩南海商勢力的強大，與澳門葡萄牙人的存在，是不無關係的。

三、西洋火器傳到了日本

日本天文十二年八月（明嘉靖二十二年，公元一五四三年）八月底，日本九州南方的種子島海邊漂來了一艘中國帆船，船上有三個鼻子高高的人，穿著燈籠一樣的褲子，上身是五顏六色的短衫，嘴巴講著奇怪的話語。島上的村民對他們抱著懷疑和敵視的態度。

隨同這些人上岸的，有一位叫王直的中國人。他會講日本話，他向村長解釋說，這些人來自遙遠的國度，他們只是來日本做生意，並不是要來傷害他們。

來到種子島的這些人就是住在暹羅的葡萄牙人。因為從南方過來，所以日本人就稱他們為「南蠻人」。他們帶去了日本人從來沒有看過的一種武器，長兩、三尺，黑黑的，前端像管子一樣。這就是改寫了日本戰國歷史，被日本人稱為「鐵砲」的長槍。

日本人很快從葡萄牙人學會了使用和製造「鐵砲」（一種槍管細長的火繩銃）的技術。十二年後，在軍閥混戰當中取得優勢的武田信玄，至少已經購得了三百枝這種銃枝。又二十年，織田信長和德川家康聯軍的三千鐵砲軍在東方戰爭史上首先使用長銃作戰，在「長篠（音「小」）之戰」中，一舉擊敗武田信玄的兒子武田勝賴的著名馬隊，殲滅武田將士一萬多人。武田信玄家族二十七代四百九十年的基業自此煙消雲滅，也奠定了德川此後統一日本的大業基礎。

豐臣秀吉在一五九三年發出招諭文書，要求台灣的「高山國王」向他進貢。

　　更重要的是，鐵砲引進日本之後，改寫了東亞歷來由中國所主導的軍事態勢，日本開始轉變其歷史上師崇中國的心態，起而想要成為與中國平起平坐甚至併吞中國的區域霸權。這種轉變具體表現在織田信長一五八二年遇刺身亡之後，掌握日本實權的豐臣秀吉及後來的統治者對外擴張的行動上面。一五九〇年豐臣秀吉統一了日本之後，志得意滿，野心勃勃。他看出了明王朝的政治、經濟和軍事弱點，打算從征服朝鮮開始，作為跳板，進一步征服中國。明萬曆二十年（一五九二）和二十五年（一五九七），日本跨出了歷史上對外侵略擴張的重要一步，先後兩次出兵侵入朝鮮，明朝派出的援軍以弓箭長矛對抗配備現代化洋槍的日本精銳侵略部隊，[12] 最後由於天候始終不利日軍使用火銃，加上豐臣秀吉本人病死，這兩次的侵朝軍事行動終未能取得預期的勝利。

　　豐臣秀吉又在一五九三年發出招諭文書，要求台灣的「高山國王」向他進貢。[13] 萬曆三十七年（一六〇九），德川家康派出九州鹿兒島薩摩藩島津家九率領三千士兵占領琉球，把琉球變成屬地，而後又令九州島原（在長崎之東島原半島上的城市）藩主有馬晴信駕兵船遠征台灣。不過，有馬晴信抵達台灣時，遭到了先住民的強烈抵抗，人員損失不少，只好抓了幾名土著返回日本。

　　接著在萬曆四十四年（一六一六），長崎代官（相當於現在的市長）村山等安又奉德川家康之命，由他的兒子村山秋安率船十三艘，動員二、三千人進剿台

十七世紀的日本「南蠻屏風」呈現了強烈的葡萄牙風格。

灣。這次是船隻經過琉球海邊時被暴風雨打散了，只有一艘抵達台灣，同樣遭到島上土著的強烈抵抗，船上兵士全部被殺。

日本的這些行動，預示著早在鄭芝龍與荷蘭人抵達台灣之前，台灣海峽上空已經風暴欲來，只有明朝上下仍渾然不覺。即使沒有荷蘭人的搶先占領，台灣遲早也會成為日本或歐洲其他新興強權的囊中之物。

把佛朗機人引薦給倭人的一位中國「海盜」

葡萄牙人到中國初期，最早接觸的私商當中，有一位叫王直（也有史書稱「汪直」）的安徽歙縣人。他在嘉靖十九年（一五四〇）到廣東造船，裝載火藥、生絲等到日本、暹羅等地往來互市，成為巨富，並因此在暹羅結識了葡萄牙人。

他是在日本天文十一年（明嘉靖二十一年，公元一五四二年）開始與平戶貿易的。平戶松浦藩主的家史注解上說，道可隆信（松浦隆信）（一五二九～一五九九）優厚對待，成為平戶對海外貿易的端緒。王直還在島上勝尾山東麓蓋了一所漂亮的中國式房子居住。

第二年八月，由王直陪伴從暹羅前往澳門的三名葡萄牙人所搭乘的中國帆船，被颱風吹到了九州南方的種子島，這是日本人初次接觸到歐洲人，雙方語言不通，就由王直擔任翻譯。葡萄牙人在這次的遭遇當中將西洋火器（日人稱為「鐵砲」，也就是長槍）介紹給了日本人。

隨著王直的到來，平戶開始繁榮起來，中國商船來往不絕，葡萄牙人（「南蠻」）的珍品年年充斥，因而京都、堺（音「界」）港（大阪旁邊的港市）等各地商人，雲集此地，人們稱作西都。

王直在日本居住十幾年，擁有數千部眾和許多大海船，日本人稱他為「唐人海賊王」，中國人把他當成倭寇頭子。明人萬表說他「據薩摩洲之松浦津……自號徽王」，「而三十六島之夷，皆聽其指使」。

嘉靖二十三年（一五四四），他在同鄉許二的招引下回國，在浙江舟山群島南端的雙嶼港與葡萄牙人做走私買賣，但是回國不到三年，這個外商走私基地就為浙江巡撫朱紈掃蕩摧毀，他與部下逃到了舟山西北側金塘島的烈港（今瀝港鎮），繼續與平戶島貿易往來。

嘉靖二十八年（一五四九），他率領日本私商，劫掠中國沿海，但之後又為了自保，與官府合作，火拼舟山一帶其他海盜集團，自

立於平戶港邊的王直塑像。

四、初見美麗之島

葡萄牙人跟著王直到過日本之後，船隊從一五五一年起陸續開到豐後（今九州大分縣）進行貿易，這段期間他們從澳門直航或從印度的果阿北上日本時，偶然經過台灣看到了蒼鬱美麗的寶島，忍不住讚嘆不已，稱為「福爾摩沙」（Ilhas Formosa），意思是「美麗之島」或「可愛之島」，被葡萄牙人僱用的荷蘭籍航海官

此勢力銳不可當，「海上之寇非受王直節制者，不得自存」。

王直勢力坐大以後，希望朝廷寬恕其罪行並給與封賞，但事與願違，遭到參將俞大猷統舟數千圍攻，不得已突圍回到日本，於嘉靖三十二年（一五五三）再度糾集大股閩粵海寇與「島倭」，「連艦百餘艘，蔽海而至」，進犯上海及其近郊的松江。接著又犯江浙沿海，從江蘇太倉（當年鄭和下西洋的出發港口）侵入蘇州，長江三角洲各要鎮均受其害。

為了對付華日結合來勢洶洶的「倭寇」，蘇浙閩總督胡宗憲許以高官厚祿誘勸王直回國。嘉靖三十六年（一五五七），他浩浩蕩蕩率眾數千回到了舟山岑港，趁機上書朝廷，強烈要求開放海禁，並授予他大官職務。但是，胡宗憲在朝中剿倭派的壓力下，改變了主意，表面上假意承諾，暗中卻密調戚繼光等部潛伏水陸要害，將他逮捕，於嘉靖三十八年（一五五九），斬首於杭州官巷口。妻子沒入功臣家為奴。

他死後，餘黨不平，繼續犯亂，結合倭寇南下不斷騷擾福建、廣東沿海。明朝主撫海寇派代表人物徐光啟為他發出不平之鳴說：「王直向居海島，未嘗親身入犯，（可）招之使來，量與一職，使之盡除海寇以自效」。

王直死後，因為他是打開日本對外貿易的傳奇人物，日本對他一直非常敬重。至今，平戶島上仍保留其故居遺址。公元二〇〇〇年，為了紀念日本與荷蘭交流四百年，在平戶港邊松浦史料博物館前，樹起了幫助打開日本與外面世界交往的外國人物塑像。王直與第一位到日本傳播天主教的耶穌會教士沙勿略（Francis Xavier）、德川家康的外交顧問阿當姆斯、原荷蘭平戶商館館長斯佩克斯（Jacques Spex，後在一六二九～一六三二年期間擔任巴達維亞荷蘭東印度公司總督），以及英國平戶商館館長考克斯（Richard Cocks）等人的雕像，共同雄立在平戶港邊，不斷提醒著後人，大航海時代東西方交流初期那一段不平靜的歷史。

左圖：一五六〇年出版的《里斯本若奧航海誌》（*no Livro de Marinharia de Joao de Lisboa*）中的遠東地圖中，以三個小方塊標示台灣，並稱其中之一為 I. Fermosa。

右圖：葡萄牙人僱用的荷蘭籍航海官林士登最先記錄了 Formosa 的名稱。

——林士登（Linschoten）記載了下來，從此 Formosa 之名就在西洋人當中流傳開來。但是，葡萄牙人當時志在對華和對日貿易，因此雖經過台灣海峽，並未進入台灣島。

嘉靖三十三年（一五五四），I. Fermosa 的名稱出現在葡萄牙人羅伯・歐蒙（Lopo Homem）的地圖上。一五五八年，他兒子狄亞哥・歐蒙（Diogo Homem）的地圖也標上 I. Fermosa。

至於荷蘭人方面，到十六、十七世紀之交，經過荷蘭航海家的積極探索，已經很快加深了他們對東方的了解，一五七〇年出版的荷蘭地圖開始出現了台灣，

並按照葡萄牙人地圖的提法稱呼為 Fermosa。初期，對台灣地理位置的標示並不準確，並且放在大、小琉球之間。到一五九六和一五九八年出版的地圖則改用斷斷續續的島塊標示，荷蘭第一位繞道南美洲南端經太平洋環球一圈的航海家范努爾特，據說就是帶著一五九八年製作的地圖來到東方的。

　　進入十七世紀以後很長時間，歐洲人的地圖才慢慢改用 Formosa 的標示名稱。

注釋

1. 達伽瑪回到葡萄牙以後，受到了英雄式的歡迎。他帶回了胡椒、肉桂、丁香、生薑和肉豆蔻的樣品。但是他在一五○二年第二次回到印度加利卡特時，遇見了印度伊斯蘭教徒到麥加朝聖的一艘船隻。他把這些伊斯蘭教徒通通殺死，並在加利卡特港外把抓獲的大約八百名摩爾人的耳朵、鼻子和手剁掉。他的宗教恐怖手段在後世葡萄牙人和西班牙人的殖民統治中不斷被沿用。

2. 對於這次的占領，他在給葡萄牙國王的信中寫到：「然後我燒掉了整個城市，見人就砍，幾天幾夜，人們的血不斷流著。伊斯蘭教徒不管在哪裡被找到和抓到，一個活口都不留，他們的清真寺被死人塞得滿滿的，最後全部放火燒掉。算算屍體，有六千具之多。」

3. 據葡萄牙首任駐華使臣皮雷斯（Tome Pires）所撰《東方志略》（Suma Oriental）中的描述，葡萄牙船當時是以麻六甲船隻的名義，到華通商，其船隻抵達珠江口後，是依麻六甲來船慣例，停泊珠江口的屯門（Tumon）。當時的屯門包括現在的深圳和香港一代，由駐紮在現在深圳市區西南方的南頭寨（南頭城）管轄，再由南頭寨「備倭都指揮」向廣州當局通報。其時麻六甲船可停泊地為南頭寨東南海面的屯門島，即現在的大嶼山島，也就是現在香港國際機場所在島嶼，而現在的屯門只是香港九龍轄下的一個行政區而已。

4. 據學者近年考證，雙嶼港在今舟山群島南邊的六橫島上，隔佛渡水道與佛渡島相望。

5. 一六一四年（萬曆四十二年），也就是作者死後三十一年首度以葡萄牙文出版問世，至今其不同語文的版本流行不衰。

6. 澳門原有蠔鏡、濠鏡、海鏡、香山澳和蓮花洲等名稱，葡萄牙人抵達以後，稱為 Amacauo、Amaquo、Amachao、Machoam 和 Maquao 等，據稱是取自當地莆田人所建媽閣廟（媽祖廟）的諧音。

7. 十字門為澳門本島與珠海南端的橫琴島之間的海域，南宋滅亡前一年多，宋、元水師曾在此會戰四次，宋軍喪師數十萬，海上浮屍處處。

8. 據曾經在澳門住過的耶穌會教士利瑪竇（Matteo Ricci）的描述，當時澳門葡萄牙人家庭均畜有非洲男性黑奴，每一家庭平均五、六個之多。黑奴與普通居民的人數比例為五比一左右，不少黑奴曾經逃離澳門，尋求中國官員庇護。另外有些黑奴與澳門當地中國女子生下混血小孩，教育他們講中文和葡萄牙語，以便在中國人或葡萄牙人家庭繼續充當奴役。

9. 據《明實錄・崇禎長編》卷三十四所載禮科給事中盧兆龍的奏疏。

10. 耶穌會教士阿朗索・桑傑士（Alonso Sanchez）當時也在這艘船上，對此次船難有詳細的描述。他說，葡萄牙人雖到日本已有四十年，但從未到過台灣。船難發生後，有些人溺斃了，他與船員游到岸上，見到一些裸體土人帶弓箭出現，但不發一言，也不傷人，只是把船員搶救到岸上的貨物拿走。不過，後來土人還是利用夜晚襲擊了他們，殺死了幾個人。最後他們利用破船板造了一艘小船，全船二百九十多人擠在這艘小船上，回到了澳門。總計他們在台灣停留了四、五個月。

11. 平和縣為正德年間王陽明平定閩粵贛三省交界處漢畲（瑤）作亂民眾後，以降服之民移此而設立的新縣。由於平和及其周邊詔安、南靖、饒平和大埔等縣分盛產優質瓷土，他利用隨其平叛的江西景德鎮士兵教導

平和縣「新民」製作瓷器，製瓷技術再傳播給周邊各縣縣民，而這些縣民主要是由閩西移此的客家先民的後人，因此，地處閩粵交界處的這些縣分的客家人遂成為澳門青花「克拉克」瓷器的主要生產者和供應者。

12. 相對而言，明朝早在嘉靖二年（一五二三）擊敗葡萄牙人入侵廣東新會的行動中，就已獲得了他們的大砲，嘉靖九年（一五三〇）更開始仿造。但是明軍武器的現代化行動卻無疾而終，直到明末滿洲人入侵時，才要求在澳門的耶穌會教士攜帶紅衣大砲北上，助他們對抗韃靼人。

13. 豐臣秀吉在萬曆二十一年（一五九三）派遣部屬原田孫七郎前往菲律賓，勸諭西班牙總督向他納貢，並訓令原田孫七郎攜帶招諭文書，在經過台灣時要求「高山國王」前往日本進貢。結果如何不得而知，但大概是不了了之，因為當時台灣到底有沒有「高山國王」都還說不上，有的只是不相統屬的許多先住民部落的酋長而已。豐臣秀吉在這篇招諭文書中說：「原田氏奉命而發船，若是不來朝，可令諸將攻伐之，生長萬物者日也，枯竭萬物亦日也，思之不具。」

第四章

從太平洋過來的西班牙人

原來是分屬幾個小獨立王國的西班牙，由於卡斯提（Castile）的女王伊莎貝拉（Isabella）和阿拉岡（Aragon）國王斐迪南（Ferdinand）的婚姻結合，在明朝憲宗成化十五年（一四七九），達成了初步的統一。

在明孝宗弘治五年（一四九二）一月，伊莎貝拉女王在其王夫斐迪南全力配合下，身先士卒，以戰爭的勝利征服了長期占領西班牙南部的摩爾人伊斯蘭王國格林納達（Granada），完成了國家的完全統一。為了保護得來不易的統一局面和將天主教定於一尊，三個月後，伊莎貝拉下令驅逐居住西班牙的十七、八萬名猶太人。在此之前，又向羅馬教皇西克圖司四世（Sixtus IV）請求恢復盛行於中世紀的宗教審判，全力排斥和打擊異教徒。

同年，在宗教狂熱和與葡萄牙競爭海外財富的動機驅使下，伊莎貝拉批准了義大利人哥倫布（Christopher Columbus）西向尋找亞洲新航路的計畫。但是，哥倫布沒有找到亞洲，反而在這一年十月來到了巴哈馬群島和大安第列斯群島（現在的古巴及海地和多明尼加）。[1] 他回到西班牙以後堅稱已經到達了印度，把當地的土著稱為印第安人。此後，哥倫布回到加勒比海幾次，並在當地建立了西班牙殖民地。最後一次是在一五○二年聖誕節的時候，航行到現在巴拿馬運河的進口處，但是，並沒有找到通往太平洋的航道。一五○六年，他在西班牙悄然去世。

從十六世紀開始，西班牙人加快了殖民美洲的步伐。除了巴西已在一五○○年為葡萄牙人占領外，他們占有從現在美國的加利福尼亞、佛羅里達到阿根廷的廣大地域，並開始了對這些屬地的大規模資源掠奪，大批黃金和白銀被運回本國，用於維持對外的征戰。

西班牙早期一個海港的圖畫。一四九二年西班牙完成統一後，航海事業大步發展。

明武宗正德十四年（一五一九）九月，葡萄牙人麥哲倫（Ferdinand Magellan）在西班牙國王查爾斯五世（Charles V）的支助下，率領五艘船隻和二七〇名人員離開了西班牙，試圖沿著南美洲東岸南下，尋找到東方的航道。在一艘船隻沉沒和另一艘船隻擅自離隊之後，船隊終於在一五二〇年十一月首次繞過南美尖端後來以他的姓氏稱呼的海峽，抵達太平洋。再經過四個月的航行，於次年三月二十八日航抵現在的菲律賓。不久，麥哲倫捲入當地的土著爭執，遭到殺害。剩下的一一五名船員後來集合在兩艘船上，於五月一日離開了菲律賓，向南航行，最後在十一月抵達了已經為葡萄牙人占領的摩鹿加群島（因盛產香料，俗稱「香料群島」）。

在滿載了香料之後，為防葡萄牙船隻的襲擊，兩艘船分手按相反方向航行。向東的一艘試圖從太平洋回國，但還是躲不掉葡萄牙人，船隻被搶走，船員大部分被害。而向西穿越印度洋回國的「維多利亞號」（Victoria），則幸運地躲過了對方，繞經南非好望角，在翌年九月回到了西班牙。它成為世界上第一艘環繞地球一圈的航船。來回三年的行程，回到西班牙時，船員只剩下了十八人。

繼麥哲倫之後，西班牙人陸續幾次嘗試從太平洋前往菲律賓，但不是遭到葡萄牙人伏擊，就是因為太平洋風向的關係，不得不繼續往西繞道好望角回國。直到菲利普二世（Phillip II）當政以後，才完成了殖民菲律賓的歷史大業。

一、從墨西哥到馬尼拉的海上通道

一五五六年菲利普二世（明嘉靖三十五年）登基王位的時候，正是西班牙國力開始慢慢由盛而衰的時期。由於在海外的無限擴張，和為了維持德國、奧地利、荷蘭、比利時等構成「神聖羅馬帝國」的廣大地域的宗教和社會秩序，國庫已經破產。[2]

出於經濟的需要和傳播天主教的狂熱，他下令新西班牙（現在的墨西哥）的總督殖民菲律賓。從墨西哥出發的船隊，在一五六五年四月抵達了菲律賓中部的宿務後，即開始尋找利用順風返回的路徑。經過摸索北向，超越太平洋的常年逆向風帶後，終於在與日本相當的緯度，找到了回程的順風，並一路順著黑潮抵達了現在美國的加州海岸，而後南下，在十月分回到了墨西哥的阿卡普科（Acapulco）。

波羅的海
歐洲　　　　　　亞洲
阿姆斯特丹
里斯本
塞維爾
北美洲　　　　　　　　　　　　　　　　　　　　　　　平戶
　　　　　　　　　　　　　　　　　　　　　澳門　　　台灣
維拉庫茲　　　　　　　　　　　　　　　　　　　　　馬尼拉
阿卡普科　大西洋　　　　　　　　　　　　　果阿　占城
太平洋　　　　　非洲
南美洲　　　　　　　　　　　　　　　　　　廟六甲海峽
　　　　　　　　　　　　　　　印度洋　　　　　　　巴達維亞
　　　　　　　　　　　好望角　　　　　　　　　　　　澳大利亞
合恩角

⋯⋯⋯⋯⋯ 葡萄牙人航路
━━━━━ 西班牙人航路
‑‑‑‑‑‑‑ 荷蘭人航路

◆歐人東來路線圖◆

　　這條路徑的發現，等於是找到了西班牙與東方貿易的鑰匙，西班牙人把它一直維持到一八一五年為止，時間前後長達兩百五十年。

　　但由於宿務不適於作為殖民總部，西班牙人在一五七一年（明穆宗隆慶五年）轉移到了呂宋島上的馬尼拉。

　　一個偶然的遭遇，打開了西班牙人與中國私商的貿易。

　　就在西班牙人轉進馬尼拉的那一年，途中遇到一艘到菲律賓中部毗舍耶群島（Visayas）與當地信奉伊斯蘭的土著做生意的中國帆船，雙方激戰後中方因武器不如人而屈膝投降，由西班牙遠征呂宋司令將這些人釋回。被當地土人稱為「生理人」的那些中國人第二年滿載了一船絲綢和其他中國商品來到馬尼拉，開始與西班牙人交易。西班牙人隨後將這些貨品運返墨西哥，著名的太平洋貿易就這樣開始了。西班牙文的中國「生理人」之名 Sangleys 也跟著傳遍了美洲殖民地。

　　馬尼拉變成西班牙對華貿易總部後，被稱為「財寶艦隊」（Treasure Fleet，又稱「中國船隻」，Las Naos de China）的西班牙帆船穿梭於馬尼拉和阿卡普科之

福建商人從菲律賓馬尼拉運回的墨西哥銀元。

間九千海里的航路上，帶去的是中國的貨物、南洋的土產和印度的棉布，帶回的是墨西哥鑄造的銀元。太平洋的航道，變成了西班牙在美洲殖民地的生命線。

船隻回到阿卡普科後，卸下的貨物，有的運到南美洲各地消費，有的由騾子載運，穿越崎嶇艱險無比的山區，運到靠近大西洋岸的哈拉帕（Jalapa）集市換取歐洲來的貨物和墨西哥的金銀，最後在維拉庫茲（Veracruz）裝船運回西班牙，完成全球貿易的循環。

總計兩百多年之間，在這條航道上來回的西班牙大帆船可謂不計其數。當中有四十艘因為風暴或其他原因長眠海底。因為食物、飲水耗盡而餓死、病死的船員更不知凡幾。十七世紀中期，一艘西班牙船在阿卡普科見到有艘大帆船在墨西哥海岸外漂蕩，最後發現是一年多以前從馬尼拉出發的船隻，沒有了生命的一個個軀殼，點綴在滿船的絲綢貨物當中。「可憐濤濤海上骨，猶是春閨夢裡人」，這正是他們的寫照。

但是，即使是有這樣那樣的風險，巨大的利益仍然驅使著西班牙王室、教會

和商人不斷參與派出船隻。直到十九世紀初期，拿破崙的軍隊入侵西班牙和墨西哥爆發革命後，才結束了人類史上首次的太平洋貿易。

　　撇開西班牙人在南美洲大陸的野蠻殖民不談，太平洋貿易航路的打通，為東方和美洲世界打開了首次接觸，遠在美國開國之前，菲律賓和中國移民已開始移殖南美洲，中國瓷器、絲綢和南洋香料也融入南美洲人民的生活當中，墨西哥

墨西哥銀元的故事

　　進入海上大發現時期的西班牙，為了充實國庫和償還國債，在十六世紀初期抵達南美洲後，開始拚命開採當地的黃金白銀，洗劫礦產資源。十六世紀後期，他們占領菲律賓後，發現中國人對白銀有無窮的胃口，更是不斷以白銀外匯換取中國的商品，並經由馬尼拉的華人商人手中流回中國。以致當時明朝的萬曆皇帝有無窮的白銀可以揮霍，他生前建造巨大的墓室，讓自己死後能夠在金銀財寶堆中受後世膜拜。但到頭來，只是一場幻夢而已，留給後人的只剩下今天在長城腳下一個空空洞洞的「定陵」墓穴。

　　西班牙人從南美洲運給中國人的白銀，估計每年以百萬銀元（peso）計。一五八七年被英國人在太平洋上搶走的一艘西班牙大帆船上，其絲綢的價值就等於三十噸白銀。這些白銀換來了中國商業經濟的繁榮，尤其是萬曆九年（一五八一）張居正宰相推行「一條鞭」法後，更是如此。不過，在進入十七世紀荷蘭人和英國人貿易商抵達南洋搶奪中國貨源以後，西班牙人的壟斷優勢就漸漸消失了。

　　西班牙的白銀來源主要是墨西哥、玻利維亞和秘魯的銀礦。工作條件是非人道的，對當地的土著造成了滅絕性的摧殘。白銀開採後，鑄造成銀元，俗稱墨西哥銀洋，在中國一直流行到十九世紀。

　　至於在十七世紀後來居上的荷蘭人，到台灣後也是以銀幣對中國人交易。他們使用的銀幣單位叫「里爾」（real），是西班牙銀元的八分之一價值。這種銀幣的來源是荷蘭人與西班牙人在歐洲的交易。後來荷蘭人也使用等重的白銀與中國人交易，也稱為「里爾」。在十七世紀日本德川幕府自行開發銀礦以後，銀產量激增，荷蘭人也從日本人手中購買白銀與中國人交易。

作者家傳的墨西哥銀元。

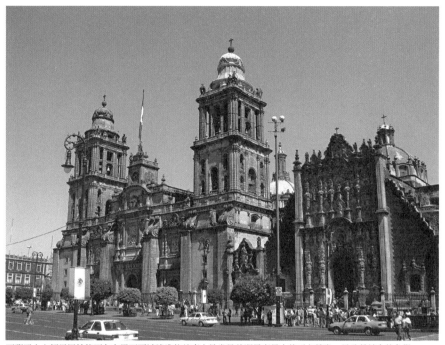

西班牙人占領馬尼拉後不久在墨西哥城建造的首府大教堂是美洲最老最大的天主教堂，是政教結合的象徵。

人的辛辣食物就是使用南洋香料的結果，他們衣服上的刺繡則是從中國人傳過去的。一六〇九年，日本首度利用英國人威廉‧阿當姆斯建造的大船橫跨太平洋，抵達墨西哥進行貿易，這是亞洲國家最早派人到美洲從事生意往來。

二、處在西、日摩擦夾縫中的台灣

馬尼拉成為全球貿易的中心以後，形成了一個華洋雜處的社會，中國商人和船員不斷從閩粵兩省湧入。另外還有大批日本人到來，從事日本對西班牙人的貿易。到明朝光宗泰昌元年（一六二〇）時，這裡已經有了兩萬名菲律賓人、一萬六千名華人、三千名日本人。相對的，由於殖民地幅員的分散和人口的短缺，居住在馬尼拉的西班牙人只有二千四百人而已。人數上的劣勢使得西班牙統治者長期處在不安的感覺之中，不僅對中國人如此，造成了數次大屠殺，而且對日本人也更是提心吊膽，從而促成了他們有意取得台灣，從地緣優勢上防止馬尼拉受到日本攻擊的意圖。

十七世紀馬尼拉華人製作的象牙聖母跪像（紐約西班牙博物館收藏）。

白銀鑄造的西班牙船隻造型香爐，原用於馬尼拉（紐約西班牙博物館收藏）。

在西班牙人到達馬尼拉之前，日本人就已經到了菲律賓。明朝嘉靖年間，流竄中國沿海的倭寇顯然有一部分到了呂宋島。在西班牙人抵達馬尼拉不久，他們驚訝地發現，呂宋島東北部的卡加延河（Cagayan River）的河口住有一些日本人。這些日本人不久都被集中到馬尼拉與華人比鄰而居。

萬曆十年（一五八二），一位西班牙船長從澳門出航，途中經過台灣海峽，聽到船上的中國船員這樣描述被西班牙人稱為 Hermosa 的台灣：「島上的人民經常駕駛小舟，攜帶小鹿、鹿皮、沙金和精細工藝品，運往中國海岸。」萬曆十四年（一五八六），為了傳教和保護菲律賓的安全，西班牙人建議菲利普二世出兵占領台灣。

萬曆十二年（一五八四），一艘西班牙大帆船迷航漂到平戶島。一五九二年，菲律賓總督的特使科博（Juan Cobo）從馬尼拉抵達日本，不久在日去世。翌年另有擔任特使的四名西班牙方濟各會教士（Franciscans）於航抵日本後，在京都、大阪和長崎公開傳播福音。

萬曆十八年（一五九〇），豐臣秀吉向葡萄牙駐印度果阿總督發出國書，要他入貢。萬曆二十一年（一五九三）又遣部屬原田孫七郎前往菲律賓要西班牙總督進貢，並在經過台灣時叫「高山國王」納貢。豐臣的舉動，引起了西班牙人的警惕。

一五九六年，另一艘從馬尼拉前往墨西哥阿卡普科的西班牙貿易船「聖菲利普號」（San Felipe）漂到了日本四國島的土佐國（今高知縣），船上的貨物立即被豐臣秀吉下令沒收。這條船的領航員因為自己的貨物也在被沒收之列，相當不滿，傳說曾揚言西班牙將要征服日本。在日本官員進一步詢問西班牙如何征服海外殖民地時，他又誇稱過程相當簡單，首先是派出傳教士，接著是派出軍隊，最

西班牙人於一五八二年建成的馬尼拉首府大教堂是其殖民菲律賓的精神信仰中心（香港大學湯凌雲提供）。

後才是貿易商。這種說法激怒了豐臣秀吉，下令在日本全面禁教，[3] 有二十六名教徒被處死。

　　豐臣秀吉的舉動使西班牙和日本的關係頓時緊張起來。「聖菲利普號」的船長藍德喬（Mathos de Landecho）回到馬尼拉後，向新任總督古佐曼（Francisco Tello de Guzoman）建議占領台灣一個港口，作為進攻日本的前進基地。古佐曼本人這時也向菲利普二世上疏指出，日本人有攻取台灣的可能。恰好前任總督達斯馬里納斯（Don Luis Dasmarinas，也就是一五九四年被一位中國船員刺殺的總督的兒子）從日本西班牙傳教士處獲悉豐臣秀吉有意占領台灣的情報，更深感台灣的重要性，於是在一五九七年六月二十七日的最高軍事會議上，力主派遣遠征軍進兵台灣。

　　這些征台之議終於醞釀成熟，萬曆二十六年（一五九八）夏天，在薩瑪第奧

一六〇〇年荷蘭人范努爾特率領的艦隊，從
太平洋的彼岸來到了菲律賓，

（Don Juan de Zamadio）的率領下，兩艘兵船，
共有兵員兩百多人，從菲律賓出發往征台灣，
但是剛好碰上季風季節轉換，啟程後遇到逆
風，無功而返。不久，豐臣秀吉病死了，繼起
的德川家康鼓勵日本人對外通商，日本和西班
牙人的關係又告緩和下來，西班牙人的第一次
征台之議也就無形中被打消了。

　　但是，這時東亞的局勢已告丕變。在即將
進入十七世紀的一六〇〇年（明萬曆二十八年）
十月，荷蘭人范努爾特率領的一支艦隊，循著
西班牙人的航道，從太平洋的彼岸悄悄來到了
菲律賓，兩個月後在馬尼拉港擊沉了升船待發
等待返回墨西哥的西班牙船「聖地亞哥號」（San
Diego）。一個由荷蘭人加入角逐東亞貿易和霸權的時代，為十七世紀的到來揭開
了序幕！

三、「聖地亞哥號」的悲劇

　　「聖地亞哥號」是西班牙一艘三百噸重的商船，一六〇〇年在荷蘭人首次來到
菲律賓的一場遭遇戰中，沉沒在馬尼拉灣內。直到一九九一年，在兩位法國專家
的考證下，才找到了它的沉船地點；並在菲律賓和法國兩國政府的合作下，經過
兩年的努力，打撈出水面，將船上的陶瓷器和其他原物公諸於世，從而使我們見
證到了在西方勢力與中國商販交織譜寫出來的一個時代的縮影。

　　萬曆二十六年（一五九八）一支由四艘荷蘭船隻和二五〇名船員組成的艦
隊，在曾經當過海盜船船長但改行在鹿特丹經營旅館的范努爾特的率領下，經過
荷蘭政府批准，以找到西班牙的航線祕密為目的，從荷蘭出發，歷盡風險，經南
美洲的南端，橫渡太平洋，於一六〇〇年的十月來到了菲律賓。當這支艦隊抵達
菲律賓之時，只剩下了兩條船和五十九名水手。

　　這支艦隊在朝馬尼拉灣航行時，抓獲了一艘中國帆船，獲悉每年有四百艘中
國和日本船來到馬尼拉與西班牙人做生意。他們還獲悉有兩艘日本帆船很快就要

經過，但更重要的是，有一艘西班牙大帆船在十二月將從墨西哥開過來。這是千載難逢的機會，范努爾特決定把這兩艘日本船抓起來，並等待西班牙帆船的到來。

由於西班牙守軍當時正在南洋群島其他地方與當地也被稱為摩爾人的土著打仗，馬尼拉防守空虛。駐守的副總督摩加是個法官，他匆忙徵召了「聖地亞哥號」和另一艘五十噸重的小商船，將它們改裝加強武裝，準備迎擊荷蘭人的船隊。

三十天後，船上的大砲、武器和彈藥已經安裝妥當，準備與荷蘭人打仗。接著摩加被總督任命為艦隊司令。這是一個致命的錯誤決定，因為摩加是個文人，從來沒有指揮打仗的經驗。

范努爾特環球航行所使用的地圖。

十二月十四日，摩加搭乘「聖地亞哥號」率領另一艘商船駛出了港口迎擊敵人，「聖地亞哥號」上有船員四五〇名，包括一些日本僱佣兵。

但是「聖地亞哥號」從一開頭就不順遂。船上裝滿了貨，吃水線已經到了砲艙。雙方遭遇後，西班牙人作戰很勇敢，鉤住荷蘭船後跳了上去，荷蘭人爭先恐後地逃進了艙裡。可是在這關鍵時刻，摩加卻暈船暈得厲害，什麼決定都做不出來。軍官們拚命催促他，但他還是下不了命令。

范努爾特這時抓住了機會，下令在自己的甲板上放火，濃煙罩住了船隻。摩加面臨著是留在船上被火燒著，或是砍斷鉤住荷蘭船的繩索脫險而去。最後，他選擇了後者。

可是「聖地亞哥號」駛離不到兩百公尺，因船艙中了荷蘭船的多發砲彈開始進水，很快整艘船就沉了下去。船員們紛紛跳船求生，只有一百人左右被救了起來，其餘三五〇人不幸葬身魚腹。

L'admiral estant surmonte sen allant au fondsa nostre veüe

在馬尼拉灣西、荷海戰中沉沒的「聖地亞哥號」。

　　摩加幸運地活了下來。據說他表現了指揮官的精神，是最後一個跳水的，但也有人說他貪生怕死，是最早跳水的人當中的一個。

　　不論如何，這些對後人都已不重要了。重要的是「聖地亞哥」號給我們留下了罕見的歷史的補空，使我們得以了解到那個年代的活動內涵。

　　幾年前，法國的一位深水考古學家 Franck Goddio 和檔案學家 Patrick Lize 從西班牙的檔案中，找到了「聖地亞哥號」當時的倖存者向西班牙當局報告的證詞，從中查明了這艘船的可能沉沒地點。一九九一年經過四個星期的搜尋後，找到了這艘西班牙大帆船。再經過兩年的打撈，「聖地亞哥號」船上的財物慢慢浮出了水面。出水的物件有五二六二件，包括了八百件完好無缺的萬曆青花瓷、大量銀幣、砲彈、砲管和二十四片漂亮的日本武士刀護手。[4]

　　特別珍貴的是那些青花瓷，有花瓶、大盤子，不一而足，都是當時的中國商販們從事國際貿易的出口品，透過這些產品，西洋人每年從南美洲大陸帶來大量的白銀，維持著大明王室的豪奢花費和中國沿海千千萬萬人的生計。

范努爾特和他的人馬脫開「聖地亞哥號」後，將自己船上的火滅了，然後駛離了菲律賓，啟程返回荷蘭去。回到荷蘭後，他寫了一本書，敘述了他的經歷，引起了荷蘭商人的好奇。他們紛紛集資，成立公司，想要打造商船前來東方尋求商機。這些商人的公司兩年後為了強化競爭實力，在阿姆斯特丹共同整合在一起，成立了「聯合東印度公司」。

一六〇一年九月二十七日在范聶克（Jacob van Neck）率領下，第一艘荷蘭船來到了澳門，要求通商，結果被葡萄牙人唆使中國人將他們趕走。一六〇三年六月「聯合東印度公司」的兩艘船在韋麻郎的率領下又來到澳門，這次是被葡萄牙人開砲轟走。他們心有不甘，次年八月七日趁明朝汛兵換防的空檔直駛馬公，占據了澎湖群島。從此開啟了荷蘭人與台灣的一頁歷史糾葛！

「聖地亞哥號」寶藏在紐約展覽時的門票。

注釋

1. 人們習稱哥倫布「發現」美洲新大陸，其實他並沒有「發現」美洲大陸。只是到達了美洲大陸外緣的島嶼而已。但他這次航行的意義是使歐洲人知道了前此不知其存在的地域。

2. 菲利普二世的父親查爾斯五世，作為哈普斯格（Hapsburg）家族的一員，在一五一六～一五五六年期間擔任了鬆散結合的「神聖羅馬帝國」的皇帝，這一職務使得西班牙為了對抗土耳其和歐洲非天主教勢力，承擔了沉重的財政和軍事責任。

3. 不過，另有一種說法是，這是已經立足日本的葡萄牙耶穌會教士陷害方濟各會教士的說法，因為葡萄牙雖然與西班牙已在一五八〇年統一，但這兩派教士來自葡、西兩個國家，傳教方法也各異（前者重拉攏上層社會，從諸侯入手，自上而下；後者則重下層社會，從基層做起），互相排擠，都想全面壓倒對方，因此相互陷害。

4. 一九九六～一九九七年冬天，從這艘沉船打撈出來的原物在菲律賓駐紐約總領事館展出，作者有幸參觀了這些文物。

石火矢打ツ
休

大社長サ北八間
帆数十八片
旗竿四間半
煙出シ同
大帆桁十一間
大ツゝ徳三間
ヤリ出シ十三間
石火矢三十六挺
同ノ俟間
坐二尺四寸
横二天七寸
根長サ
一尺六寸

第五章

南向政策下的日本

十六、七世紀之交的日本九州，由於得地理之利，最早接觸了歐洲過來的西洋人，也由於它是吸收外來文化的主要窗口，對塑造日本日後的國家性格和文化特質更有著不可估量的影響。但是，這時的九州是由不同的領主統治，缺少一個有力的權力中心。

最先來到九州的歐洲人是葡萄牙人。日本天文十二年（一五四三），一艘葡萄牙船漂到種子島，與日本首度接觸。一五四六年他們應平戶島藩主松浦隆信之邀，在該處設立了商館，一五七一年又在長崎開館。隨著商業活動而來的是天主教的傳播。

天文十八年（一五四九），耶穌會的西班牙籍教士沙勿略（Francis Xavier）登陸九州鹿兒島，開始了天主教在日本的傳播事業。他在兩年的時間裡，在九州發展出八百名信眾。到一五八○年代初期，相繼而來的教士更把信徒擴大到十萬人左右，其中包括九州肥前國（今長崎所在地）領主有馬晴信等著名領主在內。這

將天主教傳進日本的耶穌會教士沙勿略，在一五五二年病逝於廣東珠江口的上川島後，遺體曾在麻六甲聖保羅教堂暫葬，九個月後，移葬印度果阿。圖為其在該教堂前的雕像。

些信眾的信仰得到了日本當時最大的軍閥織田信長的庇護。到織田信長遭到部下刺殺那一年（一五八二），天主教在日本的勢力已擴充到教堂二百間，教友十五萬人（占當時日本人口的百分之二），其中三分之二集中在九州。

豐臣秀吉繼掌織田信長的權力以後，對天主教繼續採取包容的態度。一五八六至八七年，九州南方薩摩（今鹿兒島所在地）藩島津義久家族反天主教勢力發動反撲，豐臣秀吉應豐後（今大分縣）領主大友和天主教神父之請，藉機派出二十萬軍隊平亂。

亂事平定以後，豐臣秀吉有意進
一步鞏固對九州的控制和防止西洋人勢
力的擴大，他在一五八七年巡視九州
時，藉口天主教勢力在當地進行恐怖的
宗教排他活動，並毀滅佛寺和砸毀佛
像，在這年夏天發布了第一道驅逐天主
教教士的命令。他下令所有傳教士在
二十天內離開日本，不過，由於豐臣秀
吉的許多下屬，如幫助他打天下的名將

結束日本在十六世紀末戰國局面的豐臣秀吉。

小西行長和黑田長政等，都是天主教徒，這道命令沒有被嚴格貫徹執行。許多教
士繼續留在九州，得到天主教領主們的庇護。

隨著在九州統治權力的鞏固和與西洋人接觸的增加，豐臣秀吉的注意力開始
投射到南方，想要使遠在印度和南洋的葡萄牙人和西班牙人對他俯首稱臣。

日本天文十八年（一五九○），他向葡萄牙駐印度果阿的總督發出國書，要
他入貢。文祿二年（一五九三）又派遣原田孫七郎前往菲律賓命令西班牙總督進
貢，並在途經台灣時下令「高山國王」納貢。這是日本政府初次有意臣服台灣。

此外，豐臣秀吉還打算派遣將領襲擊澎湖和基隆，福建巡撫徐學聚在〈初報
紅毛番疏〉中提到：「關白（豐臣秀吉的統治頭銜）時，倭將欽門墩統舟二百，欲
襲雞籠，據澎湖，窺我閩粵，幸先事設防，謀遂阻。」

但是，豐臣秀吉要臣服西洋人的構想尚未付諸行動，他又下令進攻朝鮮。
他以九州為前進基地，先後在一五九二年和一五九七年發動兩次進攻，率領日軍
西進的有當年為豐臣秀吉進軍九州的著名天主教將軍小西行長和黑田長政等。不
過，日本的侵朝行動因明軍出兵抵抗、朝鮮水師將士用命和一五九八年豐臣秀吉
的病逝而告結束。

由於在九州的天主教領主們與日本最高統治階層的淵源，以及從侵朝戰爭中
吸取的經驗，他們在西進朝鮮碰壁後，對日本將眼光投向南方，特別是在日後謀
取琉球和台灣的過程中，發揮了主導作用。其中最重要的角色之一就是肥前藩有
馬晴信。

一、肥前藩有馬晴信勢力的南下

豐臣秀吉去世後，德川家康取代了豐臣家族的勢力，成為日本的最高實質統治者。

日本慶長五年（一六○○）決定近代日本命運的關原之戰當中，江戶城主德川家康的東軍打敗大阪的西軍，取代了豐臣秀吉家族的勢力，成為日本的最高實質統治者。但是，由於在這次的決戰中，大阪方面是由天主教大名（諸侯）小西行長領軍與東軍對陣，因此，德川家康取得最高統治實權後，基本上保持了豐臣秀吉排斥天主教的政策。

然而，出於對葡萄牙人和西班牙人通商的需要，和受到關原會戰中東軍一方的其他天主教領主如黑田長政的影響，在德川家康統治的頭十年期間，對一般教徒還是採取了容忍政策。到一六一一年，長崎已經有了四萬名天主教徒和十一所教堂。

即使如此，德川仍舊禁止所有大名和領主信教，並要求已經信教者脫教。在他的影響下，許多領主宣布放棄信仰。例外的是肥前國的領主有馬晴信。

有馬晴信是個虔誠的教徒（教名「約翰」），他領地內的島原是耶穌會的重要基地，設有修業所（神學校）。早在天正十年（一五八二）他就派出四名少年組成的使節團（在日本習稱「天正少年使節團」）經印度果阿、葡萄牙的里斯本前往羅馬拜見教皇，打開了日本人最早到歐洲的歷史。公元一六○一年，德川為了擴大對外貿易，重新向諸侯頒發在豐臣秀吉時期設立的「朱印狀」，他是少數領有「朱印狀」的領主之一。他擁有很多船隻，他的船隻以長崎為基地往來澳門、占城（今越南中南部）等地，豐臣秀吉在世時就很得到賞識，是極力主張豐臣氏向外擴張（外征）征伐朝鮮的強硬派人物之一，豐臣秀吉甚至應允他在征服中國後當中國的皇帝。

德川家康統治日本以後，繼續與有馬氏保持了良好的關係。他也是促成德川家康在統治初期容忍天主教的大名之一。

一個被掩蓋了將近三個世紀的政治偽裝

十七世紀初期，夾在日、中兩個強國之間的琉球，被日本征服之後，由於擔心與中國的貿易中斷，中國商船不再攜帶貨物到琉球，於是在德川幕府的許可下，一方面背著中國每年向日本祕密納貢，但同時表面上還向中國稱臣。這種安排

琉球首里城王宮。已被聯合國教科文組織登錄為世界遺產。

維持了二百七十年，中國始終被蒙在鼓裡（或是為了維持面子裝作不知？）。

在此期間，每當中國使臣或有限數量的商船抵達琉球，住在「首里城」王宮和那霸的日本人即行搬出，並盡量掩飾市面上可以看到的受到日本影響的事物，如商店招牌等，使中國人認為琉球一切如故。

在日本於一六三九年開始鎖國以後，兩百多年當中，琉球一直是日本對外的窗口。日本透過琉球獲得中國和外面世界的資訊與情報。另一方面，琉球王國則透過它對中國的進貢關係，維持著與朝鮮、南洋的貿易聯繫，日本史稱這段時期是琉球的貿易「黃金時期」，每年琉球的「進貢船」向中國航去，回程則載著中國皇帝賜給的珍貴貨物，滿載而歸。中國維持了「面子」，琉球和日本則獲得了「裡子」。

這種局面一直維持到一八七九年，才在日本撕下一切偽裝要求琉球廢藩置縣、完全效忠日本天皇後結束。在清政府的抗議下，琉球國王走出了「首里城」王宮，結束了他們的王朝統治，從此琉球淪為日本的沖繩縣，原屬台灣的釣魚台群島因其鄰近琉球的位置，也因此在甲午戰爭結束翌年為日本所併吞，被納入沖繩管轄。

二次大戰結束前，在開羅會議上美國羅斯福總統兩度提到欲將琉球交還中國，但當時出席會議的國民政府主席蔣介石兩度表明欲與美國共管，導致琉球歸屬終未能列入《開羅宣言》，釣魚台群島遂一直成為台灣、中國大陸與日本之間的領土爭執之地。

江戶時代，描繪德川家康戰勝豐臣家族勢力的關原之戰場景的屏風。

　　萬曆三十六年（一六〇八），有馬晴信的船隻航抵澳門以後，因船員滋事，被葡萄牙人驅逐出境，他為了報復，在一六〇九年下令焚燬了一艘停在長崎港的葡萄牙船。這次的事件導致他日後受到政敵的攻擊，而被德川流放甲斐（今甲府），最後切腹了卻餘生。

　　慶長十四年（萬曆三十七年，一六〇九年），德川政權統治下的日本雙管齊下，踏出了南向行動的第一步。

　　一方面薩摩的島津藩銜德川家康之命，率三千軍隊，在一個大砲營的前導下入侵琉球。琉球中山王不敵，被擄去日本，後又送還，但從此琉球淪入日人之手，向其稱臣納貢。

日本在十七世紀以後為何將眼光投向南方

　　日本在進入十七世紀以後，開始把眼光投向南方。出現這種南向政策，是多方面原因促成的。首先是德川家康繼豐臣秀吉掌握了日本的統治大權之後，國家的統一使得各方面的建設方興未艾，對物資的需求擴大了。在九州和大阪、京都一些領主及豪商的推波助瀾下，對外貿的胃口有了大幅增長。

　　特別是豐臣秀吉在晚年設立了「朱印狀」制度，確定了一些諸侯和豪商壟斷貿易的利益，使得這些諸侯與豪商家族為了不讓西洋人專美於前，爭相建造船隻，從事對外貿易。而外貿的對象地區，當時主要是中國和南洋，對日本來說，自然必須朝南尋求發展。這種「朱印狀」是日本最高統治者為了拉攏地方勢力而給予諸侯和豪商的海外特許狀，最先是由豐臣秀吉在一五九二年頒發，德川家康又加以發揚光大。九州的有馬、島津、松浦、加藤和京都的角倉、茶屋、平野，大阪的末吉家族等都享有這種特權。他們的船隻遠達高砂（台灣）、澳門、安南、大泥（北大年）、摩鹿加群島和巴達維亞等地，這種有政府作後盾的海外擴張力量，在當時是可以與明朝海禁之下缺乏國家保護的龐大閩南自發海商勢力相抗衡的。

　　此外，英國人威廉‧阿當姆斯在一六〇〇年適時漂流到日本，後來成為德川家康的外事顧問，也提升了日本的造船與航海技術，並打開了日本的眼界。西洋的船隻結構被部分應用於日本的遠洋船隻上，還引進了先進的航海儀器，朱印船上大量使用葡萄牙人領航員，這些都加強了日本對外延伸的能力。加上進入十七世紀以後，中國和西洋商船的不斷到來日本，在在都刺激了德川家康尋求日本對外擴大視

　　另一方面，德川下令有馬晴信「招諭」台灣對日本進貢。有馬的船艦南下後，先是到了澎湖，抓了幾艘漁船，然後轉往台灣島北部，但遭到抵抗。文獻記載這段歷史說：「一月不能下，則髡（音「捆」）漁人為人質於雞籠，請盟。」也就是說，把擄去的澎湖漁民剃了頭髮，像日本人一樣，然後假裝是日本人，押在基隆作為人質，要求當地的土著與倭人結盟。

　　當地的土人信以為真，從躲藏的地方出來，使日人能夠順利地將他們抓到日本去，當作土人的代表送給德川家康。不過，德川家康看到從這些人身上得不到什麼東西，就下令釋放回台灣去了。

　　綜觀有馬晴信這次的行動目的，主要還是尋求對華貿易的基地。作為領有長

野的興趣。很自然的，日本在侵朝戰爭結束後，眼光必然轉向其前此未曾認真試探過的南方近鄰，而首當其衝的就是琉球和台灣。

　　另外，在中國仍然實行海禁的情況下，日本急於在中國沿海附近尋找一個可以開展對華貿易的基地。由於葡萄牙人占有了澳門以後，中國沿海其他港口對外國人更加封閉，唯一可以對中國

朱印船。

進行轉口貿易的，只有台灣或澎湖是其首選。而這時已經有一些日本人在台灣經商或採金，因此把台灣作為日本對華貿易的轉口基地是合理的發展。

　　然而，當時日本的這種發展勢頭是有其極限的。由於隨著西洋人的到來而產生的天主教信仰與日本統治者心目中的基本立國精神格格不入，造成日本也必須排斥對西洋人的開放，連帶地，外貿的發展也受到約束。最後終於在一六三八年實行鎖國，只保留長崎出島一個小小的對外窗口。其南向的發展也就突然停頓下來。對於在東西方的海權互動中成為主要爭奪對象的台灣來說，在日本鎖國的兩百多年當中，也就減少了一個參與角逐的對手。

右

自日本到

安南国商紙也

慶長拾壹年丙午八月六日

左圖：德川家康頒發「朱印狀」推動海外貿易，確立「絲割符制度」。

下圖：長崎開港後聚集了李旦兄弟等大批華人在此經商，但是一六三〇年代日本鎖國後，這些華人都被限定在圍牆圍起來稱為「唐人屋敷」的集中區裡居住。這些居民以閩南人為主。

崎港的肥前國領主，有馬晴信是日本新興商業勢力的代表人物，他知道台灣所占有的對中國、對南洋的貿易優勢地位。同時，長崎又是當時地理位置上從日本南下最直接可以通達台灣的港口，因此，把台灣作為向南延伸的第一個目標是順理成章的。德川下令他到台灣的指示，就包括了偵察港灣、調查物產、聯絡土著和開展對中國的轉口貿易等，命令他「視察完妥後，大明、日本之船可會合於高砂國（當時日本對台灣的稱呼），實行通商。」

　　但是，這時的有馬所代表的日本，海上實力顯然還不足以降服台灣的先住民，因此，招降台灣的計畫在先住民的抵抗下，最後失敗了。

　　之後在一六一二年，有馬晴信因為與長崎官員岡本大八產生利益衝突，互相指控，連帶前面已經提到的他在長崎港焚燬葡萄牙船的事件，再遭到告訴。進入生命晚期的德川家康極度不滿，將岡本大八處以極刑，又將有馬流放甲斐後下令切腹自殺。同時德川一改寬容態度，開始嚴厲抵制天主教在日本的傳播。首先受到打擊的教區就是有馬晴信的領地，所有西洋教士不是躲了起來就是從長崎被驅逐出境。

　　儘管如此，德川家康並未改變他對外通商和南下擴張的念頭。日本元和元年（明萬曆四十三年，公元一六一五年），在「大阪之夏」決戰中消滅了依恃堅固的大阪城長期對抗的豐臣後代家族的同時，他又積極籌劃再度進取台灣。這年農曆七月，他向長崎代官（長崎最高行政長官「長崎奉行」之下的官職，大概相當於現在的市長兼治安首長）村山等安發出「高砂國渡船朱印狀」，令它組織遠征船隊，準備南進台灣。

二、村山等安遠征台灣

　　繼有馬晴信而起的長崎實力派人物是村山等安。他一家也是著名的天主教家庭，以經營海外貿易而致富。可能是因為他的天主教信仰得罪了德川家康，故想要以征討台灣將功贖罪，[1] 他拿出了大量家產組成了有三千多名兵員和十三艘船隻的遠征船隊。

　　琉球國王中山尚寧獲悉了村山一家征台的計畫，派遣通事蔡廛通知了中國。一六一六年陽曆五月四日，在村山等安的次子村山秋安的率領下，船隊離開了長崎，向台灣出發。[2] 但是航至琉球時遇上暴風，船隻失散，村山等安自己率領的三艘大船漂到了交阯（今北越），在那裡停留了將近一年，次年七月才回到長崎。[3]

　　不過，由村山部將明石道友率領的三艘船隻最後還是抵達了台灣北部。其中一艘搭載的士兵有一兩百人，登陸後為土著包圍，全體被迫自殺；另外兩船逃到福建北部海面的麂山、礵山、東湧等處，在幾天之內殺害中國人一千二百餘人，將遭遇的中國小船悉行拘捕，船上人員都被丟進海中，前往偵測倭情的中國官員董伯起也被一併擄走，挾往日本。

另外七艘日船，在琉球修整幾個月後，駛到福建、台灣海面，先進犯金門的料羅，繼攻寧德的大金堡，最後取道澎湖進入台灣竹塹港（今新竹），但不敢登陸，後又駛回浙江海面。其中一艘大船連同兩艘漁船在海門殺死明兵十八人和抓走官員十一名，復搶大船一艘，在各地擄掠漁戶，最後為水師將領沈有容擊沉。另有犯浙江北部寧波府海面的兩艘日船與中國軍隊交戰後逃去；進犯中部台州府大陳海面的兩艘船隻，為明兵出動四十餘船追剿，在溫州府海面以火攻之，但明軍船艦反遭自焚，最後也被日船遁去。

村山等安遠征台灣的行動失敗後，在萬曆四十五年（一六一七）以送董伯起歸國為名，由明石道友率數十人，攜帶貴重禮物，專船來到福建，要求恢復通

明朝官員怎樣看待日本人對台灣的軍事行動

大體來說，明朝上下對台灣的認識極為有限，因此對日本人是否對台灣採取軍事行動，就像日本人對琉球採取軍事行動一樣，多半是無動於衷的。然而，也還是有極個別的官員清楚台灣對中國海防的重要性的。

例如，萬曆四十三年（一六一五），日本長崎實力人物村山等安作出安排準備遠征台灣雞籠（現基隆）的消息，為琉球國王中山尚寧獲悉後，他立即派遣通事蔡廛向明朝朝廷通報。福建巡撫黃承玄為此在萬曆四十四年上了一疏，力陳台灣對明朝海防的利害關係，這份文書表明明朝官員中已經有人逐漸認識到台灣的戰略地位。

黃承玄在他的奏疏中說：「雞籠逼我東鄙，距汛地（澎湖）僅數水程，倭若得此，益旁收東番諸山以固其巢穴，然後蹈瑕伺間，指台礵以犯福寧，則閩之上游危；越東湧以趨五虎，則閩之門戶危；薄彭湖以瞰漳泉，則閩之內地危。非惟入閩患之，恐兩浙未得安寧也。」（《明神宗實錄》，卷五四六）

為此，黃承玄特地提拔了曾經在萬曆三十年（一六〇二）追趕倭寇到台灣的都司沈有容擔任福建水師提督，防備日本人的行動。

然而，在明朝文武官員中，類似黃承玄和沈有容那樣，把海防防線投射到台灣的畢竟太少，因此，在進入十七世紀之後，儘管日本和西方海權國家對台灣的注意力在增加，中國的海防壓力加劇，大明朝廷還是一直渾然不覺，因而有後來願意以荷蘭人的到台換取他們撤出澎湖的舉動。

商。沈有容責問：「何故侵擾雞籠淡水？何故謀據北港？何故內地劫掠？何故挾去伯起、後送還伯起及侵奪琉球等事？」沈有容還表明「汝若戀住東番，則我寸板不許過海，寸絲難望過番」，[4]也就是說，日人如戀居台灣，明朝將不許任何一艘船到台灣，不許一寸絲賣到台灣。最後沈有容將這些人從福建發放回去日本。

沈有容與日本人的這番對話，點出了當時村山出兵台灣的主要目的還是與有馬晴信一樣，就是要利用台灣與中國沿海進行轉口貿易。而台灣相對於中國的這個地緣屬性，後來也繼續吸引著繼起的荷蘭人、西班牙人對台灣的興趣，並最後導致荷蘭人對台灣的占領。

德川家康死後，繼任的兒子德川秀忠採取更嚴苛的反天主教政策。明石道友回到日本之後的第二年年初，村山等安指控幕府幕吏末次平藏善待耶穌會教士，但指控不成，反因敗訴，全家遭幕府處死，末次成為長崎代官，村山征台的歷史公案也就宣告落幕。

日本鎖國後，只有中國船和荷蘭船獲准到長崎港交易。圖為荷蘭船進入長崎港圖。

濱田彌兵衛持刀挾持荷蘭總督訥茨，脅迫其交換人質，並賠償生絲貿易損失。

日本人所繪的濱田彌兵衛事件圖。

三、日本的鎖國

三代將軍德川家光統治時期（一六二三～一六五一），日本在禁教的影響下，進一步揚棄了與西洋人擴大通商的念頭。一六二三年，英國在平戶的商館關閉，次年西班牙人被禁通航，日、西關係斷絕。就在這日本與歐洲人關係微妙的時期，因在台荷蘭人與前往通商的日本人產生衝突而造成的日荷貿易糾紛，給雙方的貿易前景，也就是台灣的對日貿易投下了陰影。

天啟四年（一六二四）荷蘭人占領台灣以後，打算向住在島上從事轉口貿易的日本商人開徵稅收。日人反駁指稱在平戶的荷蘭商館無需繳稅，因此荷、日兩國產生齟齬。

恰好在一六二六年，末次平藏和京都的大商人派了兩艘船隻，由濱田彌兵衛率領到台灣購買生絲，荷蘭首任台灣長官宋克博士[5]限制他們的行動，濱田欲往福建向當地商人索取所訂的二萬斤生絲，向荷蘭人借船，又遭到拒絕。拖到第二年七月，濱田偷偷拐騙了十六名新港社的土人，帶著他們溜回了日本，向末次平藏報告荷蘭人的態度。末次憤慨不已，將十六名台灣土人打扮成使者模樣，獻給前將軍德川秀忠和現將軍德川家光，並報告荷蘭人種種行為。

荷蘭新任駐台長官彼得・訥茨（Pieter Nuyts）聽到濱田跑了，怕誤了荷蘭在日本的商業利益，匆匆趕去江戶求見德川家光，但遭拒見，勒令訥茨迅即離開日本，荷、日糾葛一時難以排解。

一六二八年春天，濱田又率船三艘到台灣，訥茨懷恨，將濱田本人和他帶回的新港社土人扣押三個月不予釋放。濱田怒極，趁訥茨不備向他發動襲擊，闖進他的官舍，以刀相抵，脅迫其交換人質，共同前往日本，並賠償損失。訥茨不得不屈服，將兒子與濱田之子互質，送往日本（於被囚期間死亡），並賠償了濱田一萬多斤生絲。但是，濱田回到日本後，隨即變卦，將荷蘭人質扣在長崎，幕府也下令封閉平戶荷蘭商館。

事態擴大後，荷蘭東印度公司在印尼巴達維亞的總部最後屈從於對日貿易利益，在末次平藏病故

長崎著名瓷器「有田燒」。為紀念日、荷交流四百年，日本以古畫上當時的荷蘭人為圖案燒製成茶杯。

後，於一六三二年將訥茨解送平戶，交換從前被扣的人質，任其被囚於一戶平民家中。幕府至此才應允恢復通商，消除了兩國糾纏多年的糾紛。

末次平藏死後，日本少了一個對台灣貿易感興趣的政治人物。這時日本的政治重心已轉向封建勢力濃厚的關東地區，代表商業利益的西南勢力與幕府漸行漸遠。一六三七年，九州島原半島（原有馬晴信屬地）的天主教信徒反叛禁教，德川家光派出十萬軍隊平亂，次年亂事平定，三萬八千名男女老少遭到屠殺。此後，日本即進入長達二百多年的鎖國時期，除了還允許荷蘭和中國商船與日本通商外，其他所有外國船隻完全被禁止進入日本，持有「朱印狀」的日本商船也不再渡航國外，因此，與台灣的關係也就停頓了下來。[6]

一位「發現」澳洲西南海岸的台灣長官

荷蘭東印度公司派駐大員的第三任長官訥茨，是一位學者，但也是一個充滿傳奇的爭議性人物。

他出生於荷蘭西南端芝蘭省（Zeeland）密德爾堡（Middelburg）的商人家庭，畢業於荷蘭的國父威廉大公所創辦的萊登大學，持有哲學博士學位，可說是當時荷蘭共和國的社會精英。一六二六年，二十八歲的他加入了東印度公司，隨即帶著年方四歲左右的長子勞倫斯（Laurens）登上了公司的船隻「金海馬號」（'t Gulden Zeepaerdt），來到了亞洲水域。但是這艘船隻並未直接前去印尼公司總部所在的巴達維亞，而是到了澳大利亞西南方。

從十六世紀開始，包括荷蘭船在內的歐洲人船隻，已陸陸續續開抵此前歐洲人仍不知其存在的澳洲大陸海域。例如一五三六年，從墨西哥阿卡普科出發，經太平洋前往探索摩鹿加香料群島的西班牙船隻，曾記載今天我們所瞭解只存在於澳洲的鴕鳥，因此可能已抵達澳洲。之後一個世紀，陸續有其他歐洲探險船到達其水域，但是，因澳洲範圍遼闊，因此這一時期歐洲人對其整體輪廓仍只有片面的認知。

「金海馬號」進入澳洲西南水域後，船長命訥茨負責探索這片新「發現」的海岸。他沿著南沿海面，自西向東，航行了二百五十英里左右。一八九五年阿姆斯特丹出版的一張海圖說明稱：「一六二七年，澳洲南部海岸被『金海馬號』偶然發現，總長兩百五十英里。」至今澳洲南岸一些地名如訥茨自然保護區和聖彼得島（I. St.

注釋

1. 萬曆四十五年（一六一七），福建巡撫黃承玄上疏說：「往者家康匪如狡焉，有窺我南鄙之心，而長岐（即長崎）之酋曰等安即桃員者，以往事得罪家康之滅亡也，乃力請取東番以自贖。」

2. 不久，德川家康在同年陽曆六月一日去世。

3. 據英國駐平戶商館館長考克斯的日記：「……又等安之船三艘已回來，此等船雖係派去占領高砂（當時日本人對台灣的稱呼）而毫無成績，轉航交趾。」

4. 《明神宗實錄》，卷五六○。

5. 宋克為法學博士。

6. 事實上，在濱田事件引起的日、荷貿易糾紛之後，幕府就已決定中止發放赴台船隻的「朱印狀」了。

Pieter）等，就是以他的姓氏或名字命名的。

在完成對澳洲的考察後不久，訥茨被任命為台灣長官，並以駐日大使身分，奉命前去日本解決日、荷之間因稅收問題而產生的對台灣主權歸屬的爭執，以及與京都商人濱田之間的生絲貿易糾紛等問題。但因求見幕府將軍德川家光不遂，回到台灣後對此憤憤不平，在第二年春天趁濱田再度來台貿易，將他扣押了三個月。之後又在八月下旬領著九艘船隻開到廈門，誘騙鄭芝龍登上他的座艦，強迫簽訂貿易協定。凡此種種，均可見此人是一個莽撞好事之徒。

他沒想到的是，濱田也不是好惹的人物，在大員被關押了三個月後，趁其不備，闖進他的住所，用刀逼他交換人質，前去日本解決雙方之間的爭議。這時他年僅六歲的兒子勞倫斯就是在這樣的情況下，作為六名荷蘭人質中的一員，被帶到長崎關押了起來。不久訥茨因此一事件被召回巴達維亞，台灣長官遺缺由普特曼斯（Hans Putmans）繼任。可憐的是，勞倫斯被關了三年之後，竟以不到十歲之齡，冤死在異鄉的監獄裡。

由於日本對荷蘭採取強硬態度，東印度公司考慮到對日的整體貿易利益，在他兒子死後，仍逼他前去日本謝罪。他一到平戶即被軟禁起來，到一六三六年才被釋回巴達維亞，最後被送回荷蘭本國。

第六章

後來居上的荷蘭人

荷蘭（Holland）原來只是西班牙統治下的西屬尼德蘭（Spanish Nederlands）的十七個省分之一。十六世紀六十年代，這裡的民眾與尼德蘭北方其他六個省分的基督徒在威廉一世大公的領導下，反抗西班牙菲利普二世的天主教高壓統治，自行尋求經濟貿易出路，組成了聯合省共和國（Republic of United Provinces）。在經歷了與西班牙人八十年的爭戰後，終於在一六四八年（明永曆二年，清順治五年）正式獨立，成為歐洲的一個強權國家。由於「荷蘭省」在尼德蘭居於政治和經濟主導地位，因此人們習稱尼德蘭國為「荷蘭」。

荷蘭獨立之父威廉大公。

　　早在十六世紀，荷蘭就已經是歐洲最發達的貿易地區之一：它的造船業十分發達，當時它所製造的一種「平底快船」（fluyts，或 fluteships）是造船技術的突破，由這種船隻組成的船隊來往地中海、義大利，連法國路易十四所建造凡爾賽宮的大理石都是由荷蘭人運輸的；[1] 它還控制了北海的鯡魚（Herring）捕撈和加工業，以及冰島的鱈魚業；也像現代許多資本主義國家開頭的時候依靠紡織業積累資本一樣，荷蘭的主要城市，如萊頓（Leiden）和哈林（Haarlem）是羊毛和棉布加工布匹的中心。

　　後來的工業革命時期無產階級工人的悽慘景象很早就在這裡出現，他們生產的大量成品則銷往西班牙和其他歐陸國家；阿姆斯特丹是金融、信貸中心，融資和發行股票的方便奠定了日後集資組成船隊遠征世界各地的基礎；甚至阿姆斯特丹對不同信仰的包容也吸引了大批猶太人搬遷到這個城市——最早抵達美國的猶太人就是從這裡前去巴西再轉到紐約（當時稱「新阿姆斯特丹」）的。在當時歐洲封建主義仍然居於主導地位的情況下，由於各種優越條件的匯合，包括基督教崇尚勤勞節儉的喀爾文教派（Calvinism）在這個國家的影響，荷蘭變成了現代資本主義的發祥地；像現代的紐約市一樣，阿姆斯特丹更成為當時歐洲最國際化的城市，德國、英國、葡萄牙……各國的商人和工匠都聚集這裡，有力推動了不同文化和思想的交流。

　　除了商業和製造業的發達外，荷蘭也是歐洲最先進的地圖製造和報紙印刷的國家。

在反抗西班牙爭取獨立的鬥爭仍然如火如荼地進行的過程當中，一五九二年（明萬曆二十年），尼德蘭各省的商人，被西班牙人禁止與西班牙在東西半球的海外屬地交易。這一年，荷蘭的第一家公司「遠方貿易公司」（Compagnie van Verre）成立，利用從葡萄牙里斯本販進亞洲和中國貨物，從事國際貿易。一五九三年，第一次派出艦隊，試圖從北極尋找通往亞洲的航路。一五九五年（萬曆二十三年），在「聯合東印度公司」（於一六〇二年）成立之前最具實力的荷蘭公司——「老牌公司」（de Oude Compagnie）出資之下，由郝德曼（Cornelis de Houtman）率領了第一支船隊，繞過南非好望角抵達印尼萬丹。這支船隊的成功抵達南洋，開啟了荷蘭各公司組織船隊尋求東方貿易的高潮。一五九八年（萬曆二十六年），「老牌公司」又派遣范聶克和明朝史書上習稱的「韋麻郎」率領船隊經由同一路線航向東方。組成這支船隊的四艘船隻在次年返回阿姆斯特丹，受到了熱烈的歡迎。

過了兩年，在勝利返航的基礎上，這支船隊的兩個司令——范聶克和韋麻郎——分別在萬曆二十九年（一六〇一）和萬曆三十一年（一六〇三）又再度來到了

一六〇三年荷蘭人獲准在印尼萬丹設立商館。圖為荷蘭人拜見當地蘇丹王（萬丹博物館藏圖）。

東方，先後試圖襲擊葡萄牙人聚居的澳門。兩次均遭到葡萄牙人擊退，但是韋麻郎藉機占據澎湖，停留了一三一天。這是荷蘭人首次占領澎湖。

在此同時，設在鹿特丹的「南方尼德蘭公司」（The Company of Southern Netherlands）在一五九八年（萬曆二十六年）派出五艘船隻組成的船隊，首次繞道南美尖端的麥哲倫海峽經由太平洋前往東方，不幸遇到船難，其中一艘漂到了日本九州東北部的豐後，因此打開了與日本通商的歷史；也因為荷蘭人與日本的這段因緣，才有日後與在日華人李旦、鄭芝龍等人共同譜寫的一段台灣早期歷史。

一、荷蘭東印度公司的成立

就像現代的台灣一樣，荷蘭在先天上缺少自然資源，必須依靠對外貿易創造財富，而在整個十七世紀竟然能夠壓倒先期崛起的葡萄牙和西班牙，成為海外的歐洲霸主，在這個過程當中，「荷蘭東印度公司」功不可沒。

荷蘭東印度公司（The Dutch East India Company）是荷蘭文 Verenigde Oostindische Compagnie（United East India Company，聯合東印度公司）的俗稱，或簡稱「VOC」。它是荷蘭商家為了專門從事東方貿易而成立的一家股份公司。

阿姆斯特丹海洋博物館仿造的十七世紀荷蘭海船（取材自維基百科）。

在此之前，英國倫敦一群商人為了與荷蘭人和葡萄牙人競爭東印度群島（即今印尼各群島）的香料業務，於一六〇〇年十二月三十一日在英國女王伊莉莎白一世的授權下成立了「東印度公司」，享有壟斷東印度群島的貿易權利。由於當時荷蘭各省成立的從事東方貿易的公司，自組船隊，相互競爭，致使成本高昂，無力與西班牙人和葡萄牙人在南洋競爭。更嚴重的是彼此相互猜忌，對爭取脫離西班牙而進行的獨立鬥爭極為不利。因此，在荷蘭的偉大政治家 Oldenbaarneveldt 的協調號召下，荷蘭「國家議會」（States-General）同意將各家公司結合起來，於一六〇二年三月二十日成立了「東印度公司」。

　　荷蘭「國家議會」是當時荷蘭最高的國家權力結構，由各省派代表組成，透過會議達成共識方式行使權力。這個協商方式的組織模仿英國女王授權「東印度公司」的方式，給予新成立的公司擁有東起南非好望角、西至南美洲南端麥哲倫海峽（包含整片印度洋和太平洋的水域）的貿易壟斷權。它也授權新公司與當地統治者簽訂條約、建立統治和防禦系統，以及對西班牙和葡萄牙宣戰及徵兵的權力——根據這項授權，確立了該公司日後在台灣建立統治政體和與中國軍隊（鄭成功軍隊）作戰的依據。

　　荷蘭東印度公司由十七名董事組成代表公司最高權力結構的董事會，其中包括代表阿姆斯特丹的八名董事、代表南方「芝蘭省」（Zeeland，南太平洋的紐西蘭國和一六二四年荷蘭人在台南外海沙洲上建造的「熱蘭遮城」均以此省命名）的四名董事和代表德爾夫特（Delft）、鹿特丹、合恩（Hoorn）和恩克森（Enkhuizend）等城市的各一名董事，以及輪流代表其他城市的一名董事。這十七名董事形成了一六○二年至一七九九年公司解散為止荷蘭海外王國的統治核心。

　　荷蘭東印度公司的決策總部，設於阿姆斯特丹市離港口不遠的一條小運河邊上。這是一個典型的荷蘭紅磚建築，建造於一六○五年。[2] 阿姆斯特丹商會的董事們每星期在此開會兩次。東印度公司的十七人董事則每年在此集會兩次，每次一開會就是幾個星期，公司所有的重大決策和政策都在這裡作出。建築大廳裡掛有來自中國和日本的精美繪畫，也掛著公司在海外的要塞、莊園、城市、港口和

一五九八年范聶克和韋麻郎率領的四艘船隻，從鹿特丹出發航向亞洲。

荷蘭東印度公司阿姆斯特
丹董事會所在地，現為阿
姆斯特丹大學校舍。

十七世紀的阿姆斯特丹市
中心堤霸廣場。

海灣等的畫像。現在人們（甚至包括荷蘭人在內）已經很難想像這裡曾經是從日本到南洋到南非開普敦這一廣大的商業和殖民王國的統治指揮中心。公司成立時的認購資本是六五〇萬荷蘭盾（當時每十盾換一英鎊：在十七世紀中期一名熟練工人每星期的工資是二・八盾，教師的年薪是二八〇盾，在一個小市鎮購買房子的價錢是三百盾）。成立公司的消息傳開來後，在小市民當中掀起了認購股份的高潮。阿姆斯特丹一地就認購了一半的資本。

隨著公司事業的擴張，現代資本主義的建制也跟著發展起來。在公司成立後不到十年，阿姆斯特丹銀行設了起來（不過，這不是世界第一家銀行，歷史上最早的銀行於一五八七年在威尼斯設立），兩年內吸收了七〇八名存款戶。一六一一年，阿姆斯特丹出現期貨市場。貨倉裡存放著波蘭的穀物、瑞典的黃銅、西班牙的羊毛、美洲的煙草、巴西的糖和東印度的香料。荷蘭現代資本主義社會的建立，與同一時期遠在東方仍處於農業封建社會的中國，形成了強烈的對比。

公司也為荷蘭帶來了史上所稱的「黃金時代」。新興商業貴族和中產階級開始出現，社會的富裕達到了空前的地步。日本的屏風和中國的瓷器點綴了富裕人家的廳堂。品嚐中國茶成為時尚，並將茶葉介紹給了歐洲人。「茶」字開始出現在歐洲人的詞彙當中，至今荷蘭人嗜茶已經成為其生活的一部分。在此同時，社會財富的積累給荷蘭孕育了像朗布蘭特（Rembrandt Harmenszoon van Rijn）、維米爾（Johannes Vermeer）和哈爾斯（Frans Hals）等世界知名的荷蘭畫派大師。[3]

總計在將近兩個世紀當中，荷蘭東印度公司共向海外派出了一千七百多艘船隻，將近有一百萬人次的歐洲人隨著四千七百多個航向亞洲的船隻航次到了海外。在公司的鼎盛時期，海外各個基地有二萬五千名左右的僱員，一萬二千名船員操作著它的船隊。值得一提的是，在公司成立的初期，阿姆斯特丹的人口估計也只不過六萬人左右。

二、初臨澳門

明萬曆二十九年（一六〇一）刻行的《粵劍篇》有這麼一段記載：「辛丑（即萬曆二十九年）九月間，有二夷舟至香山澳（即澳門）。通事者也不知何國人。人呼之為紅毛鬼。其人鬚髮皆赤，目睛圓，長丈許。其舟甚巨，外以銅葉裹之，入

水二丈。香山澳夷（指占住澳門的葡萄牙人）慮其以互市爭澳，以兵逐之。其舟
移入大洋後為颶風飄去，不知所適。」

　　這段描述，當是中國人對荷蘭人最早的印象，把荷蘭人叫成「紅毛」也應當
是從那時開始。再過二十幾年荷蘭人占據台灣以後，後世的台灣人也就一直以
「紅毛」稱呼他們。

　　明《神宗實錄》卷四○三中又記載：萬曆三十二年（一六○四），「兵部覆福
建巡撫徐學聚奏，紅（毛）番闖入內洋，宜設法驅回，以清海徼；勾引奸民潘秀、
張嶷等，均應究處。」上曰：「紅毛番無因忽來，狡偽叵測，著嚴加曉諭，毋聽奸
徒煽惑，擾害商民。潘秀等依律究處。」

　　以上明朝有關荷蘭人的兩段歷史描述所提到的「紅毛」，就是前面提到的在
萬曆二十六年（一五九八）率領船隊經過南非好望角抵達東方的范聶克和韋麻郎
兩人及他們的部下。

　　范聶克是率領第一批荷蘭人抵達中國的「紅毛」。他在一五九九年（萬曆
二十七年）首次從東方返抵荷蘭之後，次年六月又再度率領一支船隊駛出荷蘭，
航向南洋。他先在摩鹿加群島與已經占據該地的葡萄牙人搶奪香料來源，被葡人驅逐，隨後轉向暹羅又受到大風阻礙，後於一六○一年率領兩條船抵達澳門，要求與中國通商。這是荷蘭人首次來到中國。上述《粵劍篇》描寫的情況就是范聶克抵達澳門時的遭遇，結果，中國派駐澳門的「稅使」李道召范聶克進城，住了一個月，他見要求中國朝廷允許通商的願望無法達成，而葡萄牙人又從中作梗驅趕他們，最後只好失望率船離去。

　　一六○二年六月，東印度公司成立後派韋麻郎率領龐大船隊再度

最早率船於一六○一年抵達澳門尋求對華貿易的荷蘭「紅毛」范聶克。

從荷蘭出發，經過三一七天的航行，於次年四月底抵達印尼萬丹。六月再分遣兩艘船隻進攻澳門。可是照樣遭到葡萄牙人的強烈抵抗，荷蘭人失敗以後也是回航暹羅大泥。

韋麻郎在大泥結識了漳州海澄人李錦和商販潘秀等人，[4]他們出主意要他買通福建稅監宦官高寀和占領澎湖。韋麻郎照計行事，在大泥招募船員和通譯。一六○四年六月二十七日，他從大泥出發，原計畫先到澳門，再轉澎湖，但因遇到大風，改而直航澎湖。他抵達澎湖的日期是八月七日。

當時澎湖為明朝的汛地，分春、冬二季防守。韋麻郎抵達澎湖之時恰逢無汛兵防守季節，如入無人之境。就這樣前後三艘船數百名荷蘭人分別抵達，澎湖歷史上初次為外人占領。

韋麻郎占領澎湖後，立即由李錦潛到福建漳州與潘秀聯繫，但事機不密為當局逮捕，隨後明朝官員又將李錦釋放，要他告知荷人撤出澎湖，荷人抗命。雙方來來往往，加上太監高寀夾在當中收取荷人巨額賄賂，明朝官員內部對處置荷人意見不一。最後還是由福建巡撫徐學聚奏明朝廷兵部，[5]並下令福建總兵施德政和漳州浯嶼把總沈有容負責驅逐荷人。兩人在金門料羅灣調集水師，十一月十八日沈有容抵達澎湖，直接面見韋麻郎，韋麻郎見情勢不妙，採取拖延戰術，希望高寀代向明朝朝廷疏通。沈有容見韋麻郎久拖不走，再度對韋麻郎施壓，韋麻郎不得已只好在十二月十五日揚帆離開澎湖。總計荷蘭人這次在澎湖停留了一三一天。其後，韋麻郎繼續流連南洋，不時遣送大量貨物回國，他本人則直到一六○七年才回到了荷蘭。

三、荷印公司總督科恩其人與荷蘭海外帝國的建立

論起對台灣影響最大的荷蘭人，大概非荷蘭聯合東印度公司總督科恩莫屬。因為有了他的戰略宏圖和旺盛的企圖心，才有荷蘭三十八年的台灣占領。

科恩的全名叫 Jan Pieterszoon Coen。從他的中年畫像來看，頭髮是深褐色的，鬍子發紅，臉型瘦長，鼻子大而略鉤，下巴尖出，細細的嘴唇，神情非常敬業，但肚腩已開始隆起。

他在一五八七年（萬曆十三年）一月出生於阿姆斯特丹北邊一個叫合恩（Hoorn）的市鎮。他的父親是個商人，可能在葡萄牙作過鹽商，發了點小財。原

規劃荷蘭東印度公司海外帝國宏圖的科恩總督畫像。

來他們並不是姓科恩的，是姓「推思客」（van Twisk），因他父親見合恩鎮有太多姓推思客的，所以改姓科恩。

合恩是個充滿了商業精神的城市，雖然沒有阿姆斯特丹那麼重要，但當地的船隻出沒法國、葡萄牙等地，成為葡萄酒、橄欖油、蜂蜜、無花果和葡萄乾的集散地。

一六○○年十三歲的時候，他辭別了雙親，到義大利的羅馬去當學徒學習簿記。就在他離開荷蘭的幾年當中，東印度聯合公司於一六○二年在阿姆斯特丹成立了，合恩鎮派有船隻入股。一六○六年年底或一六○七年年初，合恩鎮所派出加入東印度公司的頭一批船隻從南洋回到了荷蘭，賺了幾百萬荷盾（當時每一西班牙銀元值二‧五荷盾，每一荷盾在南洋約值三千至一萬二千文中國銅錢），股東獲利百分之七十五。合恩鎮上的人都為海外貿易開始發起燒來。

科恩這時剛好回到荷蘭，也感染了這種氣氛，以他的所學，他很自然地就加入了東印度公司，在合恩鎮入股的船上當起一名次級商務官，這是最低層的職員職位。一六○七年年底他所在的船隻出航，在次年的十一月抵達了麻六甲海峽。幾個月後，他又來到了爪哇最西端的貿易重鎮萬丹，隨後並參加了征剿遠在數千里外的香料群島（摩鹿加群島，在新幾內亞島西面）的戰役，於一六一○年年底回到了荷蘭。

他在荷蘭停留了一年以上，受到了公司董事會的賞識，在一六一二年以首席商務官的身分帶領兩艘船再度航向東印度。這時他才二十五歲而已。

他在次年二月回到萬丹，在一六一三年年初重抵摩鹿加群島，與荷印公司派在東印度的總督也就是公司在海外的最高權力人博茨（Pieter Both）建立了良好的工作關係。

博茨很欣賞他的才幹。這一年九月兩人共同返回萬丹，在回程中他們聽到了索洛爾島（Solor Is.）被荷蘭艦隊從葡萄牙人手中搶過來的消息。這個島是通往唯

一盛產中國人最喜歡的檀香木的帝汶島（Timor Is.）的門戶，科恩寫信向荷蘭的公司董事會報告，為了以此打開對中國的貿易，「除了在索洛爾堡外，任何人不得對帝汶進行貿易」，「有了檀香木，我們可以迫使中國人用他們的絲來與我們交易。」

這段期間，由於生絲在歐洲賣出很好的價錢，荷印公司急於打開對中國的貿易，董事會一再要求下屬設法與中國建立聯繫，所以科恩寫信提出了以檀香木交換生絲的建議。

十月六日，博茨和科恩回到了萬丹，正好原來的館長去世了，急需新人接任。經萬丹評議會的同意，一個星期後科恩被任命為萬丹和雅加達兩個相鄰據點的商館館長。同時他又被任命為公司的總簿記長。

第二年（一六一四）十一月，因公司賞識，他又被任命為東印度地區評議會的評議員和總管，直接受命於新到任的總督雷恩斯特（Gerard Reynst）之下，成為公司在海外的第二把手，主管海外各個商館的行政和貿易事務。

但是雷恩斯特在任僅一年多就病故了，續任總督是荷蘭的世家子弟、擔任摩鹿加群島長官的雷約爾（Laurens Reael）。但因此人對薪資不滿，就任後以辭職威

荷蘭人在萬丹交易圖（萬丹博物館藏圖）。

十七世紀後，荷蘭人與英國人曾在亞洲激烈角逐。圖為荷蘭東印度公司贈送給馬來柔佛蘇丹的一門巨砲，後又為英國人輾轉獲得，被置於其檳榔嶼要塞上。

脅公司董事會為他加薪，公司改而任命科恩為繼任總督。一六一八年四月三十日科恩正式接到了要他擔任總督的任命。

　　這一年的年底，為了搶奪在東印度的貿易利益，英國人的艦隊來到了雅加達，對科恩的據點和艦隊展開了包圍。在英國人強大的艦隊優勢下，科恩逃到摩鹿加群島與那邊的荷蘭艦隊集結。次年二月，風聲傳來，雅加達城已差不多陷落，英國艦隊即將東來襲擊荷蘭人。科恩匆忙將散布在南洋各地廣大海域上的荷蘭船隻集結起來，於五月底回到了雅加達，準備與英國決戰。

　　回到雅加達後，科恩很高興地發現，荷蘭人困守在雅加達城北邊靠海的最後據點仍然完好無損，在進入據點兩天後，隨即向配合英國人占領了雅加達城的萬丹土人頭領和他的下屬展開攻擊。那時住在城裡的雅加達當地居民已大部分逃到了內陸，改由三千名萬丹人占據城堡。但城堡隨即被科恩攻破，城牆和建築，包括一座清真寺在內，全被夷為平地。六月三十日，荷人評議會決定與萬丹斷絕一切關係，並下令所有在那邊做生意的中國商人和船隻離開萬丹，轉移到雅加達來。這項封鎖行動一執行就是四十年，本來很繁華的一個貿易站從此地位一落千丈，榮景不再。

在此同時，科恩對英國人的勢力展開了反擊。英國人雖然也是一個新興的
海上王國，但因崛起得比荷蘭人晚，羽毛還不夠豐滿。荷蘭人占領了雅加達後不
久就開始集結艦隻，對逃往蘇門答臘和馬來半島方向的英國船隻進行追擊。七月
底，在馬來半島東岸對華貿易重鎮北大年（也稱大泥）海域的一場遭遇戰中，被
科恩視為強勁對手的英國艦隊指揮官約翰・喬甸（John Jourdain），在迎戰荷蘭艦
艇時以身殉國。

　　至此英國人的勢力暫時退出了東印度，[6]荷蘭霸占了從麻六甲海峽以東至摩
鹿加群島的廣大洋面，與菲律賓的西班牙人遙相抗衡。從這個時候起，一個以殖
民取代貿易通商的荷蘭帝國，以雅加達為中心，在印尼建立了起來。

　　就在科恩前往摩鹿加群島搬救兵回援期間，守在雅加達據點的荷蘭人將這個
地方改名叫巴達維亞（Batavia）。科恩趕走了這一帶的英國人後，即開始了在巴
達維亞建立統治基礎的工作。一年多以後，他曾返回摩鹿加群島，平息當地班達
島（Banda Is.）上土人的反叛。在這場征剿中，他使用了極其殘酷的手段殘殺了抵
死反抗的一萬多名島民，沒被殺死的也被抓起來送到其他地方當奴工。其中有一
部分後來被送到澎湖和台灣本島築城。班達的土著人口幾乎蕩然無存。這一段極

歐洲第一位畫出海外新世界景物與人物的荷蘭畫家 Albert Eckhout（1610-1665）筆下一位明代裝束的華人在爪哇人水果攤前的場景，原圖曾在二○一○年上海世界博覽會展出。

不名譽的殖民屠殺，開啟了荷蘭人在亞洲的野蠻統治，科恩本人也因此給荷蘭歷史留下了極大的汙點。

打開了統治局面後的科恩，急於取得利潤，進一步鞏固荷蘭的商業王國，他開始了一連串的計畫，這些計畫對日後的中荷關係和荷蘭人對台灣的占領產生了直接的影響。

為了開發已經改稱為巴達維亞的雅加達，科恩從遠方的非洲東岸和印度半島與錫蘭運來了大量的奴工。但是他更矚意中國苦力，他聲稱「沒有什麼人比中國人能夠更好地為我們服務。」從這點考慮，加上公司董事會一再要他打開對華貿易，他毅然在一六二二年四月決定派出艦隊前往已為葡萄牙人占領的澳門，準備用武力打通對華通商的門戶。這次的行動距荷蘭人韋麻郎第一次入侵澳門和澎湖，時間相差了十八年。

為了彌補在海外建立殖民帝國所需的龐大開支，科恩在巴達維亞還向當地的華人收取人頭稅，不論男女老少，每一名華人每年都要交付三・五荷盾。他還考慮從中國將年輕婦女綁賣到巴達維亞，使居住在那邊的華人男子能夠安心留在異域。

　　科恩在次年（一六二三）回到了荷蘭，向董事會匯報公司的情況。繼任者卡本特（Pieter de Carpenter）繼續了他對中國的政策。一六二七年科恩再度回到巴達維亞復任總督，但在一六二九年就因病客死他鄉。此後，荷印公司在巴達維亞和台灣的統治者不斷換人，但是人來人去，始終都是在科恩設計的格局下為荷蘭的殖民帝國服務。

四、二占澎湖，擄掠漳州、廈門

　　萬曆四十七年（一六一九），荷蘭與英國為了壟斷對日本的貿易，雙方訂立同盟，互派船隻五艘，以平戶為基地，航行於台灣海峽與菲律賓之間，阻止葡萄牙人和西班牙人的船隻前往日本，並阻擋中國船隻前往馬尼拉經商。

　　此舉引起了馬尼拉西班牙人的不安，有人主張在台灣建立基地，突破荷、英的海上阻截。可是在一六二一年年底，這一消息因為一艘開往麻六甲的西班牙船為荷蘭人截獲而告走漏。在巴達維亞的科恩認為事不宜遲，便下令雷約茲船長（Cornelis Reijersz）組成艦隊，並在次年四月十九日向他發出了攻占澳門或占領澎湖並到台灣尋找良港的訓令。

始建於一六一七年的澳門大砲台設於澳門博物館現址，在一六二二年雷約瑟率部進攻澳門時將其擊退，導致荷蘭人撤往澎湖，後又撤至台灣。

　　雷約茲集結了八艘船隻，在四月二十日從巴達維亞出發，沿途又陸陸續續有其他船隻加入，共十六艘船隻（其中兩艘是英國船）一三○○名士兵在六月二十二日開到了澳門。

　　六月二十四日，雷約茲親率六百名士兵登陸澳門。但是如同前幾次一樣，葡萄牙人利用大砲優勢，擊敗了荷蘭人的進犯，其中耶穌會教士更屢敗荷蘭人的進攻。最後，荷蘭人有一三六人被殺，一二四人受傷，四十人被俘虜。被俘的士兵，後來都被葡萄牙人押去建造砲台和城牆。

　　雷約茲慘敗後，兩艘英國船和一艘荷蘭船退出了在中國沿海的活動，向平戶駛去，三艘留在澳門外海監視葡萄牙人，兩艘前往廈門附近海面活動，剩下的七艘由他率領，按照科恩的訓令，直駛澎湖馬公，於七月十一日從紅木埕登陸，占領了澎湖。

　　這時，正好像一六○四年八月七日荷人初占澎湖時一樣，正值春秋駐守汛地的士兵已經撤守，但是還有十艘左右的武裝中國帆船在各島中間監守，但沒有對

荷蘭人以其海上強大的力量進占了台灣。圖為十八世紀荷蘭畫家筆下的東印度公司艦隊。

荷蘭船採取任何行動，另有一些漁船看到荷蘭船來到，也跑掉了，因此荷蘭人順利占領了澎湖。

雷約茲一到澎湖，準備長期留駐當地，第二天便派員巡視，打算在此選址築城。[7]七月二十六日，他又遵照科恩的訓令，[8]在一名已在台灣捕魚兩年並熟悉大員情況的一名中國漁民的嚮導下（報酬五十里爾），[9]向著他所聽說的台灣良港大員（今台南安平）進發，前去實地勘察。第二天中午就到了大員，在附近測探，他在七月三十日的日記記載：「七月三十日，星期六，晨，天明即入港。……海岸多山丘，有叢林散播其間，在稍遠處見有樹木和竹林。但要得到這些材料，甚為困難，若能得到材料，則在港口的南邊，很適合於築城。築城以後，外船即很

荷蘭人筆下打劫福建沿海的活動

荷蘭人占領澎湖以後，船隻經常出沒福建沿海，打劫村莊和船隻，以下是當時擔任「格羅寧根」號船長的威廉・龐德古筆下描寫的片斷活動：

（一六二二年）十一月二十五日，我們一齊來到漳州港前，停泊在一個靠近城鎮的小島（指廈門鼓浪嶼），鎮裡的居民都逃走了。我們帶走了四十頭牲畜，其中有幾頭豬，還有很多雞，這些東西讓我們很好地調養了一番。那時我們生病的人很多，得到食物以後，很好地恢復過來了。我們派三艘戰船進港，停泊在一個村莊旁邊，上岸後與中國人猛烈打起來。中國人把九艘帆船綁在一起，點上火，朝著我們漂來，想把我們的海船燒掉，但沒有燒著。我們於同月二十八日開去兩艘大船，用大砲轟擊敵人安著七門小砲的地方。

十二月二日，我們再次登岸去掠奪另一個村莊，同樣把它燒掉。在一個棧房裡，找到了二十一大捆的絲線，我們把這些絲線和前述戰利品一同帶回船上。

（一六二三年）二月十日，商務員牛文來律（Cornelis van Nijenroode，後來擔任荷蘭平戶商館館長）又帶了二十五名火槍手分乘小帆船和小艇登陸，他們走到內陸的兩個村莊，那裡的人都跑了，他們就放火把這兩個村子燒掉，然後回到大船上來。

十二日，派五十個武裝人員去襲擊大陸。我們搶了兩個村莊，看見一些水牛，卻抓不到。我們奪取了幾袋蒜和蔥，進入內陸大約二哩就回船了。

難入港。」他還提到：「每年有日本帆船二至三艘來到此港進行貿易。……中國人方面，每年有三至四艘帆船載絹綢來此，和日本人交易。」但是雷約茲此行沒有看到什麼人，只有一艘漁船，他未能和漁船的人交談。就在七月三十一日這一天，他又回到了澎湖。

雷約茲這次的台灣之行，對日後荷蘭人被明朝官員趕出澎湖後決定留在台灣，有決定性的影響。

在雷約茲回到澎湖當天，他召集了評議會議，商談到底應該到大員去還是留在澎湖。評估結果，認為大員離大陸較遠，澎湖比較不怕葡萄牙人和西班牙人的攻擊，還是留在澎湖為宜。八月二日荷蘭人開始在風櫃尾（澎湖本島西南端）造堡築城，準備久居之計。

但是，澎湖是一些小島組成的群島，除了漁產外，無法供應荷蘭人的日常生活所需。七月十九日，以荷蘭地名「格羅寧根」（Groningen）和「大熊」（Bear）為名的兩艘船隻開到廈門附近海岸，尋求補給和貿易機會。此後一年多期間，荷蘭船隻不斷進出中國海岸，搶劫中國船隻和登陸打劫村莊，見人就抓，綁到澎湖去築城；同時掠奪物資、牲口，把中國人的船隻和村莊燒燬。[10] 在雷約茲入侵澎湖的時候，擔任福建巡撫的是商周祚。據與他打過交道的荷蘭人後來的記載，此人住在福州離開福建巡撫衙門約一哩半路程的豪宅大院中，養著十六個老婆，因此可能是個大貪官。但是職責所在，他在天啟二年（一六二二）十一月底（陰曆十

曾經在一六二二年遭到荷蘭人燒殺搶劫的廈門鼓浪嶼。

月下旬）荷蘭人在廈門鼓浪嶼燒殺搶劫以後，向皇上上了一個奏章，陳述廈門官兵如何與荷人博戰。在廈門市市中心的鴻山寺後面曾有一處當日參戰將領們的石刻，記述他們「到此攻剿紅夷」。[11]

雷約茲在經過幾個月的搶掠後，深覺這樣長期下去不是辦法，因為他到中國的初衷畢竟是通商貿易，單是打家劫舍並不能實現貿易目的，因此在手下的大部分船隻陸續回到澎湖過了在中國的第一個聖誕節以後，於一六二三年一月中旬帶著首席商務員梅爾德特（Johan van Melderd）[12]啟程前往廈門，要求與當地官員交涉通商事宜。但是廈門當地的官員不敢負責，要他們一行前往福州面見巡撫商周祚商談。

雷約茲等人從廈門到福州走了二十幾天，每幾里路就被福建地方官員接到大房子裡去休息一番，接受國賓一樣的招待。一路上他們與熙熙攘攘的行人擦肩而過，有時因為路人太多，幾乎動彈不得。這時明朝統治的敗像雖然已經到處呈現，但是社會昇平的景象，依然在閩南地區展現無遺。

商周祚在福州接見了雷約茲後，表示荷蘭人須先離開澎湖才能與他們開展貿易，同時他也可能應允荷蘭人前去台灣。雷約茲表示這不在其權限之內，須待巴達維亞的訓令。[13]雷約茲也要求中國船隻不得前往馬尼拉與西班牙人貿易，最後雙方約定由中方派人到巴達維亞面見荷蘭東印度公司總督交涉。

但是，就在雷約茲與中國官員達成初步協議後，荷蘭船隻卻仍繼續不斷地在

漳州東山島一帶海岸也曾經是荷蘭人打劫的地帶。

廈門、漳州海面打劫搶掠。[14] 例如，二月二十日「格羅寧根號」船長龐德古（Willem Bontekoe）的記事錄寫道：「搶到一隻中國帆船和十四個中國人。這些中國人告訴我們，他們是從漳州港出來的，又說雷約茲統帥已經和漳州人訂上了協定；但我們還是照樣搶了這隻帆船，把貨都搬到我們的船上來。」

那些被荷蘭人抓去的中國人，命運非常悽慘，他們被帶到澎湖作奴工，兩個兩個綁在一起，總數大約一千四百至一千五百人左右，先是叫他們在澎湖群島數處地方挑土造城堡，當中不斷有人餓死、病死，後來剩下的人又都被運到印尼的萬丹，賣給當地人做奴隸。

五、撤澎湖，退守大員

時序進入天啟三年（一六二三）夏天。新的福建巡撫南居益來到了福州。此公與商周祚主和的態度截然不同。他一上任就積極謀求痛擊荷蘭人，「痛心切齒，毅然以必誅紅夷為己任。」強將手下無弱兵，當時廈門等地也聚集了一批能征慣戰、善於水戰的將士，以戰驅敵的氣氛瀰漫在金門、廈門海域。

就在南居益上任的同時，五艘荷艦組成的荷蘭人增援艦隊在法蘭斯尊（Christian Franszoon）的率領下，也來到了澎湖。九月底，南居益下令沿海實施戒嚴。十月二十五日，雷約茲命令法蘭斯尊率領五艦出發占領漳州河（即從漳州出海的九龍江主要支流西溪），阻止任何中國帆船前去馬尼拉，並要求獲得在中國自由貿易的權利。雷約茲的書面命令明示，如果中國拒絕答應這些條件，就從海陸兩面對中國宣戰。

法蘭斯尊的艦隊開到漳州港後，透過自願擔任中間人的一位中國商人和這位商人引薦的一位「隱士」的斡旋，向中國方面發出了要求通商的通牒。南居益將計就計，與總兵謝弘儀密商，詐許荷蘭人來到鼓浪嶼。法蘭斯尊果真率領兩艘船隻在十一月十四日駛入廈門。十七日，謝弘儀邀請法蘭斯尊等人上岸簽協議，在府衙設宴時一舉將法蘭斯尊一行約三十人擒獲。同時，中國軍士又帶著有毒的酒到荷人船上供荷蘭士兵食用，但被荷蘭人識破。過了半夜，守備王夢熊突然帶領五十艘火船攻擊荷船，其中一艘爆炸沉沒，另一艘著火後火勢被撲滅。

這一役，使荷蘭人受到了重大的打擊，計被擒五十二人，被殺八人，後來法蘭斯尊等人被押赴北京，處死於西市。雷約茲經此打擊，雖欲報復，但有心

無力，只好留在澎湖度過在中國的第二個聖誕節（荷蘭人當時的聖誕節是每年的十二月六日）。可是，此時南居益已準備乘勝追擊，不顧寒冬臘月，下令屬下加緊在漳州、泉州一帶操練水師。

天啟四年（一六二四）正月初二（陽曆二月八日），就在漳、廈百姓沉浸在過年的歡樂氣氛的時候，「守備王夢熊諸將士……繇吉貝（澎湖最北端島嶼）突入鎮海港（白沙島東面），且擊且築，壘一石城為營，屢出奮攻，各有所獲。夷退守風櫃一城。」

接著，南居益又發動第二次進軍。荷蘭人還是固守風櫃城不走。六月二十二日，前征討倭寇名將俞大猷的兒子俞咨皋率第三梯次抵達娘媽宮（今馬公）。二十四日在娘媽宮前跨海用火砲對準了荷蘭人，形成了包圍的態勢。風櫃城三面臨海，僅背面通澎湖本島各地，為防明軍從陸上進攻，在蒔上澳挖掘深溝，俞咨皋命準備火舟，散布風櫃、岸上和蒔上澳四周，荷蘭人打水和打柴都全被禁絕。

廈門磐石砲台出土的明軍仿西洋大砲，目前陳列於鼓浪嶼鄭成功紀念館前。

雷約茲在中國人的包圍下，向巴達維亞總部發出了求援的信函，並要求允許撤出澎湖。這時科恩總督已經離任回國，繼任總督是卡本特。就在俞咨皋抵達澎湖當天，接替雷約茲的荷蘭艦隊司令宋克博士奉卡本特之命從巴達維亞出發，於八月一日來到了澎湖。是時，聚集在白沙島的明軍人數已達四千人，船隻一五〇艘。到八月中旬，又增加到一萬人，船隻二百艘。宋克不得不派人求見俞咨皋，要求舉行談判。

就在荷蘭人被困，是戰是降舉棋不定的時候，住在平戶的大商人李旦卻突然出現在風櫃城裡。早幾年李旦與荷蘭人在日本長崎、平戶就已經建立了商務關係，在台灣與日本、福建的三角貿易中也早已是一方之霸。他的出現，有生意上的考量，也有他與荷蘭人的特殊關係，更有他為中國官方從事刺探荷人實力和進行斡旋的任務。總而言之，他是面面俱到，公私兼顧。

在荷蘭人從澎湖撤到台灣以後，南居益曾經向皇帝上疏追憶俞咨皋向他提過的計策說，泉州人李旦久居日本，應扣押他的親信許心素[15]的兒子為人質，再由許心素出面勸諭李旦為朝廷所用，離間前往澎湖與荷蘭人交易的日本人，只要日本人不到澎湖交易，荷蘭人的對華、對日三角貿易受到影響，孤立無援，自然會退出澎湖。[16]

李旦果然為俞咨皋所用，相機行事，出面斡旋荷蘭人從澎湖移占台灣。八月十五日，明軍完成了三路進攻的準備，十六、十七日左右，李旦奉命來到了風櫃城。他向荷蘭人提出的方案是，荷蘭人必須撤離澎湖，但是當局允許他們到台灣與中國進行貿易。八月十八日，荷蘭人評議會決定撤離；二十二日與俞咨皋簽訂了協議，同意在二十天內退到台灣；二十六日荷人開始拆城，運米下船，但因東門大樓三層為雷約茲（南居益在奏捷疏中稱他為「高文律」，為荷語commandeur，即司令官的對音）原居處，不忍拆除，南居益督促王夢熊等直抵風櫃城，強行拆毀，[17]於是載著兵員和文職人員的十三艘荷船，開始向著東南方向數十浬外的大員緩緩駛去，結束了他們對澎湖的第二次占領。總計，荷蘭人這次占有澎湖共兩年又一個半月左右。

注釋

1.　這種船隻結合了戰艦和商船的優點，不但吃水淺，適於內陸航行，而且具有造價低，需要的人力少的特

點。

2. 現在這裡是阿姆斯特丹大學的校舍所在地，外觀看起來極為平淡無奇，但它卻曾經是遙遙控制著荷蘭海外帝國的中心。

3. 相較而言，在二十世紀後半期開始走上類似於荷蘭海外貿易擴張道路的台灣，雖然也曾創造了氾濫的財富，即所謂的「台灣錢淹腳目」，但是在文化藝術的創造上卻遠遠不及十七世紀的荷蘭。

4. 據中研院台灣史研究所研究員翁佳音的研究，李錦是漳州海澄人，大約在一六○○年因替 Zeeland 遠洋貿易公司的職員做事而前往芝蘭省（Zeeland）的 Middleburg 市，並在那裡受洗成為荷蘭新教教徒（喀爾文教派）。因此，他大概是最早從海路到過歐洲的中國人之一。在荷蘭人與明朝官員的談判失敗之後，他回到了東南亞，繼續在暹羅的大泥（北大年）從事貿易。一六一二年因大泥官員迫害漢人，又全家遷往摩鹿加群島的安汶（Ambon），在一六一四年死於當地，留下了一位妻子和一個兒子。從這段經歷看，李錦是比李旦更早而與台灣漢人社會的開拓歷史有過關聯的另一位傳奇人物。

5. 兵部回覆：「紅毛番無因忽來，狡偽叵測。著嚴行拒回呂宋也。著嚴加曉諭，毋聽奸徒煽惑，擾害商民。潘秀等依律究處。」

6. 英國人與荷蘭人這次在南洋角逐的失敗，使得英國在東亞霸業的發展晚了兩個多世紀，直到十九世紀的鴉片戰爭之後，才奠定了它對中國的強勢地位。

7. 如同在其他占領地一樣，荷蘭人新占一地即首先築城砦。

8. 一六二一年十一月十六日科恩在雷約茲的艦隊出發之前發給他的信中曾經寫到：「台灣（Leque Pequeno，即小琉球，明代以小琉球稱台灣）很漂亮，有很多的鹿，但是就我們迄今所知，似乎並沒有什麼可供大船使用的良好港口。」

9. 里爾為西班牙銀元的計算單位，每一里爾重八分之一英兩，每八個里爾為一西班牙銀元，即習稱的 Pieces of Eight。由於荷蘭長期受到西班牙統治，接受西班牙以里爾銀幣進行貿易，荷蘭人在亞洲發現這種銀幣很受歡迎，特別是受到中國人的歡迎，因此用這種銀幣進行交易，既可用它作為有價貨物，也可作為貨幣。據大員的會計記錄，一六三九年二月，支付修理小屋木工兩天的工資為二分之一里爾，一六四○年九月購買兩艘中國帆船的代價是四七○里爾。

10. 根據當時擔任「格羅寧根號」船長的荷蘭人威廉・龐德古的回憶。龐德古本人的航海書籍，為後世的人改寫成著名的兒童文學讀本，*Captain Bontekoe's Ship Boys*（《龐德古船長船上的孩子們》），講述三個十幾歲的小孩跟隨龐德古船長出航到爪哇的故事，現已改拍成荷蘭語電影，於二○一○年在菲律賓宿務「歐洲電影節」上放映。龐德古在一五八七年出生於荷蘭合恩鎮，與策劃占領澎湖、台灣的東印度公司科恩總督同鄉，在一六五七年去世。他的父親也是船長，因駕駛的船隻名叫「龐德古號」，所以全家就改姓「龐德古」。

11. 目前這一石刻已被移往他處保管，原處改由當地市政府的一塊石碑替代，說明石刻由來。

12. 此人在荷人剛到澎湖不久，曾前往廈門，要求當地官員允許通商，但無功而返。廈門地方官員要他先行下跪叩首禮，才肯與之會談。但是他以不符荷蘭國習俗為由加以拒絕，只是脫帽表示致敬。也許因為他沒有向這些官員送禮，在他口頭陳述完通商要求後，就被下令回去澎湖等候消息，最後是什麼下文都沒有。

13. 另據《製圖賺錢》（Kees Zandvliet, *Mapping for Money, Maps, plans and topographic paintings and their role in Dutch overseas expansion during the 16th and 17th centuries*, Amstderdam,1998）一書稱，明朝官員當時用雞籠和淡水產有黃金和珍珠來鼓動荷蘭人前去台灣，不要繼續留在澎湖，這些官員甚至表示願意提供熟悉台灣水路的中國船員帶荷蘭人到台灣，以便在台灣沿岸找到合適的港口。在一六二三年春天，一艘從廈門出發的中國帆船，帶著奉命描繪台灣海岸地圖的兩名荷蘭領航員到過了台灣。這一年十月，荷蘭人就在後來的熱蘭遮城城址所在地建造了一個小碉堡。

14. 荷蘭人船隻當時活動的範圍包括了漳州所屬的東山島（舊稱「銅山」），在當地造成很大的破壞。明朝官方文獻稱：「紅夷自六日入我澎湖，專人求市，辭尚恭順，及見所請不允，突發五舟犯我六鰲，六鰲逼近漳浦，勢甚炎炎，該道程再伊，副總兵多方捍衛，把總劉英用計擊沉其一艇，俘斬十餘名，賊遂不敢復窺銅

山，放舟外洋。」

15. 在廈門為李旦辦事的親信。

16. 據明《熹宗實錄》天啟五年記載，「今鎮臣俞咨皋言：泉州人李旦，久在倭用事。旦所親許心素，今在繫，誠質心素子，使心素往諭旦，立功贖罪，旦為我用，夷勢孤可圖也。臣因進巡海道參政孫國楨，再四商確，遂聽其所為。而倭船果稍引去，寇盜皆鳥獸散，夷子立寡援，及大兵甫臨，棄城遁。」

17. 但據《熱蘭遮城日誌》（江樹生譯注，台南市政府發行，二○○○年，第七頁）記載，荷蘭人撤出澎湖後，在一六二九年十二月八日，當時的台灣長官普特曼斯曾帶領八至十名士兵巡視了澎湖，見到雷約茲的城堡和中國的戰壕殘跡依然存在，島上的娘媽宮（媽祖廟）也還點著香火，並有人看守。

鄭芝龍的興滅

鄭芝龍是在海權勃興的大時代中，在明朝封閉海疆的格局下逆勢運作，周旋在東洋和西洋海洋勢力之間，開創了中國歷史上少有的民間海上霸業的東方傳奇人物。

天啟四年（一六二四）夏秋之交，荷蘭人撤退到了南台灣的大員。在他們當中有一位中國人，他就是這一年年初才從平戶抵達澎湖的鄭芝龍。

這時的鄭芝龍是在替荷蘭人充當翻譯的一名通事。由於荷蘭人占領澎湖以後，與明朝官員的爭執擴大了，在台灣、中國和日本之間擁有巨大商業利益的大商人李旦不能聽任這種情況長期發展下去，影響到他的商機，因此開始對中荷雙方進行介入。鄭芝龍顯然就是他布下的一顆棋子，在這一年的一月底，他別離了日本妻子田川氏和尚未出世的兒子，從平戶搭乘荷蘭船來到了澎湖。

由於有李旦的推薦，鄭芝龍享有荷蘭人的優渥待遇，但是並沒有太多的事做。雷約茲在二月二十日發給東印度公司總督卡本特的信中說：「等候好多時的帆船『好望號』於一月二十一日由日本出航，月底到達此地。……我們接納了來自日本的一名通事，雖然給予優厚待遇，但目前對我們沒有什麼用處。」

儘管如此，荷蘭人還是利用了鄭芝龍，為他們執行在台灣海峽上截擊前去馬尼拉的中國帆船的海盜任務。後來擔任荷蘭第二任台灣長官的韋特（Gerard Frederikszoon de With），這時正在澎湖服務，曾經在信中寫到：「經過雷約茲司令的批准，我們每天都期望能夠在這裡集中二、三十艘中國帆船，通事一官（鄭芝龍的小名）被派往北方去截擊與俘獲一些船隻。」荷蘭人在大員立定足跟以後，在這一年的年底，他又奉命率領幾艘中國帆船襲擊前去馬尼

明代鄭芝龍畫像。

日本平戶松浦史料博物館所藏據稱是鄭芝龍使用過的明代香爐。

泉州南安市石井鎮鄭芝龍故里的鄭氏宗祠。

拉與西班牙人通商的中國船隻，直到第二年（一六二五）的三月二十日才回到大員。[1]

　　也許是在荷蘭人手下沒有太多的發展，或者是奉李旦之命，鄭芝龍在這一年（一六二五）四、五月間離開了荷蘭人，開始了亦商亦盜的海上生涯。同年四月底，他已經帶著手下兄弟活躍海上了。一名荷蘭船長曾經給宋克長官寫信說：「（四月）二十七日，星期天，……突然首領一官後隨手執刀劍的銃手七八名，作為代表，向我們寒暄。」

　　李旦[2]是繼曾經受過平戶領主松浦隆信禮遇但後來被明朝官員騙回杭州砍頭的大海盜王直之後，又一在平戶島上崛起的華人傳奇人物。他原籍泉州同安（明朝時屬泉州府管轄），據說是靠賣針線起家的，商業觸角遠及蘇門答臘的萬丹和菲律賓群島等地，一六〇〇年時，他已經是馬尼拉閩南人社群中一個成功的商人。但是，西班牙人眼紅他的財富，設計將他逮捕下獄，並抄了他的家，一六〇七年他逃出西班牙人的掌控以後，移居日本，長期定居長崎和平戶。他與平戶藩

主法印鎮信一家來往密切，同時還結交長崎奉行（高級政務官）長谷川權六，英國人在平戶的商館也租用他的房子，[3]說得上是一位長袖善舞的人物。

一六二四年荷蘭人在大員安頓下來以後，急於打開中國的通商之門。這時他們又想起了李旦。其實荷蘭人對李旦的印象並不好。在早一年的四月，李旦的船隻來到了他設在台灣魍港的據點，準備到大陸購買生絲，並通知了澎湖的荷蘭人，詢問雷約茲司令是否有興趣加入這筆生意。雷約茲給了李旦一筆預付款，可能是貨沒到荷蘭人之手，雙方之間出現財務糾紛。次年一月，李旦回到了日本，就在他打算再回台灣的時候，荷蘭人在日本的商館也傳來了他積欠英國商館一大筆錢的消息，要雷約茲小心云云。[4]

儘管，荷蘭人與李旦之間有這樣的糾葛，但是從澎湖脫困到台灣，李旦是助了一臂之力的，而且新任荷蘭長官宋克也實在找不出其他人幫助他們在台灣安頓下來和開展對中國的貿易，因此最後又再找到了他。

一六二四年九月十二日，李旦陪同已從澎湖撤軍的明軍將帥來到了廈門。

始建於唐代的泉州開元寺，因一六〇四年地震受損，鄭芝龍從台灣回到故里後，於一六三七年集資重建。

此行除了為已經在大員定居下來的荷蘭人弄些生絲外，他大部分精力還是在籌辦供應長崎的貨品上，但停留期間生了一場病，以致無法按照荷人之託到福州面見巡撫南居益，以疏通荷蘭船隻到福建沿海貿易的困擾。好不容易到了十一月十四日，他才告別了他在廈門的代理人許心素，啟程返回台灣。[5]此後一段時間到次年七月在台灣的最後歲月中，他進行了哪些活動，現在已經無法知悉。

一、自立門戶

　　一六二五年七月一日，李旦向宋克長官請領了通航許可證，在七月三日啟程離開台灣，回到了平戶。不幸的是，他在八月十二日就去世了。死後，留下還欠著英國人的大筆債務。他在台灣留下的產業和部下轉歸鄭芝龍控制，留在廈門的轉到了許心素的手中。遺憾的是，這麼一位曾經在台灣開闢初期留過痕跡、也把荷蘭人引入台灣的傳奇人物，後人對他所知仍然有限，但是，沒有李旦，就沒有鄭芝龍開台的一段歷史。

　　李旦的去世及其留給鄭芝龍的大筆財富，為鄭芝龍合併當時台灣既有的其他漢人武裝勢力，及從大陸上招收新的勢力到台，創造了條件，這也是羽毛尚未豐滿的他在當時最好的生存選擇。雖然明朝史書《台灣外記》中曾記載有顏思齊其人與李旦、鄭芝龍差不多同時出現在台灣，西方史料也確實有過與他相關的零星記載，[6]不過有關其手下二十八將，是否真有其人，後人迄無定論。但是有關鄭芝龍如何與這些勢力結合而開始縱橫台灣海峽的種種傳說，[7]則正好說明了鄭芝龍由於有了李旦的財富，而能夠在很短的時間內異軍突起，結合大小股漢人武裝勢力，成為荷蘭人和明朝官方所不敢小視的力量。

　　鄭芝龍自立門戶以後，從福建招徠了鄭興、鄭明、楊耿、陳暉、鄭彩等部將。[8]據稱他將部下分為十八先鋒，結為「十八芝」，[9]他也從此改名為「芝龍」，而不再稱「一官」。

　　第二年陰曆二月，他利用福建天旱飢荒的機會，自率船隊襲擊漳浦，劫掠金門、廈門和廣東靖海、甲子等地，不久又回師福建，再犯廈門，襲銅山，陷舊鎮，聲勢所向披靡，明朝官兵疲於奔命。最後是朝廷起用曾經擔任泉州知府的蔡善繼任泉州巡海道，對他進行招撫。鄭芝龍率眾到了泉州，見到了蔡善繼，但因鄭芝龍的弟弟鄭芝虎和鄭芝豹在會見後，觀望勢頭，認為朝廷沒有招撫的誠

意，於是鼓動鄭芝龍等迅即離開泉州，重新回到海上。一直到明思宗崇禎元年（一六二八）年底受到福建巡撫熊文燦再度招安成為「海防遊擊」為止，鄭芝龍以台灣魍港為基地，先後縱橫台海凡兩年六個月。

鄭芝龍受到招撫以後，由劉香統帥的一股勢力心有不甘，回到廣東海域，繼續其海上劫掠的營生。另外的同夥楊六（楊祿）、楊七（楊策）兄弟、褚綵老、李魁奇、鍾斌等先後棄他而去，為其分別追殺剿滅。最後並在崇禎八年（一六三五）掃除了劉香的勢力，[10]此後，東南海疆唯鄭芝龍是從，「從此海氛頗息，通販洋貨，內客外商，皆用鄭氏旗號，無儆無虞，商賈有二十倍之利。芝龍盡以海利交通朝貴，浸以大顯。」[11]另據記載：「自就撫後，海舶不得鄭氏令旗，不能往來。每一舶例入三千金，歲入千萬計，芝龍以此富敵國。自築城於安平（今泉州安海鎮），海舶可直通臥內，可泊船徑達海。……八閩以鄭氏為長城。」[12]

二、周旋在荷蘭人與明朝官員之間

回到了福建的鄭芝龍，等於是放棄了長期在台灣生根的打算，但是在開始享受榮華富貴的生活之餘，他與台灣的關係並沒有切斷，壟斷對日和對台灣的貿易一直是他的追求目標，他必須繼續與荷蘭人周旋。

另一方面，他又以保護中國航船的名義，向過往台灣海峽的船隻抽取保護費，他必須大力維持海上貿易的安全繁榮，才能穩定收入來源，以供自己和手下的眾多兄弟花用。但是由於大部分中國商船都是販貨到澳門和馬尼拉，與荷蘭人的死對頭葡萄牙人和西班牙人交易，沒有官方的許可，船隻不會自動來到台灣，荷蘭人的不滿是可想而知的。怎樣滿足荷蘭人的通商要求，也成了他這個亦盜亦官夾在荷蘭人與明朝官方之間的特殊人物的新課題。

原來荷蘭人從澎湖撤退到台灣以後，本想中國方面履行雙方的協議，定期派遣船隻到台灣進行交易。但是，這個願望落空了。透過李旦留在廈門的代理人許心素向中國官方行賄，他們總算被默許用走私方式偷偷交易，從許心素處取得了一些貨品。可是這種交易方式並不是荷蘭人所想要的。

崇禎元年（一六二八）年初，科恩又由荷蘭回到了巴達維亞，第二度擔任東印度公司的總督。他向剛上任不久的第三任台灣長官訥茨發出了嚴格的訓令，要他用武力打開與中國的貿易。訥茨給公司人員的一封信中抱怨說，頭年十月他的

始建於宋紹興年間的泉州安海五里長橋「安平橋」，呈現了中國古代跨海石橋的工藝水準，其中央有「水心亭」供行人休息，在損毀後也是由鄭芝龍推動地方商紳集資重建。圖中紅瓦亭子即為「水心亭」。

前任韋特輕舉妄動，在福建巡撫書面允諾呈請皇帝准許貿易後，配合明軍派出了艦隊，前往東山島去攻擊「海賊」一官（即鄭芝龍），結果卻吃了大敗仗。信中又說，韋特在遭受鄭芝龍的猛烈回擊後，不發一砲，率領兩艘艦逃回了爪哇。

鄭芝龍在盛怒之下，動員千艘帆船，捕獲了荷蘭人的兩艘大船，逮捕了八十五名荷蘭船員 [13] 和扣押了大批貨物。不久，鄭芝龍又攻入廈門，劫走了荷蘭人派到泉州許心素處運貨的一艘船隻和一艘快艇「西卡佩爾號」（West Kappel），並趁機把抓獲的許心素處死，掃除了李旦手下唯一能夠與他對抗的一個心頭大患。明朝官員拉攏荷蘭人夾擊新興海上武裝集團的失利，使鄭芝龍坐大了，但也使他與荷蘭人的關係一下子惡化起來。

然而，這時的鄭芝龍不願兩面受敵，為了緩和與荷蘭人的關係，他在荷蘭人的請求下，主動歸還了「西卡佩爾號」。

　　在科恩總督的嚴厲訓令下，新任台灣長官訥茨加緊了武力打開中國貿易的行動。可是鄭芝龍仍舊是不能不對付的強硬對手。於是他在一六二八年八月二十一日率領九艘荷船來到了廈門，向鄭芝龍故意示好，雙方見了面。幾天後，卻騙得鄭芝龍上了他的座艦「特克塞爾號」（Texel，荷蘭地名），將他逮捕。鄭芝龍在脅迫之下，與訥茨簽訂了為期三年的貿易協定。

　　面對荷蘭人的壓力，鄭芝龍一六二八年年底接受明朝招撫；次年年底，因李魁奇叛變，他逃往福州。又次年（一六三〇）二月，聯合荷蘭人及明朝官兵殲滅了李魁奇。接著在該年年底又擊敗了還控制著廈門的叛將鍾斌，廈門重歸鄭芝龍掌控。[14] 鄭芝龍為了報答荷蘭人在這些行動中的合作，向前往其安海府邸交涉的首席荷蘭人商務員說，已從官方取得允許商人前往大員通商的六張通行證。

　　在此之前，荷蘭駐台長官訥茨因為濱田彌兵衛事件處置不當而造成的荷日貿易糾紛，未能得到妥善解決，在一六二九年被召回到巴達維亞，繼任長官普特曼斯在七月到任。這人是荷蘭人當中的主戰派，他繼續努力奉行科恩總督所定必要時以武力打開中國貿易的政策。他不滿足於鄭芝龍所答應的六張貿易通行證，要求獲得更大的自由貿易權，在一六三一年年初，親自率領荷船來到廈門交涉，但是不得要領。十月二十七日普特曼斯又再率船四艘前去福建交涉，因鄭芝龍忙於征剿其他海盜，最後也是無功而返。二月，普特曼斯回到巴達維亞彙報事態。

　　一六三二年年初，當初不願隨鄭芝龍就撫的劉香勢力在廣東海域坐大，剛上任的福建巡撫鄒維璉宣布強化海禁，並力阻鄭芝龍與荷人私下通商，指責「（荷夷）酋長乘大艫常遊安海城（鄭芝龍居地）中，……不得不疏責芝龍與夷絕。」七月、十一月，普特曼斯兩次來到漳州，但行動受到嚴密監視，空手而返，但是出乎意料，鄭芝龍的代理人卻在不久後將大量商品運到台灣。到了一六三三年福建對台貿易全面遭禁後，鄭芝龍仍然把大量生絲、砂糖和食品、石頭、木材走私到台灣。

　　一六三二年十二月四日，鄭芝龍與劉香的船隊在福州附近血戰，從早上打到傍晚，雙方各死傷八百至一千人。鄭芝龍弟弟芝虎在身上兩處負傷的情況下，衝入敵陣，被劉香的人馬用四爪錨和鐵鍊纏住，幾乎不能脫身，後來是部下拚死搶救，才把他救出。[15] 劉香本人也向南逃逸而去。

　　由於福建當局嚴厲執行海禁，普特曼斯在一六三三年四月重返巴達維亞，

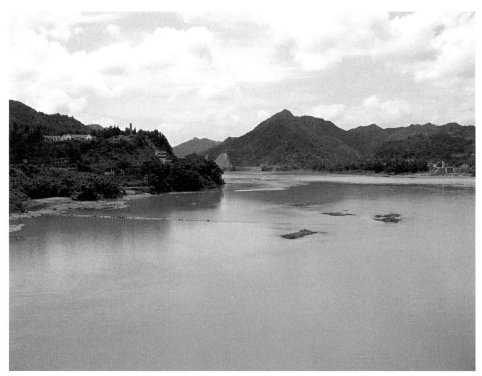

明崇禎四年（一六三一）鄭芝龍奉命深入內陸，到廣東進剿傜族（瑤族，即現代所稱的畬族）山民作亂。圖為其當時屯兵處廣東大埔縣三河壩，為客家方言人群住區，是梅江、汀江和梅潭河三河匯流成韓江之處。

取得東印度公司新總督布勞維爾（Hendrick Brouwer）的許可，準備對中國發動攻擊。這年七月十二日，荷蘭人又倒向鄭芝龍的對手劉香那一邊，在劉香的幫助下，趁著剛剛追剿劉香回到廈門的鄭芝龍沒有戒備，發動了對廈門的突襲，擊沉、燒燬了港內鄭芝龍和明朝官兵的二、三十艘大戰船，這些戰船都配備完善，船上架有十六、二十甚至三十六門大砲。另外還沉毀了二十到二十五艘其他大小戰船。事後，廈門官員找人與荷蘭人疏通，表示願意通知廈門、金門、烈嶼、鼓浪嶼及附近各島的百姓送上二十五頭牛、二十五隻豬和一百隻雞，希望荷蘭人不要再傷害百姓，使他們可以繼續安心耕種。

鄭芝龍寫信質問普特曼斯，他回信說：「我們唯一的目的，只是要繼續在漳州河、安海、大員與巴達維亞，跟所有人自由交易。」他還提出了講和的條件：在鼓浪嶼建造一所堅固的建築物，使荷蘭人能在那裡進行交易；八到十個人能同

時在海澄、漳州、安海、泉州及其他地區無礙自由通行買賣；船隻不受干擾地在鼓浪嶼、廈門、烈嶼、浯嶼和其他優良停泊處停泊；中國帆船不許再前往馬尼拉、雞籠（西班牙人占領地）或其他荷蘭人敵人的地方，只許前往巴達維亞。

　　九月，普特曼斯與劉香人馬在大員匯合，準備進攻鄭芝龍，鄭芝龍全力反擊，舟發海澄，誓師進兵，不久在澎湖焚燬荷船一艘，生擒荷將一名，並溺死荷兵數百。十月二十二日，明軍一五〇艘左右的帆船（其中五十艘為特大戰船）在金門料羅灣與荷蘭大船九艘、劉香船五十多艘遭遇。鄭芝龍報仇心切，奮勇當先，運用鐵鉤鉤住敵船縱火焚燒戰術，共焚燬荷蘭快艇一艘，並捕獲另一艘快艇，明軍大獲全勝。劉香臨陣逃脫，普特曼斯狼狽退回台灣。

　　福建巡撫鄒維璉在奏捷疏中稱：「此一舉也，生擒夷酋一偽王、夷黨數頭目，燒沉夷眾數千計，生擒夷眾一百一十八名，馘（音「國」）斬夷級二十顆，燒夷甲板巨艦五隻，奪夷甲板巨艦一隻，擊破夷賊小舟五十餘隻，……閩粵自有紅夷以來，數十年間，此舉創聞。」[16]

　　這一仗顯露了鄭芝龍的水師實力，也奠定了鄭芝龍稱雄閩海的基礎。普特曼斯受此重創之後，只得又與鄭芝龍修好。閩台之間的貿易因新任福建巡撫沈猶龍的上任而開始恢復。巴達維亞方面也認為荷蘭船隻並無前往中國沿海港口交易停泊的必要，大員商館被定位為採購中國商品的主要基地。荷蘭人在一個住在熱蘭遮城的同安商人林亨萬[17]的居間協調下，與中國的貿易開始興旺起來，林亨萬和

鄭芝龍水師擊敗荷蘭艦隊的金門料羅灣海域（金門大學閩南文化研究所所長唐蕙韻提供）。

明崇禎十一年（一六三八）左右，在閩粵兩省詔安、饒平交界處，紳民為時任潮漳副總兵兼前軍右都督的鄭芝龍在汾水關立了「聲震華夷」石牌坊，感謝他驅逐荷蘭人，安定地方。

其他商人的船隻源源開到台灣。[18]

九死一生的劉香不滿荷蘭人又與鄭芝龍修好，在一六三四年四月九日清晨天亮前利用月亮被雲遮住，以部眾六百多人襲擊了大員的荷蘭人城堡，並且用雲梯爬上了城牆，但被荷蘭人哨兵發覺，經開槍和砲轟後，劉香率部眾逃逸而去。數天後，這支海盜從高雄離開台灣，五月二十日與鄭芝龍在金門外洋遭遇，李旦之子李國助倒戈，投降明軍。[19]次年五月二十三日，鄭芝龍在廣東田尾洋（今廣東陸豐市碣石鎮外洋）再度大敗劉香，劉香引火自盡，台海恢復安寧。原來害怕海賊伏擊的中國商船開始源源駛向台灣。例如一六三六年十一、十二兩月，自大陸到台灣的船隻有三十三艘，次年八月達二十九艘，一六三八年六月更達三十一艘之多。

不過，這時的閩台貿易，主要還是掌握在鄭芝龍手中，到大員貿易的商人必須對鄭芝龍行賄巴結。林亨萬曾經向荷蘭人抱怨，他帶著很多禮物到安海晉見鄭芝龍，因為被嫌棄禮物太少，而見不到面，必須再增加一半的禮物，才能在兩、三天後見到他。在向鄭芝龍匯報了台灣的情況後，林亨萬被命護送鄭芝龍底下的一名小官回鄉下老家，又花掉了他將近一年半在台灣賺到的錢。《巴達維亞城日記》在一六四〇年九月十五日記載：「九月十五日與林亨萬結算的結果，公司欠

鄭芝龍十五萬三千八百四十六里爾，並決定從本月十日起，每月支付利息百分之二‧五。」

然而，對荷蘭人的一個沉重打擊是，他們的代理人林亨萬在當年乘船離台回大陸時，在十一月三日於澎湖附近遭遇暴風雨，全船三〇五名乘員，除十四名中國人和九名黑奴借助於船板、木片而得救外，其餘全部淹死，林亨萬本人也隨船遇難。隨著船隻沉掉的還有滿船的貨物、南洋香料和八千四百七十七斤象牙，總值一百萬荷盾。林亨萬的死，使荷蘭人少了一個多年信任能在鄭芝龍和其他中國商人中間居間協調採貨的商人。

公元一六三八年，日本在島原之亂後，開始鎖國，只准荷蘭船隻和中國帆船進出日本。鄭芝龍利用這個機會趁勢擴大他的貿易網。一六四〇年他透過林亨萬，要求荷蘭人讓他用自己的錢，使用東印度公司的船隻運載二十萬荷盾價值的貨物到日本；為此，他將供應東印度公司運往日本、荷蘭和東印度地區價值最多達一百到一二〇噸黃金的貨物。同時他也開闢了由福建安海直通長崎的航線，把中國貨物直銷日本，並與澳門的葡萄牙人祕密合作，幫助已經無法對日通商的葡萄牙人把澳門的貨物運往日本，再把日本的貨物運到呂宋，賣給西班牙人。在明朝滅亡前後，直到他投降滿清為止的十年時間裡，掛著鄭氏旗號的中國商船絡繹於大陸沿海、日本、台灣、呂宋、澳門及東南亞各地。華船進出日本的數字比荷蘭船多出七至十一倍之多，其中大部分都是屬於鄭芝龍的。

三、殞滅

鄭芝龍經營閩海，一呼百應，但是在明朝做官，卻不是那麼顯赫。

從他在熹宗天啟年間自立門戶，到思宗崇禎八年（一六三五）平定劉香，僅十年之間八閩海面無不看他令旗和臉色行事，稱他為「閩海王」並不為過，而他的船隊的存在也使荷蘭人的艦隊從此不敢跨越台海。

然而，鄭芝龍以一介海上武夫投身宦場，仕途卻遠不如他的「錢途」那麼一帆風順。到崇禎十五年（一六四二）他奉派到粵東山區征剿「猺民」[20]的時候，還只是潮漳署總兵而已。這一年他又奉命率領水師到遼寧松山去幫忙打清人，但他不願前去，派人到京師賄賂，援遼之事遂不了了之。到了第二年，才被任命擔任福建總兵。

　　這時，他的命運也開始像明朝的國運一樣，風雨飄搖，氣數將盡。

　　崇禎十七年（一六四四），也是崇禎帝最後一年，鄭芝龍時年五十（按日本史料計算；如按《台灣外記》則為四十一歲），他的弟弟鄭鴻逵（鄭芝鳳）以副總兵兼鎮海將軍的名義戍守鎮江。這一年，李自成攻破北京城，雖思有所作為但卻時運不濟的崇禎皇帝吊死煤山，福王朱由崧在南京建立政權。次年清軍屠城揚州，進占南京，短命的福王政權滅亡，鄭鴻逵及手下自長江揚帆東逃。接著唐王朱聿鍵在已被封為「南安伯」的鄭芝龍和鄭鴻逵的擁立下，即位福州，是為「隆武元年」。但唐王即位，名存實亡的大明朝廷已氣息奄奄，有相當的權柄掌握在鄭氏兄弟手中。為了籠絡他們，唐王大事封賞：鄭芝龍為平虜侯，鄭鴻逵為靖虜侯，鄭芝豹為澄濟伯，鄭彩為永勝伯……。

　　然而，擁兵自重的鄭芝龍，在清兵進軍浙閩交界處由其重兵駐守的仙霞關的時候，受同鄉洪承疇勸降，被許以福建、廣東、廣西三省王爵，於是託言海盜來襲，將駐軍撤走。清軍順利入閩以後，鄭芝龍退守安海，與清征南大將軍博洛貝勒討價還價。

　　由於清人是馬上民族，陸戰非鄭芝龍之最擅，這時如果他仍能以其水師之長，背靠漳廈，甚至進取台灣，與清人長期周旋，則進退之間，仍有相當迴旋餘地。但是，由於前有南宋海商出身的泉州守將蒲壽庚降元之後續掌海上貿易大權的先例，[21] 加上鄭芝龍高估了對海洋一竅不通的清人不得不繼續依賴他獲取海洋之利的可能性，終於一著錯，全盤皆錯。

　　清順治三年（一六四六）年底，清軍已經抵達安海所在的南安縣，鄭芝龍是降是戰舉棋不定，博洛派人持書至安海誘以高官厚祿，「今兩粵未平，令鑄閩粵提督印以待」。鄭芝龍得書大喜過望，召弟弟鄭鴻逵、鄭芝豹和兒子鄭成功共商降清大計，鄭成功力諫不從，父子絕交。於是鄭芝龍遞表降清，北上福州。

　　鄭芝龍到福州見到貝勒後，把酒言歡，但是到了半夜，清軍忽然拔營，將其挾持北上，此後一直由鑲黃旗固山額真（軍政長官）劉之源在北京城內看管。但由於鄭成功在他降清後高舉反清旗幟，清廷要利用他誘降，才使得他的生命得以苟延多年。

　　順治十八年（一六六一），鄭成功北伐失利後困守金門、廈門，終決定東取台灣。四月二十一日，征台大軍從料羅灣出發，五月占領赤崁，在台灣有了立

鄭芝龍雖為一代海上英豪，但卻是至性中人，他在征剿廣東徭民（瑤民）作亂時，因共同派兵的廣東官軍遲不出兵，鄭軍孤軍深入，以致子弟兵死去九十人，事後他在故里安海為他們建造衣冠塚，並親自題字立墓碑。

足點。清人見鄭成功投降的可能性降低，鄭芝龍的利用價值已經喪失，於是在這一年十一月初，秋風凜冽之時，將其以私通鄭成功名義，連同兒子鄭世恩、鄭世蔭、鄭世默等十一人斬首於北京柴市，[22] 結束了這一位開台漢人傳奇人物的一生。[23]

鄭芝龍留給後人的是，他作為漢人的開台先驅，繼承了李旦、顏思齊等人和他們的部眾先於荷蘭人在台灣西南海岸魍港一帶開闢出來的基業，使其成為漢人移台的橋頭堡。他的兒子鄭成功後來又以要回被鄭芝龍借給荷蘭人的這個基地為法理依據，驅逐了荷蘭人，使台灣成為漢人主流社會。[24]

同時，鄭芝龍也是十七世紀中西海權遭遇初期，以民間之力建立水師，在台灣海峽上抗擊和擊敗西方海上勢力的第一人物。他有一套對付西洋人的水戰戰法，是少數能夠從海上抵禦西洋人大船大砲的中國將領之一。而他整治出來的水師遺產，更是鄭成功賴以擊敗荷人領有台灣的根基，即使康熙後來用以攻台的海上大軍，也是建設在兩代鄭氏水軍的基礎之上。可惜的是，後人只知他曾經是「海盜」和降清的一面，對於他在大航海時代中，大半生走南闖北，踏平台海海浪和號令中國東南海疆的另一面，反而不是知之甚詳了。

注釋

1.　據 Henny Savenije 網站資料。另據《熱蘭遮城日誌》第一冊中譯本所譯荷文本序文中也說：「鄭芝龍不久以前在（東印度）公司任職；先是擔任翻譯員，後來隨荷蘭船在廈門與馬尼拉之間參與海上行劫的工作。」

2.　明朝文獻中多次提到李旦，除了將荷蘭人趕出澎湖的福建南路副總兵俞咨皋曾建議由李旦斡旋荷人撤至台灣外（《熹宗天啟實錄》第五十三卷），顧炎武的《天下郡國利病書》中也刊載有沈鈇〈上南巡撫暨巡海公祖請建彭湖城堡置將屯兵永為重鎮書〉，提到「李旦、黃明佐之儔」為荷蘭人占領台灣出謀策劃。

3.　從英國商館租用的李旦房子的地點來看，當時他在平戶的主要活動地區應主要圍繞著座落在平戶港港口北緣的小範圍內。在此數百米範圍內有王直原來的住所和荷蘭商館。當年的一部分中國商人也應當主要在

這個範圍內活動。至於鄭芝龍居住的川內浦，則在港區往南還有十幾里地的地方。關於英國商館與李旦簽約租房的細節，則見 Earnest M. Satow 據英國東印度公司原始檔案編輯，*The Voyage of Captain John Saris to Japan, 1613*（《一六一三年約翰 · 薩里斯船長航行日本記事》），倫敦：Hakluyt Society，一九〇〇年出版，第八十八頁。

4. 〈荷蘭的台灣貿易〉，《台灣風物》，第四十三卷，第一期，一九九三年三月，第十六～十七頁。

5. 同上，第十八～十九頁。

6. 如 Jose Eugenio Borao Mateo 所編《西班牙人在台灣》（*Spaniards in Taiwan* ,Vol. I:1582-1641），南天書局，二〇〇一年，第九〇～九一頁）提到了李旦與顏思齊在魍港與一名西班牙人的間諜過招的經過。

7. 例如，《台灣外記》說，鄭芝龍是在天啟四年（一六二四）與顏思齊和手下的二十多名兄弟一起從平戶亡命到台灣的，在天啟五年（一六二五）顏思齊病故以後，雖年齡最小，卻以天意統領了顏思齊留下的人馬。

8. 據已故廈門鄭成功紀念館副館長的張宗洽考證，鄭明是鄭芝龍之父，生鄭彩、鄭聯和鄭斌三子，其墓誌曾在同安灌口一帶出土，是南明監國魯王朱以海所撰。鄭彩是鄭芝龍族侄，與日本關係密切，與在長崎的福建高僧隱元和尚相熟。楊耿海盜出身，曾割掉鄭芝龍政敵何楷的耳朵。陳暉可能是「陳輝」之誤，與東渡日本受到德川家康禮遇的名儒朱舜水有過交誼。這些人都可能到過日本。見張宗洽，〈鄭芝龍早年事蹟考辨〉，《鄭成功叢談》，第一二〇頁。

9. 有學者考據認為，「十八芝」之說是《台灣外記》穿鑿附會的說法。見楊緒之，〈十八芝考〉，《台灣文獻》，第四十四卷，第四期。

10. 在此役中，他的胞弟鄭芝虎和堂弟鄭芝鵠均葬身海域。

11. 引《靖海志》。

12. 引《明季遺聞》。

13. 後充任鄭芝龍安海府邸的門衛。

14. 這段期間亦官亦盜的海上武裝力量之間，相互勾結荷蘭人彼此自相殘殺的情況十分普遍。

15. 鄭芝虎後於一六三五年鄭芝龍與劉香的最後決戰中戰歿。

16. 鄒維璉，〈奉剿紅夷報捷疏〉，《達觀樓集》。

17. 荷蘭人稱呼為 Hambaun，據翁佳音考證，他是同安人林亨萬，是少數領有中國官方對台貿易通行證的一名中間商。從一六三四年到一六四〇年自大員返回中國途中遇風溺死為止，經常來往於兩岸之間。

18. 這些商人到台貿易都需領取通行證。林亨萬在寫給荷蘭長官普特曼斯的信中抱怨，鄭芝龍的心腹親信排擠他，與他搶生意；而且到台貿易的商人都喜歡使用鄭芝龍的船隻，因為使用他的船隻就不必繳納中國的稅金，使用林亨萬的船隻就要繳稅。林亨萬曾要求荷蘭人優先採購繳納稅金的商人的貨物。

19. 但是，李國助在五月底到廈門後，因手下當中有一百名日本人，鄭芝龍決定將這些日本浪人殺死，遭日人察覺後，又被他們挾帶逃走了，後不知所終。

20. 即屬於苗瑤族後代的畬族居民。

21. 蒲壽庚（一二四五～一二四八）為南宋末年泉州著名的海商，為到華行商的阿拉伯商人後裔，掌管泉州市舶司三十年，以海上貿易成為巨富。元兵南下泉州後投降，終元之世，其家族繼續掌握了元朝對外海貿大權，直到明朝滅元為止。因此，蒲壽庚降元的先例，以及出於對清人也需繼續仰賴海上貿易的判斷，當是在清軍大軍壓境之際，想要保護繁華的閩南海貿樂土並繼續維持其家族財富的鄭芝龍，最後選擇降清的主要因素。傳統讀書人忠君愛國不作二臣的教誨，則顯然不是像他這樣的海商所堅持的信念。

22. 據北京民間歷史研究者朱伏生考證，柴市是宋朝文天祥就義的地方，一般認為在今北京東城區府學胡同西口，即明以來文天祥祠所在地。但其地位於元大都城內中部偏東，與元朝王惲《玉堂嘉話》文天祥被「戮於燕南城」之說不合。按元人習稱大都城南的舊中都城為南城。故近人或主柴市應在此城內，即今宣武門迤南及廣安門一帶。但具體地點仍有兩種說法：一主明清時代刑場所在地菜市口，菜市為柴市的諧音；一主即菜市口稍西舊柴炭市。

23. 如按《台灣外記》所稱是在一六二三年（二十歲）時到日本，則其離開人世時應為實歲五十八歲左右。如按

日本《河內浦鄭氏遺跡碑》等的記載，以更早時就到日本推斷，則他是在萬曆二十三年（一五九五）出生，在世六十七年。

24. 據蘇格蘭甘為霖牧師一九〇三年出版的《荷蘭人統治下的台灣》一書，一六六〇年十一月，鄭成功趁荷蘭信使到廈門拜見時，在寫給荷蘭駐台長官揆一的回信中指出：「多年前，時當荷蘭人定居鄰近大員某地，吾父一官領有其地，曾開放、指導和成功維持其與中國之間的全面商業貿易。」另據康熙二十五年（一六八六）完稿的蔣毓英主修《台灣府志》卷一〈沿革〉中，記載鄭成功圍攻台灣城（即熱蘭遮城），使人告知荷蘭人，曰：「此地乃我先人故物，今所有珍寶金銀聽汝載回，但留空城還我，可以罷兵。」

赤嵌夕照

荷蘭人統治下的台灣

第八章

明天啟四年（一六二四），占領澎湖的荷蘭人，在遭到明軍的進攻以後，由宋克司令率領，從九月分（陰曆八月）起陸續撤退到了大員，開始了統治台灣的歷史。

嚴格來說，十七世紀荷蘭人對台灣的統治，是透過執行國家意志的一家公司進行治理的方式來體現的。這種治理既不是完全的殖民方式，也不是無政府式的，它必須絕對服從荷蘭東印度公司的最高經濟和政治利益。

荷蘭占台初期（1624-1627）巴達維亞東印度公司總督卡本特。

荷蘭人一開始就選取大員這麼一個小得不能再小的島嶼作為其統治中心，反映了他們的選擇取向。當時的大員只是台南外海的一個荒蕪的小沙洲，呈西北─東南走向，長兩個半里格（league，每一里格約三英里，即約五公里），寬也不過是半里格而已，並不適合作為一個長期治理中心，充其量只能夠成為一個小小的貿易站，而荷蘭人卻選定了此地，因此在初期，與其說他們想占領台灣，還不如說只是想在台灣的旁邊建立一個可對大陸和日本進行貿易的落腳點。[1]

低潮時，從大員的南端可涉水前往台灣本島，而大員與台灣本島之間則有一道小小的海灣，適於荷蘭船隻停泊、避風和避免受到攻擊，因此宋克司令未有太多考慮，就選定在這裡立足了下來。

荷蘭人一到大員，就在沙洲北端偏東處建造市鎮，招徠華人和日本人在此進行貿易。又用從澎湖堡壘拆除後運來的材料，在沙洲北端靠西與市鎮相隔一段空間處築城，大概花了兩年工夫完工。他們先是以領導荷蘭人反抗西班牙人統治的統治者威廉大公在法國南部的封地奧蘭治郡（Orange）為名，將這個城堡取名奧蘭治城。一六二五年一月十四日改稱普羅民遮城（Provintia，永恆之意）。但是，一六二七年十一月九日科恩總督給十七人董事會的信中提到，不久前他已命令以荷蘭第二大省Zeelandia之名改稱之，這就是中國官方文獻以諧音稱呼的「熱蘭遮城」。

幾年後（一六三四）荷蘭人又在靠南高地上再建一副堡，以荷蘭地名 Utrecht

荷蘭人在大員（即今台南市安平區）建造的熱蘭遮城殘留的城牆遺跡。

命名，也就是中國人所稱的烏特列支堡。另外，建城初期，荷蘭人又在緊鄰主城堡北方外緣建造了商館和荷蘭長官住宅，到一六四四年時已完成了圍牆和必要防禦設施。為了這些建設設施，荷蘭人常年利用中國帆船從福建運來石材和其他建築材料。

一六二五年一月，宋克被正式任命為首任台灣長官（Governor），也就是台灣的最高統治者。同時因為荷蘭人到了大員以後，中國移民即不斷增加，所以決議在海灣對過去台灣本島先住民稱為赤崁（Sakam）的地方，另外設立新的街市，也叫普羅民遮（Provintia），安排華人和日本人到那邊定居。宋克決定向當地先住民買地。他以十五疋粗棉布的代價從新港社人手中買下了大片土地。二月十九日，由宋克、韋特和其他三人組成的評議會開會批准了這項買賣。宋克本人在當年十二月於離職返回荷蘭途中，溺水死在南非好望角。

荷蘭人選定的這塊地方有一條淡水河流過，土地肥沃，野獸成群，有很多魚類棲息的沼澤。他們期待開闢出新的街市後，利用這裡富饒的漁產可以把前往澳

荷蘭人占有台灣後，從印尼巴達維亞（即雅加達）實施遙控治理。圖為經復原的荷蘭東印度公司亞洲總部評議會大廈。

門和馬尼拉通商的中國人吸引過來，打開對華貿易的新局。

　　對荷蘭人來說，從一開始，如何打開對華貿易局面和進一步促進對日貿易，就一直是他們的主要考慮所在。而在占台期間，他們自始至終，也都是服膺東印度公司的最高利益，以獨占對華、對日貿易和排斥葡萄牙人及西班牙人的亞洲貿易為首要目標，把傳教擺放在次要地位。但是在對華貿易方面，他們既要面對鄭芝龍的競爭與明朝官員的抵制，也要防範日本人和西班牙人勢力的侵入。到了統治後期，對內與漢人的矛盾深化，對外隨時懼怕被滿清人打敗了的明朝官員和鄭芝龍的殘部把他們趕走，因此，荷蘭人在台灣期間並無一套長治久安治理台灣的藍圖。

　　此外，荷蘭人對台灣的統治，從頭到尾，也都是以軍事實力為後盾的貿易治理為其統治模式，它既不同於在日本的商館的簡單運作，也沒有辦法從大半個地球以外的本國輸入大批荷人進行長期殖民，因此在三十八年的統治當中，為後人

清人所畫的赤崁夕照圖。赤崁樓原為郭懷一事件後荷蘭人在台灣本島赤崁地方建造的普羅民遮堡，清以後改建為中國式城樓。

留下的「政績」可以說寥寥可數，也沒有可供尋找的多少殖民痕跡遺留後世。有的只是他們占台時期，對先住民施行教化的一些「殘跡」，和為了通商與開發糧食及蔗糖的生產，而吸引大批漢人開始進入台灣以後，使台灣成為漢人主體社會的歷史鴻爪。我們要了解荷蘭人的這段統治歷史，也就只能依靠他們所留下的公司檔案，去探索他們的是非功過。

一、對外貿易

荷蘭人東來亞洲的目的就是要賺錢。他們立足大員以後，就不斷想方設法打開兩岸貿易，希望能夠從對華貿易中取得最大利益。

原先他們撤離澎湖時，據說曾得到福建官員私下默許，將派員到大員與他們通商，但是等他們在大員住定以後，所期待的中國商船一直沒有到來。不得已，他們請求擔任中間商的李旦前往廈門和福州那邊向官方疏通。可是，李旦事情

並沒有辦成，還可能吞沒了不少荷蘭人用來賄賂中國官員的錢。一六二四年年底他從廈門回到大員以後，向中國官員疏通的角色，改由在廈門的代理人許心素替代。

荷蘭人抵達大員之後的第二年二月，由於向許心素預付了四萬里爾的貨款購買生絲後，貨物卻遲遲沒有運到大員，一急之下，就開了兩艘船到廈門交涉，許心素趕快派船送了二百擔（皮庫）[2] 的生絲給他們，荷蘭人也趁機向福建官員抱怨他們沒有如約派人到大員貿易，並且表示要上疏熹宗皇帝告狀。

福建官員是得到了許心素的好處而默許許心素一人獨自壟斷與荷蘭人的貿易，在遭到荷蘭人指責後，有點老羞成怒，以他未按約定，允許荷蘭船隻出現廈門的名義，狠狠地向他敲詐了一筆。

但是，許心素壟斷兩岸貿易的問題尚未解決，鄭芝龍的勢力又在台灣海峽

荷蘭人的商船從熱蘭遮城與北線屋之間的海道航行的情景。

崛起。從一六二五年年底他自立門戶，到崇禎元年（一六二八）年底被明室收撫為止，有三年多的時間，他一直都控制著兩岸之間的海上航道。荷蘭人做不成生意，與鄭芝龍的關係開始惡化，而有一六二七年十月襲擊鄭芝龍的行動，結果反而大敗，許心素的廈門基地也在次年被鄭芝龍攻破，他本人則被鄭芝龍砍下了腦袋。

眼看鄭芝龍的勢力更加壯大，荷蘭人改而利用不滿鄭芝龍的一些海上武裝勢力對付他。但是這些武裝勢力與荷蘭人之間鉤心鬥角，最後反為鄭芝龍逐一擊破。崇禎五年（一六三三）荷蘭人草率進襲鄭芝龍反遭痛擊後，遭到了進入中國海域以來前所未有的大挫敗，鄭芝龍形成了一統閩台海域的局面，荷蘭對華貿易幾乎由他壟斷，但也因為中國船隻航行台灣海峽的安全得到了保護，反而促成了商船的源源到台。荷蘭人占領台灣將近十年，其間對華貿易可謂一言難盡，最後卻是在嚐到了鄭芝龍的厲害後，才在他的庇護之下開始走上了坦途。

總計，從一六三四年到一六四〇年之間，荷蘭人在台灣輸入的大陸貨物金額，擴張了將近十倍，一六三五年的《熱蘭遮城日誌》記載說：「在這麼短的期間裡，有這麼多的物品自中國來到，是過去所沒有的。」次年的《熱蘭遮城日誌》又記載：「蒙神之恩典，大員的貿易正如所期一般，繁榮興盛。」

隨著福建對台貿易的興旺，台灣的轉口貿易也轉趨繁盛。從一六三六年起，從台灣前往日本和巴達維亞的船隻數量顯著增加，這一年輸往兩地的貨物量為一六二七年的兩倍以上。

但是，輸往日本的貨物當中，並不全是從大陸轉口的貨物或台灣本地貨物，有些是從巴達維亞或南洋其他地方過來的。例如，一六三七年五月十七日從巴達維亞出航經廣南（越南）於六月二十一日抵達大員的 Den Otter 號，是當年夏季第一班巴達維亞來船，載有胡椒、檀香木、蘇合香、象牙、樟腦、木香、甕肉和肥肉、葡萄酒、橄欖油和醋等物，七月十日又出航日本，載去絲、布匹、水銀、白臘、鹿皮和象牙等大陸轉口貨，以及台灣本地貨（鹿皮）和南洋轉口貨等物。

另外，從大員也有船隻前往暹羅，一六三七年二月十四日的《熱蘭遮城日記》記載：「長官與商館的議會開會決議，要把平底船 Rarop 號要運往巴達維亞的那三千包日本米卸下一半，盡量裝上所能運走的糖，以使用這艘 Rarop 號以及下次將從日本來的平底船 Swaen 號，把今年波斯需求的糖全數運去。」

　　這種轉口貿易到一六四〇年達到高峰，最遠的到達印度和波斯灣沿岸，其中以對日貿易為其大宗，占該年七七〇萬荷盾輸出總值的七成多，達五六四萬荷盾之多。

　　對日貿易當中，相當一段時間內以絲和鹿皮為大宗。從一六三三年起，荷蘭人賣到日本的中國生絲數量不斷增加，從一六七六斤增加到一六四六年的十五萬斤以上。其中以一六三八年最多，達將近二十萬斤。絲織品數量也一樣，從一六三三年的三千二百多斤，增加到一六四〇年的五十萬斤以上。

　　但是，從一六四一年起，因日本鎖國，荷蘭的平戶商館被迫遷往長崎，日本開始對荷蘭嚴格執行「絲割符制度」，[3]加上鄭芝龍家族投入直接對日貿易競爭及清軍南進等因素，荷蘭對日的中國絲貿易即日漸走下坡。到一六四五年降至四萬四千斤左右，到一六四八年甚至一斤都沒有，到一六五四年雖然回復至六千斤左右，之後還是年年歸零。絲織品的情況也是如此，從一六四六年以後情形每下愈況，交易微不足道。

　　崇禎八年（一六三五）鄭芝龍剿平劉香集團而成為台灣海峽的霸主以後，鄭氏家族有計畫地逐年減少對台輸出生絲，相對的，對日的生絲交易卻不斷增加，例如，一六三七年從中國大陸輸往日本的生絲只有一萬五千斤，可是到一六四五年，從大陸輸出的已上升到十五萬斤以上。其中，一六四一年鄭芝龍從安海派往長崎的六艘商船，運載的生絲和絲織品分別為三萬七百二十斤和九萬四百二十斤，占當年所有中國大陸商船輸日生絲和絲織品的百分之二十四和百分之六十七。這種在對日貿易上的鄭荷競爭，一直到一六六二年荷蘭人結束對台統治為止，中間雖經明朝滅亡前後的戰亂，也都沒有停止過，而且都是以鄭氏海商勢力（包括鄭芝龍之後的鄭成功的海上勢力在內）為主要壟斷角色，荷蘭人始終難以匹敵。

　　由於壓制了荷蘭人而取得對日絲品貿易的絕對優勢，鄭芝龍在崇禎十三年（一六四〇）自澳門和廣東聘僱了大批紡織工遷居他居住的所在地安海，為他紡織出口絲織品。

　　為了緩解難以掌握中國絲源的困

稱為克拉克瓷的青花瓷盤是荷蘭人主要的貿易商品之一。

境，荷蘭人開始設法開闢越南和孟加拉的生絲貨源，於一六三三、一六三四年起由東京和廣南（均在越南）輸入生絲（黃絲）。孟加拉絲貿易在一六五〇年以後持續增長。一六五五年中國產的白絲停止輸入大員以後，荷蘭生絲貨源供應完全由孟加拉取代。

日本在戰國時代，已開始使用台灣鹿皮作為護身。台灣鹿皮除了可防寒以外，還可以作刀筒和武器的外套，豐臣秀吉本人即有一件用台灣鹿皮作的護身衣。荷蘭人領台以後，把鹿皮作為其主要出口貨源之一，鼓勵漢人移民大量捕鹿，利用課稅方式發給獵鹿執照，導致先住民與漢人關係不佳。但是，鹿皮無疑是荷蘭人貿易利潤的主要來源之一，也是唯一能與中國貨品相競爭的貨源。因此，據估算，從一六三三年到一六六〇年，每年輸往日本的台灣鹿皮從一萬多張到十幾萬張不等。最高年度為一六三八年，達十五萬張以上。然而，大量野鹿被宰殺後，鹿的數量急劇減少，台灣的原始自然生態遭到了巨大破壞，雖然在一六四〇年曾經禁獵一年，此後在利潤的驅使下仍大量捕殺野鹿。荷蘭長崎商館的館長 Reinier van Tzum 在一六四六年的報告中說：「長崎商館的利益約和往年相同，除鹿皮外，並無多大利潤。」

但是荷蘭貿易，在經歷了從一六三四年開始的將近十年的順境後，突然出現變化，主要體現在轉口輸出上面。一六四一年從台灣向巴達維亞發送貨物總額為七十一萬多荷盾，但是一六四三年首度出現下降局面，下降到五十三萬多盾，一六四四年雖有所回升，但無法恢復到一六四一年的局面，而且從一六四四年以後，年年大幅下降，到一六五六年只達成不到十六萬盾的款額。

貿易局面出現逆勢的主要原因是中國大陸在滿清入關後政治局面的惡化。荷蘭人在《巴達維亞城日記》中提到，由於各省戰亂，盜賊出沒於生絲市場，貿易受阻；還提到，載運瓷器、砂糖和絹絲品到大員的中國商販都哀嘆戰亂，瓷器製造者死去很多，沿海海賊增加，商品輸出困難。

另一方面，隨著貿易局勢的逆轉，荷蘭人轉而把更多的精神投入島內的開發，加上中國沿海移民到台灣的人數不斷增加，許多人投身甘蔗的種植，因此，在同一時期蔗糖的輸出反見增長。一六三三年台灣輸往日本的砂糖只有二千五百斤，一六五二年以後甘蔗產地持續擴大，輸日砂糖數量不斷增加，到一六五九年期間，已上升到六十多萬斤。

二、島內的征討和擴張

　　荷蘭人到大員的初期，由於專注於打開對華貿易，並沒有花心思在對台灣島的開發上。可以說，從他們到大員以後，直到與鄭芝龍的關係穩定下來為止的整整十年期間，活動範圍大體不出於大員和台灣島上鄰近的先住民村舍。這種局面到一六三四年以後才開始轉變。

　　促成荷蘭人將注意力開始轉向對島內擴張的原動力來自幾個方面。最主要是他們與鄭芝龍達成和解，中國大陸的商船到台灣貿易有了保障，使他們有餘力去注意如何更長遠地經營台灣。另外，向先住民傳教也是一個很大的動力。

　　一六三五年年底，荷蘭人跨出了征討先住民的第一步。第一個征討對象是麻豆社。十一月二十三日，普特曼斯長官以麻豆社人殺害荷蘭人和與其盟友新港社結仇名義，率領五百名荷兵進攻麻豆社，殺死了男女和小孩二十六人，讓新港社人將他們的頭顱當戰利品拿去。普特曼斯並將整個村莊放火焚燒，夷為灰燼。

荷蘭人占台後，島內漢人移民不斷增加。圖為十七世紀中期出版的荷蘭地圖上的明代漢人裝束畫像。

　　十一月二十八日，麻豆社兩個村莊的長老在荷人高壓下向荷蘭人要求歸順，荷人提出了歸順條件，其中包括交出被害荷人骨骸、不再對抗荷人及其盟友、不得干擾燒石灰或收購鹿皮的漢人等。接著在十二月底，普特曼斯又率領五百名荷兵和新港社人四、五百人進攻大員東南方十二、三涅處的一個村社，將所有住房夷為平地。

　　一六三六年一月，荷人又討平蕭壠社。並於二月四日與塔加里揚、下淡水、大木連、塔樓各社締約，使公司的領域邊界，南邊擴張到熱蘭遮城以南十五涅，北邊直到華武壠（Vavorolang，在

魍港北邊七浬處），東邊直到一天半路程地區。

　　四月分荷蘭長官和評議會決議征討小琉球，二十一日荷軍抵達該島，遇十數人抵抗後以槍還擊，村民逃跑，荷人如入無人之境，進入村內縱火焚燒。島上婦孺逃往洞穴躲避，男子散逃島上各地。最慘的是在一個洞穴中，躲了大約五四〇人，約有二百到三百人死在裡面（荷人記載，因為太臭，裡面到底死了多少人無法確實計算）。總共從四月下旬到六月二日，在新港社人的配合下，島上約一千人的人口當中，已有五百多人被俘獲解送大員，其中生還男女老少四八三人（男一三四人，女一五七人，小孩一九二人），事後還陸續有俘虜解到。荷蘭議會決定，所有的女人和十歲以下男女小孩都要分配給新港社人，男人要送往巴達維亞。

　　六月三十日，還在小琉球島上躲藏的土著居民實施報復行動，殺死了三名荷蘭士兵。普特曼斯緊急動員附近各社先住民約三百人配合加派的三十名士兵前往該島，並建議率隊上尉「要用各種可能的手段，把該島上的居民，或殺或抓，全部清除。」七月十二日，率隊上尉回到熱蘭遮城，回報取下了三十顆首級，並生擒一名青年，剩下的人全部都被鄰近村莊一同前往作戰的先住民砍下了頭顱。

　　到一六三六年年底，荷蘭人已經討平台灣島南部大部分地區，與荷人締約求和的村社有五十七個。這一年，台南以北十五社和以南十三社的代表聚集新港社，向普特曼斯宣布效忠。

　　在此同時，顯然是要仿傚西班牙人在南美開發金礦的成功經驗，荷蘭人積極探索東海岸，尋找黃金。在結束了南部的征討後，一六三七年二月三日派出了一名中尉軍官到瑯嶠（今屏東恆春），有一位在瑯嶠、卑南（在今台東縣）和其他地方遊走了十四年的漢人告訴他，從水路比陸路前往傳說產黃金的卑南更為便捷。十八日該名軍官返回熱蘭遮城報告情況。

　　四月十九日，在一名首席商務員的率領下，又有十二名荷人和十五名漢人，準備了兩個月的糧食和作戰武器，搭乘一艘中國帆船前往卑南，希望與當地居民訂約和查出產金所在。因風浪關係，在瑯嶠避風到五月十日，次日航抵東海岸，因船隻隨時有撞上岸壁的危險，只好再返回瑯嶠避風，直到十七日再度前往卑南，又因大風，二十五日無功返抵大員。

　　次年（一六三八）一月二十二日，又派出一三〇名士兵，乘三艘帆船經瑯嶠

往卑南，繼續探查金礦。一月三十日在太麻里村莊遭到堅強抵抗，經猛烈射擊後，村民陣地被占，配合荷蘭人的瑯嶠族人割下了四十顆頭顱，俘虜了七十個女人和小孩。荷蘭人隊長把村莊的三百間房子放火燒掉。荷蘭人除死傷和生病者外，剩下的一百多人繼續往卑南方向前進。

二月一日，荷人抵達卑南，這裡位於一片平坦的農地上，種植很多檳榔和椰子樹，人口約三千人。荷人在此廣結善緣，締結盟約，希望查明金礦所在。

這次的任務持續了數年，後因翻譯和士兵在當地遭到先住民村民殺害而不得不中斷。為此，第六任長官特羅登紐斯（Paulus Traudenius）在一六四二年一月曾率士兵二千三百多人前往征討。不過，荷蘭人台灣東部尋金的行動，也使他們打開了與東部的聯繫和往來。

一六四二年，占領台灣北部的西班牙人被驅走之後，荷人也曾僱用居住雞籠三十多年的日本人九左衛門及兩名先住民頭人，調查東北海岸的黃金情形。

不過，荷蘭人的這些勘探行動，並沒有什麼結果。

從一六三六年年底到一六三八年年底，華武壠社住民不服荷人統治，特別是不滿荷人允許漢人領取執照在他們的區域漁獵，把幾名漢人射死和射傷。當時的長官范德堡（Johan van der Burg）「為要懲罰那些可惡的華武壠人」，於十月二十五日在一千四百名其他村社的先住民的協助下，把三千五百名華武壠居民和他們當中的八百個戰士趕跑了，並任由其他村社的人把華武壠人的二十二顆頭顱砍下。荷蘭人撤退時還忙著點火和破壞，有四千家房舍和米倉及栽種的檳榔和椰子樹被毀壞。一六三八年十一月二十七日，范德堡又再度率領一支有二一〇名士兵的部隊前往征討，把華武壠社村莊的一整條街放火燒燬，並且抓了四名長老到大員。

一六四二年八月，荷蘭人驅逐了從一六二六年起占領台灣北部長達十六年的西班牙人。從一六四四年起，因雞籠、淡水等地附近先住民村社不服統治，荷蘭人數次發起征剿行動，到次年三、四月間，宣布從大員到北台灣全線安全，西部平原上的先住民「全部歸服了公司」。

從一六四四年起，荷蘭人對島內先住民開始實施戶口登記。第九任長官華特（Pieter Antoniszoon Over't Water）事後報告全島有二一七個村落已經歸降荷蘭人。一六四七年在送交巴達維亞總督的第一份「番社戶口表」稱，荷蘭

人統治下的先住民村落共二四六個，住戶一萬五千二百四十九名，人口六萬
八千六百五十七人。

三、基督教的傳播和先住民的治理

　　荷蘭人對降服台灣的先住民，開頭是以傳播基督教施行教化的方式來推行。
從事這項工作的是屬於喀爾文教派改革教會（de Gereformeerde Kerk）領取公司薪
金的神職人員。他們直接向台灣長官和
巴達維亞總督匯報工作，不時向他們提
出工作報告。他們可以攜帶配偶來台居
住。

　　第一位來到台灣的是甘迪留斯牧師
（Georgius Candidius）。他抵達大員的
時間是一六二七年五月四日，前後在台
灣一共居住了八年（一六三一年曾被調
回巴達維亞，一六三三年再度返回，最
後是在一六三七年離開）。第二位是尤
紐斯（Robertus Junius），一六二九年抵
達，共住了十四年。總計，在荷蘭人統
治台灣期間，先後有三十二人次在台灣
傳教（其中有三人曾經兩次來台）。

據稱是荷蘭最後一任駐台長官揆一出版的《被遺誤的福爾摩沙》一書中想像中富麗堂皇的先住民教堂版畫。

　　甘迪留斯牧師對他所在教區，即
大員和赤崁一帶新港社的先住民有很高的評價，認為他們的聰明程度超過了南洋
摩鹿加群島（香料群島）或爪哇島上的摩爾人（指當地信奉伊斯蘭膚色較黑的本
地人）。他說，新港社人聰明而記憶力強，他一個星期就教會了他們在南洋其他
地方要兩個星期才能教會的東西。他又認為新港社人腦袋靈活，願意接受基督信
仰，而在巴達維亞，雖然經過三位牧師的努力，卻沒有一個人皈依成為基督徒。

　　作為吸引先住民接近的手段，甘迪留斯從物資引誘著手，以好酒好菜招待頭
人，然後又送上一些布匹，但是他也主張用嚴厲的法律手段對付轄下七個村莊不
服統治的居民。

　　接任的尤紐斯牧師更進一步，主張拉攏一個社攻打另一個社。譬如，在一六三四年十月底，荷蘭議會決定按照他的建議，派出六、七十名士兵協助新港社人與塔加里揚人作戰，因為他認為「這樣做，對主的工作很好」，而且可以使新港人與荷蘭人「結合起來」。

　　對於傳教的進展，尤紐斯在一六三七年一月曾經寫信給荷蘭長官說：「本月四日已經在目加溜灣舉行第一次安息日禮拜，用他們的語言宣講了神的話語；他們都很認真恭敬地聆聽，他們也遵行基督教的基本教義，天天禱告。願親愛的神讓這些值得稱讚的開始的工作，在這些瞎眼的異教徒當中，越來越發展。」

　　一六三六年，尤紐斯在台灣設立了第一所小學，收取了新港社的二十名少年

精通先住民語言的荷蘭牧師哥拉韋斯畫像。

入學。接著附近各社也陸續開辦學校，並訂有上學獎勵辦法，提供稻穀或金錢獎勵。到一六三九年，新港等五社學生數多達四百多人。後來又開辦成年班，一六四七年在精通先住民語言的新到任牧師哥拉韋斯（Daniel Gravius）的推動下，新港等五社的少年班學生已達五五七人，成年男女班也達到五百多人。

　　到一六三九年年底，大員附近幾個村社已經有了相當的受洗人數，其中新港社一○四七名人口數中受洗的人達到百分之百，大目降社一千人口中受洗者達到五分之一，有二○九人，目加溜灣社的一千人口當中受洗的達二六一人，蕭壟社二千六百人中，受洗的有二八二人，麻豆社三千人中受洗者二一五人。

　　為了彌補師資不足，還從先住民中挑選教師，給予每月伙食補助。一六四三年九月二十五日評議會的會議記錄記載說，有五十名本地教師完全接受了基督教教義的教育，每月酬勞一里爾，鼓勵他們熱心教學。至於授課則採拉丁文拼寫當地語文方式。影響所及，在荷蘭人辦過學校的一些村莊中，到了清代，仍然發現用拉丁文書寫的契約文書。

　　除了以基督教的傳播「馴化」先住民外，荷蘭人還建立地方會議（landdagh）形式的政治統治組織，實行村民自治。這一方面是為了便於管理，另一方面也是

圖左：燒製在荷蘭仿青花瓷德爾夫特瓷瓷片上的第二任到台牧師尤紐斯畫像。　圖右：新港社文書中的土地買賣契約。

出於實際的需要，因為荷蘭人並無足夠的人手派駐每一村社。

地方會議是慢慢形成的，最先是荷蘭人透過村民選出的長老（村長）管理村內事務。一六三六年二月，尤紐斯牧師召集大員以北的長老們在赤崁開會，要求他們向荷蘭長官普特曼斯效忠。這是荷蘭占台以來的第一次長老集會。一六四一年四月，新任台灣長官特羅登紐斯又召集大員南北各村四十二名長老在赤崁集會，正式宣布這種會議為「地方會議」。到一六四四年卡郎（Francois Caron）擔任台灣長官時，他在赤崁舉行的地方會議中宣布，今後將每年召開這種會議一次。他又將台灣劃分為北部、南部、卑南和淡水四個地方會議區，各管轄數十個村落，每年開會一次。

四、漢人大批來台

荷蘭人占領大員以後，是中國的漢人開始較大量過海來台從事各種活動的時期。這些漢人當中，有的到了台灣以後長期定居下來，繁衍生根；有的只是短期逗留，工作做完仍舊回去中國。他們來到台灣，使原來只有兩、三千人的漢人聚落，一下子熱鬧起來。

這段時期，比較早見諸於荷蘭人文字的漢人來台活動，記載的並不少。例如，《熱蘭遮城日誌》一六三二年十二月五日記載：「有二十艘漁夫的中國帆船（按：原譯使用中文所無的「戎克船」，在此改回中國話口語中的稱呼）從中國抵達。」十二月六日記載：「長官普特曼斯閣下……騎馬前往新港；有二十五艘中國帆船從中國沿海抵達，公司的那兩艘中國帆船也從中國沿海載著水泥抵達，其中一艘是一官的母親鄭媽的船，載來三百擔糖和三擔生絲。」在這裡，很清楚地指出了替鄭芝龍掌管家族貿易的二媽（鄭媽）黃氏也來到了台灣，而且是搭乘自己的船前來的。[4]

一六三五年以後，台灣海峽在鄭芝龍的完全掌控之下，出現了比較平靜的局面，因此大陸和台灣之間船隻的來往可說相當頻繁。例如，一六三六年十二月來台灣的漁船有四十七艘，一六三七年十二月是二〇七艘。一六三七年八月來台的商船有二十九艘之多，九月從台灣回去大陸的則有三十艘以上。如以一六三七年全年有三、四百艘漁船來台，每艘以一、二十人計算，這一年從大陸來台捕魚的就有六千至一萬人之多。又如一六三九年的《熱蘭遮城日誌》記載，從三月下旬到八月下旬，幾乎每天都有中國人來台，如三月二十四日從廈門來十七人，二十五日從中國沿海幾個地方來一〇二人，三十一日從廈門來四十五人，……八月二十日從烈嶼（小金門）來二十五人，二十四日從廈門來三十五人，二十六日從福州來二十五人。

一六二九至一六三六年任職荷蘭東印度公司總督的斯佩克斯（Jacques Specx），在日本平戶任荷蘭商館館長時就與鄭芝龍相熟（取材自維基百科）。

可見這時漢人來台已經逐漸成為風潮。當然，這些來台漢人當中，並不都是移民，有些人還回中國。例如同年十月十四日有一艘帆船回廈門，載有二十七人，還有一艘往海澄，載有十二人。只是，比例上來台灣的多，回中國的少。

據一六三八年十一月十八日巴達維亞總督狄門（Antonio van Diemen）向公司十七人董事會提出的報告書說：「在台灣的荷蘭人支配地區內，約有一萬至一萬

一千名的漢人，從事捕鹿、種植稻穀和蔗糖以及捕魚等活動。」[5]

從一六四四年滿清入關以後，明朝江山風雨飄搖，福建漢人形成了移居台灣的另一個高峰。一六四八年，《荷蘭長崎商館日記》記載：「據大員和長官和評議會的信函，自中國輸入的貨品極少，逃出本國的中國移民甚多，已超過了七千人。」一六五〇年，台灣長官費爾堡（Nicolaes Verburgh）估計，在台灣的中國移民已達一萬五千人。[6] 到一六六一年鄭成功發兵台灣為止，大員附近「已形成一個除婦孺外擁有二萬五千名壯丁的殖民區」。[7]

來到台灣的漢人從事著不同的行業謀生，其中以捕魚、農耕、貿易和打獵為主。

1、捕魚

早在荷蘭人來到台灣以前，就已經有漢人在此捕魚。一六二三年荷蘭艦隊司令雷約茲從澎湖到台灣勘察港口形勢的時候，就曾經在大員附近遇見過一艘中國漁船。

荷蘭人到台以後，從新港社先住民手中收購赤崁，即帶有吸引中國人前來台灣從事貿易用意。一六二五年四月九日《巴達維亞城日記》記載：「選定的地點，一方有淡水的河川，土地肥沃，野獸群生，又有很多魚類棲息的沼澤，沿岸亦有很多魚類，故中國人和日本人一定會移住前來，毫無疑義。」[8] 此後，大陸漁民來到台灣的逐年增加。

一六三二年十二月五日的《熱蘭遮城日誌》記載說，頭一天才自中國抵達大員的三十八艘漁夫帆船已在今天出航前往台灣南部捕魚。這是荷蘭人較早的有關大陸漁民到台捕魚的文字記載。一六三二年十二月七日又記載：「有四、五艘漁夫的中國帆船從中國來，大部分滿載著鹽、魚網和其他捕魚的需用品。」[9]

當時的漁場主要在南台灣沿海，從笨港（今雲林北港）到打狗（高雄）、淡水（下淡水）一帶，捕抓的魚類主要是烏魚，魚季是在十二至二月之間。漁船攜帶的鹽，顯然是用來醃魚的。

中國漁船的到來，除了為荷蘭人帶來貿易之利和需用物品外，也成為他們的一項稅收來源。這些漁船搭載的物品有絲綢、瓷器、鹽、米、茶葉、砂糖甚至磚頭等，回程則常攜帶鹿肉、鹽、烏魚和烏魚子等。漁船進港後須先向荷蘭人領取

一六三六年荷蘭人的台灣地圖已經相當準確地畫出了台灣島的完整輪廓。

執照才能前往各漁場捕魚，捕完魚後再回到大員繳納什一稅。[10]

　　不過，漁民到台是屬季節性活動居多，魚季過後，又多回到大陸，定居者可能屬少數。但是，在台灣一些內陸河川也住有一些中國漁民。一六四五年十月二十五日台灣評議會寄給東印度公司的報告說：「布倫（S. van Breen）牧師他發現很多我們以前所不知道的河川。在這些河川中有中國人在伻為捕魚。他們在這些河川部分，享有很多的自由，並煽動土人，反抗公司。在我們到達時，他們或逃至山中，或逃至淡水，或脫身至船上，啟帆逃走。我們捕獲四名，加以嚴厲的拷問。他們承認祕密住在那裡，已有多年……其中，有一名是海盜餘黨，按例以車裂刑處死。」[11]

　　2、農耕

　　荷蘭人在台灣的人數很少，他們也沒有從本國大量移殖人口到台灣的計畫。因此在農業的生產上必須仰仗漢人移民。但是，他們在占台初期，仍舊專心從事貿易，對農業並不重視，大米和糧食都要從外面運進。到兩岸貿易的通路暢通以後，才鼓勵中國移民來台，開發大片土地。

　　荷蘭人仿照他們在印尼的生產方式，最先獎勵漢人移民種植製糖的甘蔗。一六三六年十一月二十六日《巴達維亞城日記》記載：「在赤崁的地方，中國農夫繳交公司而運送日本的糖，白糖有一萬二千零四十二斤，黑糖有十一萬零四百六十一斤，並且栽培愈盛，明年預定生產三、四十萬斤。」一六五〇年蔗糖產量達到歷史的高峰，公司從農民手中購入的砂糖大約三百五十二萬斤。

　　荷蘭人還同時獎勵稻米的生產，並從澎湖運來很多牛隻。在一六四〇年年底，公司和私人已經擁有超過一千二百到一千三百頭「有角的牲畜」。另外也招徠有地位的商人組織生產，或借貸小農開地種植。

　　組織大商人生產的方式類似於同期的荷蘭人在紐約殖民地招募本國有錢人圈地開墾的政策（patroon）。荷蘭人把在台灣的土地都據為「王田」，然後召集有財力的華人申領耕種。被召的華商主要是巴達維亞的華人富戶，當時最著名的一位是蘇鳴崗（Bencon），他在一六二九年就已經有船隻往來台灣貿易，一六三六

荷據時期甘蔗成為台灣農業生產的大宗經濟作物。

年響應荷人號召到台投資農業，但是經營不順，在一六三九年三月又返回巴達維亞。還有一位是 Boijco，是巴達維亞重要的華商林六哥的女婿或兒子，一六三九年在台灣種植甘蔗，是後來台灣漢人社會的僑長。[12]

除了巴達維亞的華商外，荷蘭人也召集來往兩岸的華人巨商投入農業經營。林亨萬就是當中的一個。一六三七年二月十日的《巴達維亞城日記》記載：「赤崁及附近各地的栽培，正熱心進行中。有（林）亨萬和居住於同地的（蘇）鳴崗等有資格的中國人，各自選定二十 morgen（一 morgen 為八千五百一十六平方公尺）的廣大地域數處，要在那裡開始耕種。……對於公司及（東）印度領地，必定大有裨益，以後就無需向其他國王或領主求取米糧，而不致易於陷於飢餓的危險了。」

到一六四五年，荷蘭人已在三月十一日的《巴達維亞城日記》報告說，「傳聞赤崁可以產糖一百萬斤。本年米亦豐作。因此中國人俱熱心耕作，開墾荒地，忙於擴大其田園。」

3、貿易

荷蘭人的對華貿易一般是透過受命於鄭芝龍或不得不聽命於他的中間商人進行。其中較著名的有林亨萬，和後來獻圖鄭成功趕走荷蘭人的何斌（又稱「斌官」）等。另外則是自行前來台灣直接販貨的散商。

這些商人一方面從大陸販貨來台，一方面又轉口販運各地。例如，一六三六年，林亨萬派遣一艘商船從台灣駛往巴達維亞。一六四一年，Peco 和 Sitsick 購置兩艘大船，申請前往柬埔寨和東京（越南）貿易。一六四四年，後來引鄭成功攻打台灣的通事何斌的父親 Kimptingh 運載貨物到呂宋島中部的班詩蘭和北部的卡加延，荷蘭人要他代購黃金。[13]

至於從事島內貿易的商人，到一六四○年已經遍布全島各地。一六四○年，有中國商人從淡水運粗製硫磺萬斤到大員。一六四一年三月，荷蘭長官特拉登紐斯的商務員到台東尋找金礦，報告在東部有從事貿易的中國商人。

有趣的是，社會等級的差異因為一些巨商的存在而開始出現。一六三六年，蘇鳴崗在麻豆蓋了一間豪宅，據荷蘭人估計，全部花費為五、六千里爾，而當時一個修理小屋的中國木工的兩天工資才半個里爾。

4、打獵

台灣自古就是野鹿生長之地，荷人據台以前，由於日本戰亂，常以鹿皮作保護甲，需求量很大，所以中國人每自台灣向先住民收購鹿皮，轉販日本謀利。荷人據台初期，一六二五年四月九日《巴達維亞城日記》報告說：「聽說每年可得鹿皮二十萬張。」

荷蘭人來台以後，中國人維持了向先住民收購鹿皮的方式。但是，荷蘭人為了獲得更多的鹿皮，開始鼓勵漢人入山捕鹿，不許先住民阻止，否則派兵鎮壓。不過，漢人要從事狩獵，須先向牧師繳納稅金，領取狩獵許可證。

鹿皮的獲取量到一六四○年達到了高峰。尤紐斯牧師寫信給公司總督狄門，要求不要再發放狩獵許可證，原因是由於經常的狩獵，鹿的數量已經大大減少；此外，像華武壠社的先住民對漢人的經常捕獵已經產生怨恨，不斷地設法趕走那些漢人，尤紐斯擔心先住民與漢人之間的仇隙會增加他們統治的困難。另一方面，在深山打獵的漢人都是一些窮得無立錐之地的人，他們連許可證申請費都交不出來，只能以尤紐斯代墊的方式，等取得鹿皮以後扣繳。雖然尤紐斯盡量壓低他們的鹿皮收購價格，每一百張僅得十個里爾，但是比起向中國人本身借錢，又似乎好了很多，因為中國人的高利貸是每月百分之四或五的利息。這些獵人就是在先住民的仇恨與荷蘭人或本國人的剝削之間求生存的。

由於大量捕殺野鹿，台灣鹿的數量急遽減少。到荷蘭人統治結束進入鄭氏統治時期，「收皮之數每年不過五萬張，或曰萬餘張」。[14]

五、西班牙人的北部占領

十六世紀末期，為了防範日本人南進襲擊馬尼拉，西班牙人曾有征台之議。萬曆二十六年（一五九八）夏天，在薩瑪第奧（Don Juan de Zamadio）的率領下，兩艘兵船，共兵員兩百多人，從菲律賓出

在菲利普四世統治西班牙時期，西班牙人占領了台灣北部（取材自維基百科）。

發，首次往征台灣。但因風向變化，出現逆風，最後無功而返。

　　荷蘭人占領台灣以後，為了打擊西班牙人和葡萄牙人在東方的利益，經常派船攔截前往馬尼拉的中國商船，破壞西人的貿易，甚至計畫要以武力摧毀在馬尼拉和澳門的這些對手，但因力量不足而作罷。

　　一六二五年，一艘荷蘭戰艦「拿騷號」（The Nassau）由洛米特（Jacques L'Hermite）率領來到東方，原定由大員派船支援，共同攻打馬尼拉，但是「拿騷號」只到了摩鹿加群島就不再前進，由台灣派去的支援船隊略為攻打以後，也退回到中國沿海，試圖破壞葡萄牙人來往澳門的航路，但是沒有達到什麼效果。

　　荷蘭人這次的行動，顯然使西班牙人再度感受到台灣對馬尼拉的威脅，於是征台之議又起。西班牙駐菲律賓總督斯爾瓦（Fernando de Silva）上書國王，痛陳所受的貿易威脅。

　　天啟六年四月十日（一六二六年五月五日），斯爾瓦派出遠征軍，共西班牙划船（Galera）二艘、中式帆船十二艘、士兵兩百名，避開大員的荷蘭人，沿台灣東海岸北上，五月十一日達到北緯二十五度地點，命名為聖地亞哥（Santiago），即現在習稱的三貂角。十二日進入可以容納五百艘船的雞籠，十六日占領社寮島（今和平島），舉行占領儀式，並開始築城，取名「聖救主城」（San Salvador 或 Santisima Trnidad），後人稱為雞籠城或紅毛城。又在大沙灣附近建立中國人的街市，以期吸引中國人前來互市。

　　這年七月，新任菲律賓總督塔佛拉（Don Juan Nino de Tavora）計畫奪取荷蘭人在台灣南部的土地，又一次出兵台灣。他在七月二十六日派兩艘大划船先行出發，然後在

西班牙人進占後的基隆港口圖。一六二六年 Pedro de Vera 繪。

八月十七日自率大帆船（Galleon）兩艘和其他船隻四艘親征，但船隻出發後遇到風暴（颱風），只好折回。先行出發的兩艘大划船到達大員附近偵察後，也被風吹回菲律賓。這次的遠征行動宣告失敗。

崇禎元年（一六二八），西班牙人又派軍艦占領台灣西北海岸的淡水，並建立聖多明哥城（San Domingo），後人也稱為紅毛城，與社寮島的聖救主城互為犄角。

西班牙人占領了台灣北部以後，次第掃平附近各族部落。一六三二年招撫了台北平原的先住民。一六三三年，因馬尼拉到柬埔寨的一艘商船遇風漂到東北海岸宜蘭，船員五十八人全部為先住民所殺。駐社寮島的司令派兵進入宜蘭、蘇澳、奇萊各地，至此，台灣北部沿海各地完全為西班牙人所占。

西班牙人平定台灣北部以後，原寄望以此重開自一六二四年以來中斷的對日貿易和打開對華貿易，而在開頭似有成效，在一六三四、一六三五年期間，雞籠一度成為福建與馬尼拉之間的通商中心，最多的時候，有滿載貨物的船隻二十二艘同時開入港內。但是西班牙人與日本人的關係一直無法改善，一六三八年後日

西班牙人占領下的雞籠社寮島。

本又屬行鎖國，至此西班牙對日貿易完全無望。而鄭芝龍完全控制台海以後，也禁止福建商船前來雞籠，西班牙人占領台灣北部與荷蘭人抗衡的作用更已失去其半。

　　一六三五年，呂宋島南部不斷發生叛亂事件，西人無暇顧及台灣，新任菲律賓總督克奎拉（Sebastian Hurtado de Corcuera），已確認占台的必要性減少，決定轉移經營的重心。一六三七年十一月，幾艘漁船從中國抵達大員。其中有人向荷蘭人報告，雞籠的西班牙人現款缺乏，米糧不足，用以保護他們的軍隊不過二六〇人；還報告說，西班牙人已經把在淡水建造的城堡全部拆除，把軍隊全部撤往雞籠。

　　可以說，從一開頭，西班牙人占領台灣北部，就引起荷蘭人高度重視。一六二八年六月，遠在巴達維亞的科恩總督派出了六艘船艦前來大員支援，其主要任務除了應對中國沿海的混亂局面外，還包括應付台灣北部的西班牙人。

　　一六二九年，第三任台灣長官訥茨聞知西班牙人的勢力已擴展到台北平原，馬上報告公司總部，建議以武力驅逐。同年七月下旬，訥茨派遣軍艦進攻淡水，但遭到激烈抵抗，死了指揮官一名，荷軍不得不退回大員。這是荷、西兩國在台灣的第一次武裝衝突。

　　一六三九年四月十二日，荷蘭人在卑南的商務員 Marten Weselingh 寫信回大員說，在離開卑南五日日程的山裡有個村莊，那裡住有五個白人，顯然是西班牙人，是要查找荷蘭人探金的企圖的。但是雙方沒有接觸。

　　一六四〇年九月中起，荷蘭人兩度派員偵察淡水、雞籠，偵知西班牙人消極經營台灣北部，並獲悉只有四百個人（五十名西班牙人、三十名呂宋島的帕潘加〔Papanger〕土著、二百名奴隸和一三〇名中國人）駐守雞籠和淡水。一六四一年，林戈上尉（Johan van Linga）率艦四艘和中國帆船數艘共兵員二〇五人、船員一一二人前去雞籠偵察和勸降，遭到西班牙長官波特里奧（Gonsalo Porteilio）的拒絕。林戈見兵力仍不足以擊敗西人，旋即折返大員。

　　一六四二年，巴達維亞總部決議次年大舉進攻雞籠，七月派兩艦前來台灣增援。但台灣長官特拉登紐斯已經等不及援軍的到來，搶先在八月十七日派出了戰艦五艘、小型船隻九艘，共六九〇名兵員和華人、爪哇人及廣南人奴隸往攻雞籠。當時西班牙籍士兵僅百人，由帕潘加傭兵一五〇人防守前沿陣地，城內另部

署八十人防禦。八月二十一日下午四時開始，經過劇烈的砲戰後，荷蘭人順利登陸，兩軍對壘在聖救主城外，戰鬥到八月二十四日，西班牙人不支，波特里奧召集部下會商後同意開城投降。八月二十六日兩軍司令在大小兩城之間會面，雙方達成議和條件。同日，西班牙人被解除武裝，荷軍正式入城。

荷蘭人占領了雞籠後，大肆慶祝了八天。九月四日，西班牙人戰俘被送往大員，後來又再被送去巴達維亞，最後才獲釋回到馬尼拉。總計西班牙人占有台灣北部十六年又三個月。

六、走入歷史

從一六五〇年以後，荷蘭人在台灣開始走入了逆境，人禍天災可謂接踵而來。最先是人頭稅的徵收遭到了漢人移民的強烈反抗。

一六二九年荷蘭人仿照在巴達維亞對中國人徵收人頭稅的辦法，向來到台灣的漢人移民按人收稅。初期時稅率不定，有時每人每月二分之一里爾，有時降為四分之一里爾。到一六四〇年八月一日起，每月穩定在四分之一里爾，當時所計算到的漢人「人頭」是三千五百六十八人。從一六五〇年起，荷蘭人又把人頭稅提高，回到每人每月二分之一里爾。漢人當中許多人是貧苦移民，稅率的提高顯然加劇了他們生活的重擔，不滿情緒逐漸在滋長。

恰好第二年甘蔗和糧食的生產都大幅減少，稻作種植面積減少了百分之四十五，整體的糧食需要差幅很大，無事可做的甘蔗工四處流浪，社會到處瀰漫著不安的怨恨情緒。

接著，一六五二年的郭懷一事件，在很大程度上動搖了荷蘭人統治的根基。傳說郭懷一原屬鄭芝龍的舊部，鄭芝龍受到明朝招撫以後，他繼續留在台灣，在赤崁南邊兩英里的村子從事開墾。荷蘭人實行王田制以後，被推舉為村長，也可算是一個地方勢力。由於對荷蘭人心懷不滿，決定在這一年九月七日的中秋之夜藉著邀宴主要的荷蘭人的名義，發動舉事，將他們殺死，而後占領熱蘭遮城。此舉遭到他的弟弟強烈反對。當勸阻不住之後，他弟弟跑到熱蘭遮城去向荷蘭人舉發，經與守門的軍士一番爭吵，才見到荷蘭長官費爾堡。費爾堡聽了他的報告，把他抓了起來，並派出一名隊長和八名軍士前往郭懷一的村子察看。

郭懷一見事態暴露，連忙帶著一萬六千名中國人向赤崁方向前去，沿途打

殺,看守馬廄的荷蘭人官員急忙帶著三名馬夫衝出赤崁,第二天早上抵達熱蘭遮城,向費爾堡報告事態。費爾堡隨即派出一二○名荷蘭人,領著一千二百名附近村社前來支援的先住民(荷蘭人稱為信奉基督教的福爾摩沙人)前往赤崁對付舉事的中國人,不久就擊潰了這群人。

十一日,荷蘭人聽到舉事者再次集合在赤崁附近山坳內,人數有四、五千人。因山坳地勢險要,荷蘭人正面進攻不下,由先住民繞到舉事者陣地後面助戰,激戰中郭懷一及其部下大約一千八百人戰死。許多參加舉事的婦女和小孩都被俘虜,副首領龍官(Lonegua)就捕後活活被燒死,屍體用馬拉著,遊街示眾,然後頭被割了下來,插在竹竿上。龍官的兩名隊長因曾經剖開一名土著孕婦的肚子,掏出胎兒,被車裂而死。

這一場騷亂持續了十五天,先後有四千名男子和五千名婦女及一些小孩被殺或被俘,暴亂之慘烈可想而知。荷蘭人方面除兩個人被殺外,沒有任何其他損失。

不過,漢人的作亂已動搖了荷蘭人的統治根基。為了防止中國人再度作亂,他們第二年在普羅民遮(即赤崁)漢人街市區所在地增建了一座堡壘,取名普羅民遮堡(就是今天的赤崁樓,或俗稱的紅毛樓)。

接著從一六五三年到一六五五年,島上連續三年發生蝗災,特別是一六五五年的蝗害,稻田、甘蔗幾乎全遭破壞。一六五六年十月七、八兩日,台南地區又出現百年不遇的暴風雨,房屋倒塌甚多,居民死亡慘重,稻田和甘蔗同樣受到嚴重的破壞。

可是,荷蘭人的困境並未渡過。一六四六年鄭成功舉事抗清以後,為了籌措軍餉,派出船艦前往日本和南洋各地經商,與荷蘭人的利益產生了衝突。一六五三年十月二十一日,鄭成功致函台灣長官凱撒(Cornelis Caesar),指責其派往廣南的一艘帆船在返回廈門途中,為荷人開往廣東的船隊襲擊,劫走所有貨物。凱撒長官懼於鄭成功的勢力,派員送上價值三萬七千三百一十九荷盾的禮物,得到了鄭成功的諒解。

但是,一六五五年六月十七日,巴達維亞總督瑪茲克(Joan Maetsuijker)卻發信鄭成功,禁止他的船隊前往巴林邦(Palembang,舊稱巨港或舊港,在蘇門答臘島東端)貿易。為此,鄭成功在一六五五年八月寫信給在台灣由荷蘭人任命的

漢人長老（如在印尼的華人甲必丹職務）何廷斌（又稱何斌，荷人稱他「斌官」），要求荷蘭人收回成命，否則對其實施海禁，不准大小中國船隻開往巴達維亞和大員及其鄰近地方交易。

荷蘭人統治時期一位在台灣住過的德國人

尚貝格（Casper Schamberger）是最早在台灣住過的一位德國人，也是向東方傳授西洋外科手術的醫生之一。

一六二三年出生於萊比錫，十四歲時在德國著名外科醫生巴赫特（Christph Bachert）之下擔任學徒。二十歲通過資格考試，加入荷蘭東印度公司，簽約四年。

一六四三年十月首途前往東方，因船隻在好望角沉沒，在當地候船，直到次年七月底才抵達巴達維亞。不久他前往葡萄牙人占領的印度果阿，後再轉往錫蘭、波斯等地，在一六四六年一月回到了巴達維亞。隨後就奉命派駐台灣。

他在一六四六年八月二十三日抵達台灣，在熱蘭遮城一住就是三年。在大員期間的事跡不詳，可能是為荷蘭人看病診斷。一六四九年離開台灣後，於八月八日抵達長崎，為出島的荷蘭商館擔任醫師一職。

同年十一月二十五日，他作為外科醫生陪著荷蘭特使、長崎商館館長弗里修斯（Andries Frisius）前往江戶參謁日本德川家光將軍。由於德川身體嚴重違和，尚貝格的西洋醫術引起了幕府一些大老的興趣。弗里修斯一行在一六五〇年四月回到了長崎，但是尚貝格與精通數學和迫擊砲射擊的另外三名歐洲人被下令留在江戶教授其學問，一共再停留了半年。這是歐洲人在整個德川家族統治日本時期，在江戶停留最長的記錄。

一六五〇年尚貝格等四人離開了江戶，回到長崎。他一直留到一六五一年十一月才結束了在日本的服務。中間曾再到過江戶一次，繼續教授西洋醫學和治療。

尚貝格在一六五一年十二月回到了巴達維亞，在東南亞的船上行醫四年後，回到萊比錫，以後即長居萊比錫，直到一七〇六年逝世為止。

尚貝格離開長崎之後，在長崎藩的命令下，他的日本人翻譯寫下了有關尚貝格外科手術的一篇報告，這是日本「尚貝格流外科手術」的啟蒙。

明永曆十五年三月二十三日媽祖聖誕當天（一六六一年四月二十一日），鄭成功在金門最古老的媽祖廟料羅村順濟宮祭拜媽祖，祈求神明保佑後，即率大軍向澎湖進發，踏上征台驅荷的征途（金門大學閩南文化研究所所長唐蕙韻提供）。

鄭成功說到做到，一六五六年六月二十七日，他發布了禁令，以一百天為過渡期，之後禁止一切船隻開往大員。由此導致兩岸之間船隻來往幾乎完全斷絕，荷蘭人買不到任何中國商品，不得已在一六五七年三月派出也任通事的何斌前往廈門疏通。他在七月抵達廈門，與鄭成功達成協議，荷蘭人不再阻止鄭成功船隻前往南洋各地貿易。鄭成功的海禁在一六五七年八月重新開放。

然而，一年多以後，何斌被荷人提出告訴，指責他吞沒錢財，並疑他私通鄭成功。一六五九年四月二十一日，大員法院作成判決，免除他的漢人長老職位和通事的職務與待遇，並處以三百里爾罰金。何斌心有不甘，偷偷畫了一張赤崁到鹿耳門的水道地圖，尋機逃出台灣，到廈門獻給了鄭成功。正好鄭成功在永曆十三年（一六五九）九月七日兵敗金陵，尋思另找出路，遂在何斌的勸說下，決定攻打台灣。

次年，鄭成功召開第一次攻台軍事會議，因荷人有備而擱置下來。一六六一年，荷蘭援軍撤回巴達維亞，鄭成功再度大會部將，三月移師金門；四月開抵澎

湖；四月二十九日，在荷人的驚愕中，渡過鹿耳門，登陸台灣本島；五月四日占領普羅民遮堡和赤崁地區；次年一月，又對熱蘭遮城發動了最後的攻擊；二月一日，雙方停火，荷蘭長官揆一（Fredrick von Coyett，瑞典籍）簽下了降書。荷蘭人將近三十八年的台灣占領終於走進了歷史。

但荷蘭人不甘心就此撤離台灣，一六六四年八月又重新占領了雞籠。然因貿易不振，軍事費用負擔沉重，不得已在一六六八年十月，步上被他們趕走的西班牙人的後塵，完完全全脫離了曾經擁有過的這片土地。

注釋

1. 大員到清代時改稱鯤身，從大員延伸到台灣本島，還有一鯤身、二鯤身……等七個鯤身的說法。從後世所看到的當時的圖畫來看，荷蘭人只選定了西北末端很小一塊地方為其立足點。
2. 皮庫（picol 或 pikul）為荷蘭人引自爪哇的計重單位，也就是南洋華人所用的「擔」，每一皮庫約相當於一三三英國磅，即六十公斤左右。因此，二百皮庫約相當於一萬二千公斤。
3. 一六〇四年開始，日本因為王公貴族對絲的需求太大，大量進口中國生絲，所以訂了「絲割符」制度，由「絲割符仲間」商人團體按當時葡萄牙人輸入的白絲的成色質量確定價格，再由商人們按此價格全數收進，以確保幕府將軍能廉價購得生絲和防止進口過量造成滯銷。一六三三年四月起對駛入薩摩、平戶的荷蘭船隻，也規定應比照長崎的絲價（即按「絲割符制」確定的葡萄牙白絲價），在長崎未決定價格之前，禁止任何買賣。
4. 黃氏非鄭芝龍的親生母親，但是對鄭芝龍兄弟的照顧無微不至，鄭芝龍年輕時到澳門探望的舅父黃程就是她的兄弟。她幫助鄭芝龍掌管了從日本到大員到南洋的貿易活動，甚至鄭芝龍降清的舉動，都有她的影響在內。她也可以算得上是台灣開拓時期一位傳奇的中國婦女。
5. 曹永和，〈荷據時期台灣開發史略〉，《台灣早期歷史研究》，聯經出版事業公司，一九七九年，第六十三頁。
6. 《荷據時代台灣史》，第一六二頁。
7. 《被遺誤的福爾摩沙》（*Verwaerloosde Formosa*），據稱是荷蘭最後一任駐台長官揆一所著。
8. 〈明代台灣漁業誌略〉，《台灣早期歷史研究》，第一六九頁。
9. 《熱蘭遮城日誌》第一冊，中譯本，第七十八～七十九頁。
10. 〈明代台灣漁業誌略補說〉，《台灣早期歷史研究》，第二一九頁。
11. 〈明代台灣漁業誌略〉，《台灣早期歷史研究》，第一七一頁。
12. 〈十七世紀的福佬海商〉，《中國海洋發展史論文集 第七輯，上冊》，第七十七頁。
13. 《荷據時代台灣史》，第一四四～一四五頁。
14. 〈荷據時期台灣開發史略〉，《台灣早期歷史研究》，第五十七頁。

3.

Die vesturg Selandia auff Te

鄭荷對決，星落南天

鄭成功勢力在台海對岸的崛起，是在海峽這一邊的荷蘭人的夢魘。

崇禎元年（一六二八），鄭芝龍接受了明朝的招撫，被授以海防遊擊官職，榮華富貴兼而有之，海上顛簸的生涯也告一個段落。這時他才派人將他留在日本的七歲兒子福松，也就是後人熟悉的鄭成功迎接回國。

回國以後的鄭成功接受了中國正統的儒家教育，十五歲他入選南安縣秀才，二十一歲前往南京太學就讀，受教於名儒錢謙益門下。完整的傳統教育，使得「忠君愛國」的思想在他腦海裡牢不可破，對他日後統治台灣的思路也產生了深遠的影響。

明崇禎十七年（清順治元年，公元一六四四年），崇禎帝吊死媒山，清人入關。次年五月，清兵破南京，江南臣民擁立的弘光帝朱由崧遇害，鄭芝龍另立唐王朱聿鍵即位福州為隆武帝。這一年鄭成功書讀不成了，也從南京回到了福州。順治三年（明隆武二年，公元一六四六年）年底鄭芝龍的降清及前後一連串的事件，無疑是鄭成功生命史上受到的最大衝擊。

鄭成功廈門讀書處。

鄭成功回到福州不久，鄭芝龍安排他拜謁了隆武帝，被賜姓朱，取名成功，這是中外稱呼他為「國姓」的由來。隆武帝還為了攏絡鄭芝龍，在第二年三月封鄭成功為忠孝伯，掛招討大將軍印。

這一切鄭成功都把他當作是殘明皇帝的知遇之恩。可是三個月後，鄭芝龍卻藉口到海上取餉跑回了南安，不久，隆武帝夫婦就被俘身亡，鄭芝龍也在這年十一月向清兵投降。

隆武的殉難和鄭芝龍的投降，對鄭成功是雙重的重大打擊。這時，他的年紀才不過二十二歲而已，雖說他父親年紀很輕時，就已經隻身闖蕩江湖，統合海上豪傑，縱橫台海，但是鄭成功卻是從七歲起就是一直待在書房的書生，一下子身逢變故，特別是要面對挺身背叛父親或是隨鄭芝龍投降的忠孝抉擇，對一個文弱書生來說，畢竟是不容易的。但是他最後還是作出了不同於傳統中國子女行為的困難決定，選擇了與父親決裂一途。這是他在忠君愛國的大傳統中背叛家庭小傳統的一次異常選擇。

廈門鄭成功紀念館藏鄭成功青年時七言絕句詩手跡。

　　為了防止遭到劫持，鄭成功在叔父鄭鴻逵的幫助下逃到了金門。但是不久消息傳來，他的母親田川氏在家鄉安海受到了南下清軍的凌辱，自殺殉節。

　　田川氏在一六二四年鄭芝龍匆匆離開日本回國後，當中有七年是與鄭成功相依為命。雖然鄭芝龍派人接鄭成功回國之前，可能曾經回過日本，因此，在鄭成功回國那年（一六三〇）年底，她又生下了七左衛門，但是在鄭成功七歲回國後，母子一別十四年，只有七左衛門隨身相伴。直到順治二年（明隆武元年，公元一六四五年）十月，鄭成功的元配董氏為他生下的兒子錦舍（經）都已經滿三歲了，[1]田川氏才最後得以和鄭芝龍和鄭成功重聚。這種異國婚姻對一個婦女來說，本就是難以承受的，而與家人重聚才一年一個多月，卻又以四十多歲的年齡遭逢清軍蹂躪，最後羞憤自殺，其命運的坎坷也是罕有的，難怪鄭成功聽到母親的死訊，要縞素出兵，返回泉州尋找清軍報仇了。

　　鄭成功從出生到回國以前，完全是依靠田川氏撫養長大成人。母子相依，他後來的剛毅暴烈性格無疑有一半也是從他的母親的血液和教誨中得來的。而田川氏的死，更無疑砥礪了他至死不變的反清決心。後人誰又能想到，亂世之下，鄭芝龍和田川氏一對異國男女偶然結合生下的兒子，對後世竟然會產生無可估計的巨大影響。

　　田川氏自殺後，飽嚐國恨家仇的鄭成功尋回了母親的屍體，隆重安葬之後，開始脫下了儒巾儒服，在金、廈一帶舉起了反清的大旗。順治三年（明隆武二年，公元一六四六年）十二月初一大會文武群臣於烈嶼，鄭芝龍舊部紛紛投奔，形成不可忽視的新興海上武力。從此鄭、荷之間在台灣海峽之上遙相對峙，而雙方的互動遂成左右台灣未來歸屬的決定性因素。

一、對峙

　　鄭成功海上勢力興起之初，荷蘭人是感到驚恐的，他們無時不在擔心鄭成功在無路可退時會攻打大員。

　　一六四六年十一月十一日《長崎荷蘭商館日記》記載：「……韃靼人在中國大勝，皇帝已被一官（指鄭芝龍）……趕出福州，一官則逃到了泉州。……有人勸不願投降的逃亡中國人轉移到大員堡，才有可能在那邊有力地立足。」

　　一六五〇年，荷蘭總部的十七人董事會深恐中國人攻打台灣，決議「熱蘭遮

城即使在和平時期，守軍也不得少於一千二百人。」

一六五二年七月二十五日，巴達維亞評議會又致信台灣長官費爾堡：「耶穌會教士告訴我們：目前中國謠言滿天，說被韃靼人大力追擊的一官的兒子，叫國姓爺的，已經無法在大陸立足，找不到安全之地，已率大軍回到海上，從事海盜行徑，窺伺台灣，以期最後占據這片領土。相信上帝保佑，阻止此事。但是我們認為最好還是向閣下提供這些報告，使閣下繼續有所防備，隨時警惕。」

然而，起兵初期，鄭成功為了抵擋清軍席捲中國，急於在大陸尋找和擴大立足之地，事實上是無暇考慮襲取台灣的。直到永曆十三年（一六五九）九月鄭軍進攻南京失敗以後，無路可退，他才真正開始認真考慮從荷蘭人手中奪取台灣。因此，在此之前，雙方的對峙主要還是表現在貿易的競爭上。

鄭成功與荷蘭人的貿易競爭是出於其軍隊供養的需要。從他起兵以來，他的軍隊一直都沒有足以抗拒清軍的陸上據點。當時，金門是由他的叔父鄭鴻逵所據，族兄鄭彩、鄭聯兄弟則占有廈門，只有安海一小塊地方是由其擁有。直到

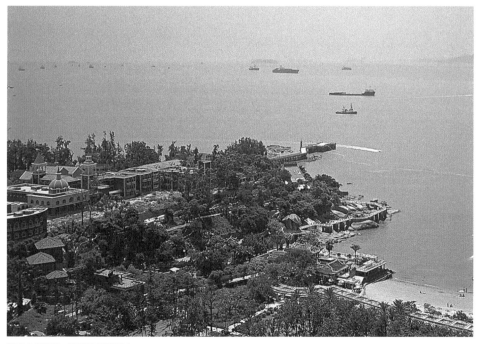

鄭成功在廈門、漳州的活動海域。

一六五〇年，他以鄭彩、鄭聯兄弟肆虐無道而除掉了他們之後，才算擁有廈門作為軍事基地和對外通商的港口。[2]

但此後多年，因部眾越來越多，糧餉軍需，仍一直是約束其軍隊在漳州、泉州和潮汕各地與清軍及反對他的地方勢力作戰能力的最大困擾，為此，他以「器械未備，糧餉不足，為憂，遂與諸參軍……會議，（馮）澄世曰：方今糧餉充足，鉛銅廣多，莫如日本……借彼地彼糧，以濟吾用，然後下販呂宋、暹羅、交趾等國，源源不絕，則糧餉足，而進取易矣。」[3]鄭成功採納了這個意見，下令在日本替鄭氏家族理財的鄭泰造大船，由部將洪旭相佐，「以甥禮遣使通好，國王果大悅，相助鉛銅，令官協理。」

鄭成功對日本的輸出產品主要是生絲和絲織品，但也有瓷器、漆器、硯台、書籍古玩、砂糖、醫藥等。輸入的則有金、銀、銅、刀和海產、山貨等。從一六四九年到一六五五年，六年之間共運往日本生絲四十五萬餘斤，絲織品七萬二千多匹。在整個一六五〇年代，平均每年從中國前往日本的中國商船總數約六十艘以上，貿易額平均一二〇萬兩，其中替鄭成功經營的「官商」所占的貿易額即達七十一萬兩，占有六成左右。[5]這麼龐大的貿易數量，直接壓縮了荷蘭人的對日貿易空間。

鄭成功的另一個主要貿易地區是南洋的呂宋、暹羅、柬埔寨和交趾等國。一六五五年三月九日《熱蘭遮城日誌》記載：「屬於國姓爺的船隻二十四艘，在中國沿岸開去各地貿易，內開：向巴達維亞去七艘，向（越南）東京去二艘，向暹羅去十艘，向（越南）廣南去四艘，向馬尼拉去一艘。」[6]

一六五六年十二月十一日《巴達維亞城日記》也記載：「今年從中國有官人國姓爺的帆船六艘到那裡（柬埔寨），收購了很多鹿皮及其他貨物運去日本。」

因此，鄭、荷之間，在南洋貿易上，也存在著相當的利益衝突。

此外，到一六五六年以前，閩、台之間的貿易一直都不斷進行，雖然貿易量無法查考，但這條貿易管道無疑是荷蘭人的重要收入來源。可是鄭成功占據廈門後，卻導致荷蘭人的對華貿易無法正常進行。

對於鄭成功勢力的貿易挑戰，荷蘭人並不是完全採取妥協的態度，有時也有對抗性行動。

一方面，他們謀求與清人通商，以期抵銷鄭成功勢力的影響。一六五三年一

月，台灣長官費爾堡曾派遣商務員謝德爾（Frederick Schedel）前往廣州，受到平南王尚可喜和靖南王耿繼茂的接見。開頭，被允許進行貿易，但是後來清廷命他們遣使到京覲見中國皇帝，稱臣納貢，荷人雖遣使帶了大批禮物到北京面見順治皇帝，卻只獲准八年納貢朝見一次。清荷雙方的貿易接觸就此不了了之。

另一方面，他們向鄭成功的商船發動挑釁。一六五三年，荷蘭人派往廣東的兩條船在澳門附近攻擊了從越南返回廈門的一艘鄭成功商船。荷蘭人事後向鄭成功賠償道歉。一六五五年一月，巴達維亞總督瑪茲克又以麻六甲和巴林邦為其專屬貿易區而寫信給鄭成功，禁止其船隻前往。

面對荷蘭人的挑釁，鄭成功也以強硬態度回應。一六五五年七月，因西班牙人搶奪前往馬尼拉的鄭氏商船的貨物，並隨意壓低貨物價款，鄭成功於是寫信給荷蘭台灣長官凱撒，令其配合，對西班牙人實施貿易封鎖，不許大員的商人前去馬尼拉。凱撒回信稱已經和西班牙人訂立永久和平條約，拒不配合，雙方關係進一步惡化。

從一六五四年起，鄭成功逐漸開始反擊荷蘭人。「在一六五四和一六五五年期間，很少中國帆船從中國前來福爾摩沙」，一六五五年「刻示傳令各港澳並東西夷國州府，不准到台灣通商，徭是禁絕兩年，船隻不通，貨物涌貴，夷多疫病。」一六五六年六月，又正式發令，禁止一切船隻前往大員。此後，兩岸間的船隻往來完全斷絕。不得已，荷蘭人在次年三月召開評議會，派遣通事何斌前去廈門與鄭成功談判，到八月，鄭氏禁令才宣告解除。

可是，鄭荷之間的緊張關係卻一直無法緩和下來，而且從貿易層面轉到了軍事方面。永曆十三年（清順治十六年，公元一六五九年），鄭成功兵敗江南，這是促成他最後決定向台灣發展的一個重要轉捩點。許多敗潰的士兵逃到了台灣，有關鄭成功要攻打台灣的謠言四起。年底，所有在南洋的華船奉命返

漳州東山島九仙山刻有「瑤台仙嶠」四個大字的巨石是鄭成功操練水師的指揮台。

回，廈門集中的海船達兩百多艘，加上這一年，台灣發生了連續十四天的地震，台灣島內更是到處謠言。次年三月六日，一些中國人領袖面見荷蘭長官揆一和評議會，發出了鄭成功隨時會攻台的警告。揆一為此召集評議會，作出了鄭成功即將攻台的判斷，在十日寫信去巴達維亞，要求公司從速發送抵抗部隊。

九月十九、二十日，由十二艘船組成的增援艦隊由范德蘭（Jan Van der Laan）率領，運載一四五三人抵達大員，一時，台灣有「山雨欲來風滿樓」之勢。

鄭成功方面，則在一六六〇年何斌因故得罪荷人而逃到廈門向鄭成功獻台灣圖以後，即緊鑼密鼓地準備東征。永曆十四年（清順治十七年，公元一六六〇年）夏，擊敗清將達素以後，因金、廈兩島難以持久抗清，鄭成功召集了第一次對台軍事會議，但部將反應不熱烈，加上派人到日本借兵也沒有結果，東征計畫擱置了下來。

一六六一年二月，荷蘭增援艦隊指揮官范德蘭不願久滯大員，率兩船返回巴達維亞，其他船隻也前往他處；這時鄭成功派赴各地取糧的人員已返抵廈門，於是召開第二次東征會議。會上，部將仍多表疑慮，可是鄭成功決心已下，指出：「前年何廷斌（即何斌）所進台灣一圖，田園萬頃，沃野千里，……近為紅夷占據，城中夷夥不上千人，攻之可垂手可得者。我欲平克台灣以為根本之地，安頓將領家眷，然後東征西討，無內顧之憂並可生聚教訓也。」於是派師駐紮金門城，「候理船隻，進平台灣」。[7]

二、對決前夕

永曆十五年三月一日（清順治十八年，公元一六六一年陽曆三月三十日），鄭成功在廈門祭江，禱告上蒼：「本藩矢志恢復，切念中興，……竭誠禱告皇天並達列祖，假我潮水，行我舟師。爾從征諸鎮營將，勿以紅毛砲火為疑畏，當遙觀本藩鷁（音「益」，即船頭）首所向，銜尾而進。」[8]於是，傳令諸將和船隻全部移駐金門料羅灣。陽曆四月八日，鄭成功本人也移駕料羅。

四月二十日，鄭成功催官兵上船，第二天晴空萬里，由四百艘戰艦和兩萬五千名軍士[9]組成的征台大軍，首尾長達十餘里的艦隊，從料羅灣浩浩蕩蕩啟碇放洋，次日抵達澎湖，鄭成功本人駐泊峙內嶼（今馬公島西南方峙裡一帶）。

二十四日，全軍開駕到柑桔嶼（今澎湖群島東南方西吉嶼、東吉嶼），遇到

進入十七世紀中期以後，因荷蘭與西班牙訂定和約，荷英關係惡化，為爭奪資源與市場，於一六五二～一六五四年爆發戰爭，荷蘭戰敗。圖為雙方的一場海戰圖。

同一時期，鄭成功的船隊擴大對外通商，搶占日本和東南亞市場，對日貿易蒸蒸日上。在東南亞卻不斷受到荷蘭壓制，雙方關係惡化。圖為進入長崎的中國帆船。

大風，又回到了塯內嶼。因出發前何斌獻策說，幾天就可到台灣，糧米不絕，所以大軍並未多帶糧食，出現缺糧情況，派人到澎湖各島張羅，找到番薯、大麥、黍稷百餘石，只可供大軍一餐之用。鄭成功擔心缺糧，又怕北風無期，於是在二十八日晚上毅然下令開船。他曉諭眾將士：「冰堅可渡，天意有在。天意若付我平定台灣，今晚開駕後，自然風恬浪靜矣。不然官兵豈堪坐困斷島受餓也。」當晚一更以後傳令開船時雖風雨稍歇，但波浪未息，驚險萬分。可是到三更以後，已經雲收雨散，天氣明朗，大軍順利啟程。

四月二十九日 [10] 黎明，鄭成功本人坐船抵達台灣的外沙線，各船也隨後絡繹而至，天亮時已抵達鹿耳門外。至於荷蘭人方面，從一六五九年鄭軍兵敗南京以後起，有關鄭成功要襲取台灣的風聲，就一天緊過一天。島上的中國人運往大陸的貨物超過了從大陸運來的數量，而且中國人之間的債務清還也緩慢了很多，這不能不引起荷蘭人的注意。一六六〇年三月經評議會決定後，所有荷蘭城堡均被配以足夠的兵力、武器和彈藥，城堡周圍的荷蘭居民也被警告國姓爺將隨時進犯，必須隨時準備抵抗。一年多後當鄭成功進攻台灣時，被荷蘭人俘虜的兩名鄭軍士兵在遭到審訊後，也事實上承認了鄭成功原本是準備在早一年即一六六〇年的三月至九月之間突襲台灣的。[11]

一六六〇年九月，被同時派赴增援大員和準備襲擊澳門葡萄牙人的范德蘭指揮官，率領十二艘船隻抵達大員以後，阻住了鄭成功的第一次進攻意圖。但是他與揆一之間出現了嚴重的分歧。范德蘭堅信鄭成功不會攻打台灣，而且在評議會上評論說，為了彌補艦隊空跑到台灣的損失，應該立即決定進攻澳門。

揆一擔心的是，如果范德蘭把他帶到大員的六百士兵抽調攻打澳門的話，台灣將只有九百名不到的士兵據守，而其中至少二五〇名是因為水土不服住在醫院的。

荷蘭評議會就兩派意見作出了表決，最後採納了其中一位評議員佩德爾船長（Captain Thomas Pedel）的意見，決定先派員到廈門打聽鄭成功的虛實，再決定是否攻打澳門。

一六六〇年十月三十一日，一名信使從大員出發，以要求鄭成功答覆東印度公司總督和總評議會先前給他的信函的名義前往廈門。這名使者抵達廈門後，鄭成功展現了難得的外交手腕，他不但給予客氣的接待，而且表示了對東印度公司

最親切的友誼。他解釋說，他願意與東印度公司談判貿易問題，但是船隻不到台灣做生意是因為需要用來運兵。

荷蘭信使在與鄭成功談話當中，想要套問他的軍事準備，故意問他對韃靼人的態度和廈門怎樣備戰，鄭成功技巧地打斷了這名信使的問話，表示他從來沒有公開發表自己的意圖的習慣，不過常常會放出對自己有利的風聲。

鄭成功還以中國沿海諸軍統帥國姓的名義給台灣長官回覆了一封信，在信中再度表現了他麻痺對手的意圖：「與閣下遙相遠隔，謹在此對荷蘭國表達吾等特別善意與情誼。大函已妥適收悉；然細拜讀之後，恐閣下誤聽諸多不實報告，信其為真也。」「多年前，時當荷蘭人定居鄰近大員某地，吾父一官領有其地，曾開放、指導和成功維持其與中國之間的全面商業貿易，至今在我治下猶未衰竭，反力促其興。雙方船隻來往不絕可為明證，此為閣下理應珍視之善意表徵。」「然閣

台南市開基天后宮是台灣最早的媽祖廟，建於鄭成功驅逐荷蘭人的同一年，內部陳列的媽祖像均為明代福建人民攜帶到台的船上供奉神像，其中最大的金面媽祖像據傳是鄭芝龍塑奉。

下仍懷疑我對荷蘭國的真心本意，臆測我意圖對貴國採取某些敵對行動，此實居心叵測者之造謠生事也。」「我多年與韃靼作戰，全心全意收復失土，又豈有餘暇敵對此一雜草叢生之小島如台灣者。再者，每逢備戰，諸事齊備，則施聲東擊西之計，吾不語人，他人又何從揣測吾意？」[12]

鄭成功在信末表示，韃靼亂事平定以後，將下令恢復商船來往，讓荷蘭人獲得巨大利益。不久，大陸商船果然又再度來到大員，試圖讓荷蘭人消除疑慮。

對於鄭成功的意圖，揆一並不輕易相信。他繼續下令加強防務，要求住在曠地的中國人離開，並把服役到期的荷蘭人再延任一年。

可是，希望利用攻打澳門而從葡萄牙人手中取得暴利的范德蘭，卻利用鄭成功的「善意」拉攏了對揆一不滿的一些荷人，在一次宴會上，指控揆一無緣無故地擔心鄭成功會隨時來襲和採取嚴厲措施把中國人趕出台灣。他們還指控揆一忽視了島上的居民，破壞了貿易，要求總公司將揆一撤回，換人擔任長官。最後他們草擬了一份要交給巴達維亞的聲明。可是在酒醉飯飽之餘，參與起草的人都忘了在上面簽名。

即使如此，范德蘭還是找到了藉口，帶著很多封反對揆一的荷人向巴達維亞的私人朋友指控揆一的信函，在一六六一年二月帶著兩艘船離開了台灣，隨著離去的是與他同到台灣的一群軍官，只留下了六百名沒有了軍官的士兵。其餘到台船隻也先後回到了東印度，最後只有兩艘戰船、一艘三桅帆船和一艘傳遞消息用的快艇留在台灣，防禦鄭成功的進攻。

荷蘭人之間在中國人進攻台灣前夕的這場爭執，對鄭成功來說，無疑是天賜的良機。荷蘭人防禦力量的不足，使他有機會順利切入大員與台灣本島之間的台江海域，在台灣島上取得了立足點，並最後實現了驅逐荷蘭人的願望。當東印度公司荷蘭總部的人員事後回顧這場爭執的時候，不禁慨嘆：「台灣失去了」（Formosa is lost），但是由於在巴達維亞總部的東印度公司官員們怕受到追究，都把責任賴在揆一身上和台灣評議會方面，他們稱揆一和台灣評議會是「頭號的玩忽職守者」。

三、決戰

與鼎盛時期二十萬人的兵力相比，鄭成功進攻台灣的兩萬多兵力是稍嫌薄

弱的。因為一來他們是從海上進攻，二來面對的是洋槍洋砲和比較先進的西洋砲艦，加上全軍攜帶的糧食不足，要打贏這場東方人有史以來第一次對西洋人的兩棲作戰，除了依靠作戰方法和將士的用命外，是要有相當的運氣的。

　　但是，幸賴巴達維亞方面對鄭成功發動進攻的估計不足和對揆一長官支持力度薄弱，加上大員本地荷人防範的失誤，因此在進攻初期，鄭軍比較順利地登陸成功，為日後徹底打敗荷人奠定了基礎。

　　一六六一年四月二十九日清晨，鄭成功的主力艦（鄭成功部將楊英稱之為「大鯨船」）抵達鹿耳門水道前，由投降鄭軍的滿人提督親軍驍旗鎮馬信擔任前導，站在平底帆船的船頭，鄭成功座船在第八或第九條，安坐在絲織的遮陽傘下，船桅掛著白旗。

　　鹿耳門是隔著約一浬長的北線尾沙洲與熱蘭遮城遙望的水道，寬約二十艘船隻併排距離，由此通過，可避開熱蘭遮城的大砲火力。這裡平時水淺，根本不可能通行大船，因此荷蘭人並不在此設防。可是，據楊英的說法，這天鄭成功的水師來到的時候，午後突然似有天助，水漲數尺（實因陰曆初一漲潮）。於是鄭成功的船隊魚貫而過，進入了台江水域，直接從熱蘭遮城的東側，對這個荷蘭人的

泉州海外交通史博物館陳列的鄭成功艦隊模型。

城壘形成了威脅。當天晚上，所有的船隻都進入了台江，停泊在台灣本島的禾寮港。[13] 住在本島這邊的中國人見鄭成功大軍來到，有幾千人高高興興地前來迎接，並推出車子和其他工具幫助鄭氏大軍登陸。考慮到當時全島漢人人數也不過兩萬多人，似乎住在赤崁一帶的中國人幾乎傾巢而出迎接大軍了。

這一天，駐守普羅民遮堡（即赤崁城）的代司令官貓難實叮（戶官楊英對「赤崁城夷長」Jacobus Valentijn 的稱呼），遠遠一見中國大軍到來，立即攜帶兩桶牛肉和豬肉及一些大米，趕回駐守的城堡去，著手防備鄭軍來襲，赤崁市區的所有中國人都被下令留在住所內，禾寮人則被通知帶家屬撤到熱蘭遮城內。

半夜兩點，貓難實叮率員衝出普羅民遮堡，發砲攻擊鄭軍營盤，並焚燒荷蘭人的馬廄穀倉。鄭成功怕糧米被焚，特遣戶官楊英率官兵到赤崁街市各條街上看守置放糧米的草厝，第二天又叫楊英將街上的糧米全部分發給各鎮官兵，計算一下，可供半月食用。

同一天晚上，鄭成功也很快完成了對普羅民遮堡的包圍。為解普羅民遮堡之圍，五月一日揆一下令一艘荷船帶上兩百人前去赤崁支援，次日又派佩德爾船長率兵二四〇名乘領航船和數艘舢舨向登陸北線尾西北端的鄭軍宣毅前鎮陳澤及其部屬發動進攻。

支援赤崁的荷軍在強勢的鄭軍阻擊下，只有六十名軍士搶進了普羅民遮堡內。

搶登北線尾南端的佩德爾部眾運氣更差。他們上岸後，以十二人為一排，向鄭軍開槍進攻。三艘鄭成功船隻見狀，從台江內海駛出鹿耳門，繞到北線尾西面增援鄭軍。揆一在城頭望見，擔心佩德爾處境不利，要他撤回，但是佩德爾不退。這時鄭成功部隊利用沙丘裝好了幾門小砲，然後向佩德爾反擊。荷軍連忙退卻，佩德爾拚命阻止部下後退，卻在鄭軍的猛烈衝鋒下，被一刀刺死。此役有一八〇名荷軍被殲，剩下的跳海逃生，由領航船載回大員。

熱蘭遮城方面原來只有守軍和非戰鬥人員一千一百人，經此一役，人數驟減至八七〇人，砲手三十五人，元氣大傷。

四日，停泊在台江內海的兩艘戰艦、一艘小帆船和一艘快艇「瑪麗亞號」與六十艘鄭成功船隻發生激戰。在戰鬥中，「赫克特號」戰艦炸藥爆炸，與靠近它的中國船隻同歸於盡，給鄭軍帶來重創，但是，鄭氏水師的勇猛也大出荷人意料，

此役荷蘭戰艦計沉一艘、焚燒一艘，快船「瑪麗亞號」逃回巴達維亞。之後，荷船只敢貼近熱蘭遮城停泊。

在戰鬥的同時，鄭荷之間也相互展開和談攻勢。五月一日，貓難實叮的弟弟夫婦外出，為鄭軍捕獲後獲釋，鄭成功透過他們向貓難實叮表達對荷蘭人的德意。貓難實叮以堡中缺水，有意投降。

五月三日，荷蘭評議會以貓難實叮城孤援絕，派出兩名評議員率同七名人員，前往赤崁鄭成功駐地談判。鄭成功坐在中軍帳內，態度高傲，強硬地告訴來使說，我是向公司索回原屬泉州、現應歸我領有的台灣土地和城堡而來，你們必須立即交出普羅民遮，否則將當著你們的面由精銳部隊攻下這個城堡。他說，你們的大船被我水師燒毀，佩德爾船長和他的士兵死於我軍刀下，現海陸均被占領，荷蘭人絕對無法與他對抗生存下去。[14]

鄭成功還指出，「這裡從前是中國的島嶼，荷蘭人被允許居住下來，因為中國人本身還用不上。但現在需要它了，要求從遙遠的地方到來的荷蘭陌生人將它還給主人，是很說得過去的。」[15]

位在台南市安平區的四草大眾廟，是鄭荷軍士激戰的北線尾戰場遺址，收容了戰歿荷蘭士兵的骸骨。

　　荷蘭談判人員反駁鄭成功說，福爾摩沙不屬於中國而屬於荷蘭東印度公司，因為公司曾經與中國高級官員訂立一個正式契約，規定荷蘭人離開澎湖，占有福爾摩沙，所以國姓爺既沒有權利也沒有理由可以提出什麼領土要求。至此雙方談不攏，荷蘭談判人員離開鄭成功軍營，並前往普羅民遮堡看望荷蘭守軍，發現情形絕望，守軍彈藥不足，實在難以支撐。

　　談判委員當晚回到熱蘭遮城，經荷蘭長官揆一和評議會商議，同意交出普羅民遮堡。第二天中午，熱蘭遮城看到普羅民遮堡降下了東印度公司的旗幟，代之而起的是一面白旗，到了下午五時有代表鄭氏的旗幟升到白旗下方。貓難實叮與普羅民遮堡內二三〇名荷蘭士兵撤出了城堡，被移到了赤崁街市軟禁起來。隨後，貓難實叮又被放回熱蘭遮城向揆一勸降。[16]之後，鄭成功的部隊全部撤離赤崁，轉而對熱蘭遮城展開包圍。荷蘭人則放棄了防守熱蘭遮城外市區的打算，將人員全部撤入城內。

　　同日，鄭成功給揆一和貓難實叮寫信，要他們交出熱蘭遮城。他在信中說：「澎湖離開泉州不遠，應該由本人管轄，而台灣接近澎湖，也應置於中國統治之下。我父親一官將此地借給荷蘭人，我現在為改善此地而來，你們不應再占有我地。」[17]

　　五月四日，附近各社先住民頭目向鄭成功部歸附。五日，鄭成功移駕鯤身山（楊英《延平王戶官從征實錄》原文為「崑身山」），傳諭候令進攻熱蘭遮城。

　　十日，鄭成功親臨蚊港（魍港），考察地勢和觀察附近村社民心向背，「駕過，土民男婦壺槳迎者塞道。」鄭成功在完成對熱蘭遮城的包圍後隨即前去蚊港視察，顯然是為了向部將表達親臨他父親鄭芝龍在台活動舊地的用心，也帶有向荷蘭人宣示台灣是其父親留給他的土地的用意。

　　二十二日，鄭成功以糧食短缺，分派各鎮士兵到汛地從事屯墾，解決長期吃用問題。

　　二十五日，鄭軍在熱蘭遮城外架設大砲工事，不時遭到荷蘭人從城上開砲攻擊。二十五日天亮前兩個小時鄭軍向城內連番射擊，荷蘭人也以重砲還擊。激烈的砲戰一直持續到天亮，雙方都發射了三百多發砲彈，但因荷蘭人居高臨下，鄭軍損失慘重，據說死亡六、七百人。這也是中西方遭遇以來最慘烈的首次砲戰。鄭成功見一時難以攻下熱蘭遮城，決定採取長期圍困策略，使荷人迫於飢餓，自

一六六九年 Albrecht Herport 所畫的鄭荷對決熱蘭遮城圖。

動獻城。

　　五月二十九日，鄭成功移駕大員，[18] 改赤崁地方為東都明京，設一府二縣，府為承天府，北路縣為天興縣，南路縣為萬年縣，中國的行政體制在台灣初步設立。同日改大員為安平鎮。

　　就在鄭荷兩軍戰事膠著的同時，在台江海戰中逃脫的快船「瑪麗亞號」，經過五十天的航行，在六月二十四日回到了巴達維亞。鄭成功進攻台灣的消息頓令公司上下驚愕不已。而這時總評議會已經任命檢察官克倫克（Hermanus Clenk）為台灣長官，在六月二十一日攜帶公司信函出發前往大員替代揆一。至此公司方後悔沒有聽從揆一的警告，立即派遣船隻追趕克倫克，想要收回成命。二十七日又任命一位沒有打過仗的檢察官卡烏（Jacob Caeuw）為艦隊司令，於七月五日率九艘艦隻和二艘小帆船以及七二五名士兵出發增援大員荷人。

　　克倫克於七月三十日抵達大員海灣，卻驚訝地發現海灣北面已經被數百艘中國船艦占領。他派人通知揆一等人表示暫時不便上岸，並出示了公司的信函。可想而知，換來的是一片不滿和沮喪的情緒，原先準備長期堅守城堡的荷蘭人認為無法從公司得到任何支援，形勢頓時惡化起來。

　　揆一不斷邀請克倫克上岸商量防務，但是克倫克一再找藉口不願上岸，後因大風將至，他的船隻趁機開入外海，隨後跑到日本長崎去了。

　　克倫克離開不久，卡烏的支援船隊也在八月十二日來到了大員，使困守的荷蘭人大為振奮。第二天他們就冒著大風大浪把火藥、急需的物資和五十名士兵接到岸上。可是接下來許多天，海上的風浪更大，支援艦隊在外海等了五天後只好前往福建、澎湖方面避風，並趁機為大員守軍尋找糧食。熱蘭遮城內的荷蘭守軍焦慮萬分，鄭成功則利用了這段期間增援熱蘭遮城外市區的鄭軍，並從俘虜口中獲悉了荷人增援人馬的實力。

在鄭荷對決中被處死的荷人傳教士

　　在荷蘭人統治台灣期間，來自荷蘭的基督教教士一直是台灣長官和評議會轄下幫助治理台灣的一個有效工具。他們不但從東印度公司支領薪水，而且代理台灣長官在先住民村社和漢人聚居地徵收人頭稅和打獵執照費等，也代表公司貸款給漢人貧窮獵人，再由他們提供廉價鹿皮償還貸款。因此，這些傳教士既是上帝的使者，也是東印度公司治理台灣的有效代理人。

　　為了便於傳教和臣服先住民，他們也在各個村社設立了學校，提供了簡單的教育，因而產生了一些教化作用。

　　但是，這些傳教士在台灣的漢人當中並不受到歡迎，因為他們加深了先住民與漢人的對立。而且荷蘭統治當局原本就不是真心體恤先住民，他們在紐約州（新尼德蘭省）、爪哇和摩鹿加群島，都有過極為惡劣的殘暴對待和屠殺當地土著的記錄，因此，從本質上對先住民的治理還是為了對付漢人。

　　在抗荷的過程中，鄭成功對這些傳教士採取了極為嚴酷的處置手段。根據鄭荷對抗後期東印度公司派到大員的增援艦隊司令卡烏一六六一年十月二十一日的日記，鄭成功在這一天故意放出兩名捕獲的黑人小孩，讓他們假裝逃出鄭軍陣營，去刺探熱蘭遮城的荷人軍情。他們向熱蘭遮城的荷蘭人透露，鄭成功因為憤怒九月

等到九月初，風勢稍歇，增援的荷蘭艦隻陸續回到了大員海面，共有十一艘進入了熱蘭遮城與北線尾之間的海道停泊下來。於是評議會決定對赤崁市區的鄭軍進行反攻。九月十六日，荷蘭人的船隻猛烈砲轟鄭軍，但是戰鬥一個小時之後，形勢轉趨不利，不久就有兩艘短艇被俘，一艘擱淺赤崁岸邊，荷蘭人一名船長、一名中尉、一名少尉及一二八名士兵和若干水手被殺。另有一艘快艇砲管破裂，死了九個人。當晚風勢又逆轉，一艘荷蘭戰船被吹到鄭軍岸邊擱淺，荷蘭人正準備搶救，被鄭軍砲火炸沉。

總計這次的荷蘭人進攻，共致使士兵一七〇人和水手八、九十名死亡或被捕，另為鄭軍捕獲大船二艘和小艇三艘，可謂損失慘重。但是，荷蘭人也從敵人投降的俘虜處得知，鄭軍除士兵六百人喪生及宣毅前鎮副將林進紳戰歿外，還損失了幾艘船。

但荷蘭人對己方兵員人數作了調查，發現只剩將近六百名士兵和三百名病號。

十六日的遭遇戰中，火藥庫被荷蘭船擊中，死傷人員過多，因而將許多荷人俘虜處死，其中包括了四名教士和教會人員。這些人有漢布魯克（Antonius Hambroek）、文森繆斯（Arnold Vincemius）、穆茨（Peter Muts）和里奧納多（Leonard）等人。他們被按照中國處死犯人的方式，先被款待以美食，然後再砍頭。漢布魯克女兒被納入鄭成功本人的妻妾群之中（有兩姊妹，其中一人已婚，另一人未婚，被納的顯然是未婚的），里奧納多的妻子十六歲的異母妹妹（父親為越南廣南人，母親為日本人）則送給了大將馬信。

但是，將荷蘭人牧師女兒納為小妾一事並非孤立事件，在這段期間，鄭成功還收納了一位商人 Sacco（可能是華商）的女兒。

一七九五年阿姆斯特丹出版的描述台灣之圍的劇本內，漢布魯克牧師與兩個女兒訣別的插圖（取材自維基百科）。

為扭轉兵力越來越薄弱的不利情況，荷蘭人想要把駐守在雞籠和淡水的守軍和物資抽調回來，於是在九月三十日派出了兩艘快艇前去執行這項任務，未料到那邊的駐軍已被克倫克帶走了。另外又派兩艘戰船在台灣與澎湖之間海域巡航，試圖捕捉鄭成功從大陸方向過來的運輸船隻。

十月二十日，城堡內的荷蘭人發動了最後一次的進攻，兩百多名荷軍乘著多艘小船向北線尾的鄭軍防線駛去，但是鄭成功部隊的砲火猛烈，荷軍不敢登陸，這次的任務失敗了，這也是荷蘭人的最後一次反擊，此後即完全處於防守劣勢之中。

在這段戰局僵持不下的日子裡，鄭成功及其部將經歷了難熬的時日。農曆七、八兩月的颱風季節，金、廈的糧船遲遲未到，戰士屯墾的糧食也還沒有收割，士兵們以番薯果腹，甚至吃樹子。接著，清廷採納戶部尚書蘇納海之議，下

泉州南安鄭成功紀念館所藏鄭成功軍隊所用的砲（上）和護身藤牌（下）。

令海邊居民內遷三十至五十里不等，上至遼東，下至廣東，「死亡者以億萬計」，民間村莊田宅盡被焚燬，又令破壞鄭氏祖墳以及捉拿與鄭成功有來往的商家。不久，因家人告發鄭芝龍與鄭成功有書信來往，以及鄭成功在天津、北京等地皆派有間諜活動，被軟禁在京師的鄭芝龍至此已完全失去利用價值，在年底與家人十餘人被斬首於北京柴市。這些消息傳抵台灣，對鄭軍的軍心不無影響。

十一月六日，靖南王耿繼茂那邊派人送來了一封信函，要求荷人與他聯手對付鄭成功，並要荷人派出兩艘戰船前去福建方面共同消滅留守在金、廈的鄭成功部隊。揆一等人接信後士氣大振，相互以堅守到明年期許。十一月二十六日的評議會也作出了從寥寥可數的兵力當中抽調三艘戰艦和兩艘小船攜帶彈藥、物資和士兵前去福建赴命的決定。卡烏這時自告奮勇要求帶船前去。

沒想到卡烏一出海就帶著船隊直奔澎湖方向，在那邊拋錨停泊。其中兩艘大船和一艘小船受不了風浪，錨索斷裂，只好回大員去。卡烏見這些船隻走了，趁著風勢稍停，隨即下令另一艘小船一起起錨開船，向著巴達維亞方向返回。兩船抵達暹羅時，卡烏又下令座船前後左右掛起彩旗飄帶，鳴砲一百多響，好像凱旋歸來一樣。當時荷蘭艦隊司令呂克（Jan Van Ryck）也在暹羅，來到了卡烏的船上，以迎接拯救大員英雄的勝利禮節，歡迎了這名臨陣逃脫的支援艦隊指揮官。

從克倫克到卡烏，他們的行徑使死守在熱蘭遮城的荷蘭人的士氣遭到徹底打擊，防守人員中有人開始變節以求活命。其中一名軍曹在十二月六日出城投降後，獻計鄭成功攻下熱蘭遮城旁邊高地沙丘上的烏特列支小圓堡，居高臨下以便於攻下熱蘭遮城。

鄭成功採納了他的建議，在一六六二年一月動用了二十八門巨砲、無數的彈藥和數千名士兵，利用挖壕戰術，不顧荷蘭人頑強的火力抵抗，在經歷了重大犧牲後，終於在二十五日晚上幾乎把這個圓堡轟為平地，從而占領到了有利的制高點。

鄭成功與荷蘭人在烏特列支堡的攻防戰，是亞洲軍事史上東西方最早的近代武器攻防戰戰例之一。雙方都動用了大量的火藥、砲彈，鄭軍已經揚棄了中國傳統的弓箭、大刀，也使用了戰壕、砲壘等進攻時的防禦手段。荷蘭人最後實在支撐不下去了，才不得已將埋藏的地雷引爆，連鄭成功都差點在這次爆炸中喪生，幸因親臨堡壘視察前的最後一刻受到警告而停止前往，才沒有遇難。

永曆三十三年，鄭經仿自荷蘭人的大銅砲。此件為一九八〇年代仿製品，現藏於廈門鄭成功紀念館，原件藏於陝西省歷史博物館。據中研院院士黃一農考證，原型為一六四〇年代荷蘭船砲。

同時，在這一場戰鬥中，也顯示了鄭家軍平時訓練的嚴格和戰場作戰經驗的豐富，雖然面對西方最先進的砲火，但他們以血肉之軀，勇敢地取得了對荷蘭人最後一場戰役的勝利。

荷蘭人遭此大敗，已經走投無路，烏特列支堡失陷當晚，熱蘭遮城裡面的守軍徹夜發射大砲、迫擊砲、步槍和投擲手榴彈，城堡裡面就像著火一樣。評議會也漏夜開會，商討是拚死出擊還是繼續抵抗。最後到會的只有四人贊成出擊，其中包括揆一本人，主張等待鄭軍再進攻一兩次然後相機行事，他估計鄭軍在進攻當中已經用掉了二千五百發砲彈，已沒有太多彈藥維持下去。然而，評議會多數人認為，把命運寄託在鄭成功物資耗竭的假想上是很不安全的想法，而且荷蘭人本身的傷員已經塞滿了醫院，士氣逐漸瓦解，繼續支撐下去只會帶來更可怕的命運。最後揆一讓步，決定由評議會與國姓爺進行談判，在合理的條件下獻出熱蘭遮城。

會後，荷蘭人隨即向鄭成功發出要求停火的信函，二月一日雙方開始談判，在二月十日達成了一共十八條條款的協議，荷方同意將熱蘭遮城城堡交給國姓爺。十二日，荷蘭人撤出了熱蘭遮城，從此結束了荷蘭海外擴張史上在中國的一頁。但是荷蘭人並未完全撤出東方，他們繼續在長崎的出島經營商館，直到十九世紀中期為止。至於在印尼的殖民帝國，則是到二次大戰以後，才在印尼人爭取獨立的抗爭中宣告結束。

一六七五年《被遺誤的台灣》一書中所繪的荷蘭人向鄭成功獻降圖。

鄭成功對荷蘭人的勝利，使台灣頓時成為由漢人所代表的新的區域海上強權的中心。它的海軍武裝力量，結合在金門、廈門的軍事基地，西可直接威脅滿洲人政權的東翼，進而恢復南明的半壁江山；南可配合馬尼拉的華人勢力，驅逐菲律賓的西班牙人，建立新的統治政權；北可掌控日本對外貿易的命脈，甚至進襲九州。此時，鄭成功的進退之間，不僅可決定著台灣未來的走向，也影響到東亞歷史的發展軌跡。

但是鄭成功首先選擇了西進的既定方針，繼續以台灣作為反清復明的基地，另外他本人的過早病逝，使他南下進軍菲律賓的計畫無疾而終，台灣最後被納入了中國的範疇，成為一個典型的漢人社會。

四、將星殞落，台灣歸清

荷人退出以後，台灣改名東寧。鄭成功百廢待興，而到台的數萬軍人及其眷屬也需要安頓，於是他寓兵於農。另外為了收留因清廷禁海遷界而流離失所的大陸沿海人民，又招徠沿海不願內徙者，充實台地，估計因此移民到台的可能有數萬之眾。

領有台灣之後不久，永曆皇帝遇難消息傳來，鄭成功除派人打聽確實消息外，繼續奉明為正朔，以待光復失土，此一政策歷經鄭氏三代，一直未變。

鄭成功面對新闢疆土，又以嚴刑峻法治台。此固然是部將、官員眾多，草創初期需用重典約束，但亦是鄭成功個性使然。承天府府引楊朝棟、萬年縣知縣祝敬被告發放月糧扣剋使用小斗，經查明屬實，殺楊朝棟一家，祝敬被殺後家屬發配，造成人心惶惶。

鄭成功這一嫉惡如仇的個性終成其致命之害。因傳他留守金、廈的長子錦舍（鄭經）與弟弟裕舍的乳母有染，經鄭經妻唐氏的祖父唐顯悅寫信向鄭成功告發，鄭成功令部將楊都事攜帶令箭到廈門，要取下鄭經頭顱，並要鄭經生母也就是他的元配董氏自盡。此事因有違常情，也事關內部權力鬥爭，部將均不敢執行，

台南市延平郡王祠內由楊英風雕塑的鄭成功座像。

並聯名上書為鄭經請命。鄭成功見部將如此，急怒攻心，而在短短不到一年之內，父死、君亡、子亂的各種悲劇接連打擊下，終於在台灣病倒了下來。永曆十六年五月初八日（一六六二年六月二十三日）下午，這位充滿傳奇的一代豪傑最後含著國未復、家仇未報的大恨，悽涼悲壯地離開了人間，時年不到三十八歲（按實歲計算）。

看鄭成功一生，似乎生來就與台灣和荷蘭人結下了不解之緣。他出生的時候，父親鄭芝龍就到澎湖和台灣的荷蘭人那邊做事，而匆匆離別了妻子和懷胎不到數月的他，此後多年沒有再見面。他是在平戶島上日本人與荷蘭人的環境中成長起來的。七歲回國以後，才開始接受中國正統的教育，但是孔孟之教對他的影響卻遠遠超過了他童年時期在異國環境下的耳濡目染。在經歷了家破人亡的人間至大悲劇之後，命運之神卻又神奇地將他拉回到與荷蘭人再度接觸的經歷之中。在他生命終結之前與荷蘭人八、九個月的作戰周旋，既是他父

台南市開元寺原為鄭成功選定的避暑勝地，後鄭經為了奉養母親（即鄭成功董氏夫人），在此建造北園別館。清朝時改建為佛寺。

康熙平台後，同意鄭克塽將鄭成功在台靈柩遷回故里南安，後附葬於覆船山祖墓。

子兩代個人際遇的延續，又是早期中西海權歷史性遭遇的必然結果，最後則是以開闢台灣漢人主體社會而開啟了近代台灣歷史的新頁。

　　鄭成功去世以後，荷蘭人想要捲土重來。一六六二年八月十四日由波特（Baltasar Bort）率艦十二艘、士兵一千二百八十四人自巴達維亞抵達福州，想要聯絡靖南王耿繼茂聯合攻打台灣。經耿繼茂請旨京師數月無回音後，艦隊返回巴達維亞去了。

　　次年八月底，波特又再度率艦十六艘、士兵二千多人抵達福建沿海，要求聯合攻下金、廈之後，准荷人駐艦隊，並進軍台灣，由清方將台灣交還荷人占領。荷、清雙方簽訂協議後，聯合攻下了金、廈兩島，鄭經主力被迫東渡台灣。

將台灣納入清朝版圖的清聖祖康熙皇帝。

一六六四年二月五日，荷艦開抵澎湖，但因清軍在此戰中實力大損，沒有餘力進攻台灣，荷蘭人在十三日將戰艦開抵熱蘭遮城附近和打狗（今高雄）下錨向島上鄭軍守將誘降不成，逗留了一個多月，在三月下旬只得帶著此行中所獲二四三名漢人俘虜（其中男子五十九名、女子三十六名和男孩一四八名），又返回巴達維亞去了。

一六六四年八月二十七日波特三度前來，直接奔向台灣北部，占領了雞籠，接著又從雞籠發艦十艘，載兵千人，前往福建與鄭成功原部屬降清將領施琅配合，準備再攻台灣。十二月二十四日施琅從金門啟航後遇到颶風，這次征台又告失利。不過荷蘭人繼續占領雞籠，從事貿易活動。但因地理環境和滿清實施海禁等不利因素，連年巨額虧損，到一六六八年十月，荷蘭人最後徹底放棄了台灣。

鄭經所代表的反清復明勢力東渡以後，台灣經歷了鄭經、鄭克塽父子兩代。但是施琅對攻取台灣念念不忘，終於在康熙二十二年（一六八三）在康熙本人的大力支持下，攻克了澎湖，迫使鄭克塽降清，從此台灣被納入清朝的版圖，進入了另一個歷史紀元。

注釋

1.　鄭經出生於崇禎十五年（一六四二）十月初二，鄭成功時年十八歲，董氏大鄭成功一歲，生於天啟三年（一六二三）。

2.　不久廈門雖為清軍再占，但鄭成功部又接著奪回，並改名「思明州」。

3.　《台灣外記》。

4.　林仁川，〈試論著名海商鄭氏的興衰〉，《鄭成功研究論文選——續集》，鄭成功研究學術討論會學術組，一九八四年第一九五頁。

5.　韓振華，〈一六五〇～一六六二年鄭成功時代的海外貿易和海外貿易商的性質〉，《廈門大學學報》，一九六二年第一期。

6.　曹永和，〈從荷蘭文獻談鄭成功研究〉，《台灣早期歷史研究》，第三七七頁。

7.　本段所引文字均出自楊英，《延平戶官從征實錄》。

8. 據《台灣外記》。

9. 此數字根據據稱荷蘭最後一任駐台長官揆一所著《被遺誤的台灣》（*'t Verwaarloosde Formosa*，一六七五年，阿姆斯特丹出版）。但據《巴達維亞城日記》一六六一年十二月二十一日記載，僅一萬一千七百人。清朝平台後施琅在康熙七年（一六六八）上奏的〈剿撫台灣事本〉，則提到鄭成功「親帶去水陸偽官兵並眷口共計三萬有奇，為伍操戈者不滿二萬。」

10. 根據荷蘭文獻記載的日期為四月三十日，如按《從征實錄》則為二十九日。

11. 有關荷蘭人方面的應變情況均據《被遺誤的台灣》。

12. 本段所引文字，據《荷蘭人統治下的台灣》，第四〇四～四〇五頁。

13. 據《從征實錄》。

14. 據《巴達維亞城日記》一六六一年十二月二十一日記載。

15. 據《荷蘭人統治下的台灣》，第四二三頁。

16. 據巴達維亞方面後來派赴大員的支援艦隊司令卡烏事後的報告，從熱蘭遮城撤出的其他荷蘭人，因九月十六日支援艦隊進攻鄭成功艦隊和部隊失利，以致男子大都被砍頭和殺害，婦女大部分成了鄭軍部將的側室。

17. 據《巴達維亞城日記》一六六一年十二月二十一日記載。

18. 《從征實錄》中稱大員為台灣，稱熱蘭遮城為「台灣城」。但據《從征實錄》，在何斌向鄭成功台灣獻圖時，也被用作全島的稱呼，因鄭成功在準備攻台的軍事會議中，在提到何斌的獻圖時，已稱台灣「田園萬頃，沃野千里，餉稅數十萬，造船制器，吾民麟集」。然自一六六一年五月二十九日將赤崁定為東都，並將大員改為安平後，「台灣」之名始演變為對全島之專門稱呼。

第十章

歷史的對比，歷史的反思

就在台灣開始進入荷占時期的同一時候，在地球的另一邊，也出現了一個同樣由荷蘭人劃歸為其領地的海外沃土。但是兩者後來的發展卻形成了截然不同的格局。

在東印度公司的海外發展取得輝煌成就的刺激下，一群有錢的荷蘭商人在一六二一年也仿照成立了荷蘭西印度公司（The Dutch West India Company），荷蘭政府給予了這家公司同樣的海外拓殖權利，允許它在西半球的專有經營開發權。

在此之前，歐洲人最早是在十六世紀的一五二四年來到北美洲的東北部海岸。一位替法國人服務的義大利航海家維拉扎諾（Giovanni da Verrazano）為了追捕鯨魚，來到了目前紐約市南端的海灣。到十六世紀末期，西班牙人和法國人開始了對現在的紐約州一帶的探索，並開始了與當地印第安人的毛皮交易。但是直到十六世紀終了，歐洲人並沒有在北美洲大陸東北部建立永久的基地，到一六〇七年英國人才在現在的維吉尼亞州詹姆斯城（Jamestown）建立第一個歐洲人的永

一六〇九年荷蘭人派出的英國籍船長亨利・哈德遜進入了現在的紐約市海灣，沿河上行，從而開啟了荷蘭人殖民紐約的歷史。圖為現在的紐約市哈德遜河入海處海灣。

久基地。一六二〇年九月，一群曾在荷蘭萊頓城（Leiden）住上十二年以逃避宗教迫害的英國清教徒，從英國的普里茅斯港（Plymouth）乘坐「五月花號」出發，前往詹姆斯城，但是路上遇到風暴，漂到了北美東北部現在的麻薩諸塞州的地方，在當地定居了下來。

另一方面，一六〇九年，荷蘭人派出了一位英國船長亨利‧哈德遜（Henry Hudson），率領大約二十名荷蘭人經北方海域尋找前往亞洲的捷徑，航抵加拿大東海岸。這年夏天他的船隻「半月號」（Halve Maen）沿著海岸南下，一直到了現在的北卡羅萊納州，然後又折回向北返航。九月分，他進入了現在的紐約市的海灣。

在海灣上方，有一條大河自北方延伸下來。哈德遜希望這條大河能向西而去，帶他到亞洲去，於是逆著這條河流而上，把「半月號」駛到了今天紐約州的首府所在地奧本尼（Albany）的地方，但最後因找不到西向通往亞洲的出路，又不得不往南折返，離開了這條被後人以他的名字——哈德遜——稱呼的大河。

荷蘭人初期在現在的紐約市曼哈頓島南端建造了與台灣大員十分類似的城堡和側邊街市布局，取名為新阿姆斯特丹。

荷蘭人雖然對哈德遜沒有找到通往亞洲的水道感到失望，但他們並非全無所獲，他們發現這條河流沿岸的印第安人很友善，渴望與他們通商，開展毛皮交易，如果能夠在這裡設立一個殖民地，商業前景可期。

一六一四年，荷蘭人根據哈德遜和後來的航海家的發現，在現在的紐約州首府奧本尼（Albang）附近設立了一個貿易站，他們按本國的國名把附近的地區稱為「新尼德蘭」（New Netherland），同時也跟大員的「熱蘭遮城」原先的取名一樣，按照領導荷蘭人反抗西班牙人統治的威廉大公在法國南部的小封地「奧蘭治」（Orange）的名稱，把奧本尼取名「奧蘭治堡」（Fort Orange）。[1]

一六二四年，也就是荷蘭人正式占領台灣的同一年，荷蘭西印度公司派出了三十戶家庭共一一〇個大人、小孩來到了哈德遜河河口，其中有些人就沿著河流北上，在現在的奧本尼定居了下來，有些人前往現在的康奈迪克（Connecticut）和紐澤西（New Jersey），剩下的少數人就在現在的曼哈頓島（Manhattan）住了下來，從此開始了荷蘭人長達四十年之久在北美洲的殖民事業。這個殖民事業與同一時期荷人在台灣的占領，雖然兩者都同樣把貿易當成活動重點，但呈現了完全不同的治理方式，其後的發展，也表現出完全不同的結果。

一、荷蘭人對紐約的治理

荷蘭人在曼哈頓島定居下來的第二、三年，又有更多的本國人陸續到來，他們帶來了耕牛，在島的南部尖端建起了與大員的城堡類似的阿姆斯特丹城，把這裡稱為「新阿姆斯特丹」。公司方面並決定以此作為行政中心，派出了行政長官治理。

第一任長官叫米紐特（Peter Minuit），他像荷蘭第一任台灣長官宋克那樣，以微小的代價從印第安人土著手中「購買」了居住區附近的大片土地，用一些布匹、刀子、閃閃發亮的小珠子（時值六十荷蘭盾，約二十四美元）換得了整個曼哈頓島。

曼哈頓是個有二十幾平方英里的小島，但是已經比大員大了很多，連同其鄰近地區，遠遠超過了大員和赤崁一帶荷蘭人所占有的地面面積。為了滿足對糧食的需求，米紐特要求在附近地區建立農莊，吸引本國移民前來種植。但是，這時荷蘭因為進入經濟黃金時期，很少人願意離開本國來到這片荒涼的地方，到

一六六四年的新阿姆斯特丹，即後來的紐約市（取材自維基百科）。

一六四〇年，到來的人數總共只有五百人而已。

西印度公司為了吸引更多的人前來，使貿易和農業發展起來，產生足夠的利潤，開始推出一種莊園制度（patroon），凡是公司股東只要願意支付五十個人到北美洲種植，就能擁有大片土地，在土地內的所有人、物，都完全由其擁有支配。

儘管有著這樣優渥的獎勵，願意前來開發的人還是很少。這與漢人願意到台灣墾殖和貿易的情形是大不相同的。不得已，荷蘭人向其他歐洲國家的移民開放，因此慢慢有北歐人、英國人，甚至猶太人漂洋過海到來，使這裡逐漸形成不同民族的熔爐。一六四〇年代到過新阿姆斯特丹的一位法國教士報告說，這裡有十八種不同的話語在流通。

人種的多元化，使荷蘭人對市政的管理，遠較在台灣重視。在大員和赤崁，漢人居住的街市與荷蘭人所在的熱蘭遮城是隔開的，可能是一種自生自滅的存在，而漢人移民與荷蘭人之間，也只有被統治者與統治者之間的關係，是被當成

二等公民對待的，而且要繳納人頭稅。但是在新阿姆斯特丹的歐洲移民們，不管是荷蘭人或非荷蘭人，是平起平坐的，也不用交人頭稅，他們的人數雖然不多，始終維持在數百人至一千人之間，卻享有街道的規劃、商店和教堂的布局，甚至連酒吧間都大量出現；而他們與荷蘭長官之間是立足在市民與市政長官的關係之上，荷蘭長官雖然也是執法者，但更主要的是市政官員而已，而且市民當中還有律師等專業人員可供伸張權利，因此，相比之下，台灣漢人在荷蘭人的管轄下，地位是低下的。

但是，荷蘭人與當地印第安人土著的關係，卻與在台灣發生的如出一轍，也經歷過鎮壓屠殺的過程。不過，在台灣，荷蘭人是利用傳教士來緩衝與土著的關係，而在新阿姆斯特丹，則是直接的對抗，而且印第安人的抗爭，到了後來比台灣的先住民遠為激烈。

大體來說，荷蘭人占領的初期與當地土著的關係是比較好的。如同在台灣的先住民當中謀求大量的鹿皮一樣，他們也希望從印第安人手中得到可觀的水獺（beaver）皮拿回到歐洲出售。因此，開始的時候他們盡量設法保持與印第安人的良好關係。可是從第二任新尼德蘭長官基福特（William Kieft）在一六三八年到任後，這種關係已經維持不下去了。基福特先是要求他們交稅，接著又以印第安人

美國東北部的印第安人因毛皮交易而與荷蘭人接觸。

偷竊豬隻的名義派兵殺死數名附近小島上的土著。

　　此後，雙方的小爭執不時發生。一六四四年，基福特派出士兵屠殺了散布曼哈頓外緣的印第安村莊，將他們的房屋燒燬，被俘虜的人，不是遭開槍打死，就是被驅回燒著的房屋裡頭活活燒死。

　　一六五五年九月，一名印第安小女孩在新阿姆斯特丹南端現在的華爾街附近採了幾顆荷蘭人種的桃子，被一位荷蘭人發現之後，用槍打死。破曉時分，五百多名印第安人駕著獨木舟從哈德遜河沿江而下，憤怒攻擊了三天，殺死了大約一百名歐洲人移民，另又抓走了大約一五〇人，住在新阿姆斯特丹城堡外街市上的歐洲人不得不擠進城堡內避難。這場動亂後人稱為「桃子戰爭」（The Peach War）。

　　當印第安人作亂之時，接替基福特的新荷蘭人長官斯特文森（Peter

荷蘭人殖民時期的紐約印第安人

　　印第安人大約在一萬多年前開始居住在紐約州地區。他們主要分成兩個族群，一是阿洛岡乾人（Alogonquians），一是伊洛克人（Iroquois）。阿洛岡乾人是先來者，伊洛克人後到，到來之後，將前者趕到了現在紐約州的東南部。在荷蘭人抵達之前，伊洛克人已占有現在的賓夕法尼亞州向北到加拿大的大片地區。

　　這些印第安人與同期的台灣先住民似乎處於相同的發展階段，他們已經有了簡單的農業，例如伊洛克人的婦女用木頭和鹿角作的鋤頭翻土種植玉米。但主要的活動是男人的狩獵，用弓箭和吹箭或石槌襲擊野鹿、水獺或大熊。獸皮被用來製成衣服保暖。

　　在政治組織上，則似乎比台灣同期的先住民先進一些。當時台灣的先住民的各個村社互不統屬，由各自的頭人管理。伊洛克人則已經形成了五個部落的部落聯盟，後人稱為五族聯盟（Leagque of Five Nations），共同組成一個評議會，每年集會一次，解決彼此間的爭執和對外的糾紛。後來美國的開國元勳富蘭克林曾吸收這種民主方式，發展出美國的民主制度。

　　在運輸手段上，印第安人使用的是獨木舟。荷蘭人牧師也曾描述過大員附近的土著使用小船襲擊漢人或其他住民的村社。

Stuyvesant）[2] 正在他領地南方的德拉瓦（Delware）解決與瑞典人移民的糾紛，他趕回來之後作了一個明智的決定，即放棄對印第安人的報復。但是這也反映了荷蘭人在美洲這塊殖民地上處境正日益艱難。一方面，在其北方的英國殖民地正逐漸擴張地盤，對荷蘭人構成威脅；另一方面，除了毛皮貿易之外，荷蘭人在北美洲大陸幾乎找不出什麼新的利潤來源，與印第安人的關係如繼續惡化，也就等於宣告西印度公司在北美洲經營的終結。

　　儘管如此，在「桃子戰爭」之後，殖民者們與印第安人之間仍舊經歷了長達五年的激烈抗爭時期。

　　到一六六〇年，已經有大約五千名歐洲移民居住在從新阿姆斯特丹沿哈德遜河向北一五〇英里到奧蘭治堡的河流兩側和新阿姆斯特丹東邊目前稱為「長島」（Long Island）的島上，其中約有一千人集中在新阿姆斯特丹的街市上。另外的四千人住在大約三十個城鎮和村莊裡，其整體人數已經超過同期在台荷蘭人總數

早期美國東北部的印第安人住地。

面對裝備精良的英國艦隊，新阿姆斯特丹的居民要求斯特文森長官（圖中裝木腳的站立者）向英國人投降（取材自維基百科）。

的數倍之多，但只有台灣漢人人數的四分之一到五分之一左右。

　　然而，荷蘭人在北美洲的殖民，也像在台灣一樣，最後面臨了在武力之下結束的命運，但是這次所面對的敵人是一直與他們進行海外競爭的英國人，而且也不像台灣的易手那麼戲劇化。

　　一六六四年，英國國王查爾斯二世（Charles II）將荷蘭人的勢力範圍送給了他的兄弟約克公爵詹姆斯（James, Dukes of York）。八月二十八日，四艘英國戰艦停泊在新阿姆斯特丹港港內，要求斯特文森投降。斯特文森準備死守城堡，與英國人周旋，但是居民們面對裝備更為精良的敵人，卻聯名寫信要求投降，甚至他自己十七歲的兒子都在簽名者的行列之中。斯特文森被迫在九月八日簽署了移交文件，英國人就這樣不費一兵一卒地拿下了「新阿姆斯特丹」和占有了荷蘭人的所有屬地，北美洲東部的大片土地歸入英國人的手中，「新阿姆斯特丹」改名為「紐約」，「奧蘭治堡」改稱「奧本尼」。

一六七三年一支荷蘭艦隊開回到紐約港口，在砲口下收回了這個原先由他們占有的屬地，但是幾個月後，英、荷兩國簽署了和平條約，英國人同意將其南美屬地蘇利南（Surinam）交換紐約，[3] 從此真正結束了荷蘭人殖民北美洲的歷史。沒有了荷蘭長官以後的紐約，繼續保持了原有的生活方式和宗教容忍態度，荷蘭人與英國人和平相處，相互通婚。

二、荷蘭人留下了什麼？

荷蘭人在東西兩個世界的同時殖民占領，到底給後人留下了什麼？

在台灣，除了曾經被稱為普羅民遮堡的赤崁古城和熱蘭遮城的古城牆遺跡外，我們已經幾乎完全找不到荷蘭人將近三十八年的殖民痕跡了。滄海桑田，甚至連原來孤零零伸出外海的熱蘭遮城，今天也只能在已經與本島連成一片完全不是原來面貌的安平古堡，去憑弔它往日的風情了。

但是在今天的紐約，荷蘭人卻留下了不少的殘痕，可供後人去追尋，例如現在已經從美國風行到全世界的甜圈圈（donuts），就是荷蘭人的炸糕點（olykoeck）。而搭配肯德基炸雞吃的一種高麗菜沙拉（cole slaw）也是源於荷蘭人的配醋高麗菜沙拉（koolsla）。

美國現存最老的房子「鮑恩之家」，座落在荷蘭人最早開發的紐約市法拉盛地區。此處也是反對斯特文森長官宗教迫害行動的發祥地，由此孕育了美國「愛、和平與自由」的現代理念。

聖誕節也是從荷蘭人的習俗傳下來的。荷蘭人的聖誕節原來是在每年的十二月六日，聖誕夜是在十二月五日。在聖誕夜的時候，一個穿長袍有長鬍子的老頭叫 Sinterklaas 的會造訪每個小孩的家裡，給他們掛著的長襪子裡派送禮物。這種習俗後來傳到了鄰近的英國人殖民地，英國人把 Sinterklaas 發音發快了，就變成了 Santa Claus（聖誕老人）。後來英國人又把聖誕夜和聖誕節往後挪到十二月二十四日和二十五日，就變成了現在通行的聖誕節日了。同樣，每年四月美國小孩的復活節畫彩蛋的習俗，最先也是荷蘭人小孩的活動。

另外，大概也很少人知道，打保齡球的運動是當初荷蘭人的戶外活動。每年荷蘭人會在新阿姆斯特丹叫 Bowling Green（今天華爾街的紐約證券交易所附近）的地方舉行展銷會，連遠自康奈迪克和紐澤西的英國人都會帶他們種的作物或養殖的牲口到這裡來比賽。在這個節日當中，荷蘭人會玩一種從本國傳來的滾球遊戲，最先是撞九個瓶子，後來因為法律禁止在星期天和假日玩這種撞九個瓶子的遊戲，有些人取巧，改成十個瓶子，從此就變成今天十個瓶子的保齡球（取名自 Bowling Green）遊戲了。

此外，還有一些多彩多姿的活動，像滑冰、賽馬、打網球、撞球等，都還是今天紐約許多人愛好的運動。

除了這些習俗和活動外，荷蘭人還給紐約留下了一些值得紀念的街名或他們本國的地名和建築格式。例如，世界著名的金融街「華爾街」（Wall Street）原來是荷蘭人樹立圍牆（wall）隔離印第安人入侵的地方；從中國城中心穿過的「運河街」（Canal Street）原來是荷蘭人修建的排水運河；而今天黑人聚居的哈林區（Harlem）和亞洲移民最集中的社區法拉盛（Flushing），則原來是新阿姆斯特丹外圍的農莊地區，是從本國的地名 Haarlem 和 Flushing（荷文為 Vlishing）移植過來的稱呼。今天的哈林區還蓋有不少後來建造的荷蘭風格的房子。

一六五七年的時候，有一些在波士頓地區受到英國清教徒排擠的桂格教派信徒（Quakers）來到了法拉盛定居下來。荷蘭長官斯特文森對他們進行了宗教迫害，把在法拉盛街上傳教的兩名婦女和在長島鼓吹信仰的一名年輕男教徒拘捕下獄，並且用鞭子把這名年輕教徒幾乎抽打致死。後來住在法拉盛和附近地區的三十一名英國人和荷蘭人聯名寫信向斯特文森抗議，指出每一個人都有權享有「愛、和平與自由」，而且這種「愛、和平與自由」擴及「猶太人、土耳其人和埃

及人」。這是美洲殖民地人民爭取人民基本權利的最早活動之一。後來西印度公司因為擔心引起移民者的不安而介入此事，結束了這場爭執。

　　就是類似上述的爭取基本自由和宗教自由的活動，點點滴滴積累下來，才形成了美國的基本立國精神。而這種無形的精神，追根溯源，實際上比十八世紀美國革命者反抗英國殖民者的年代更早之前一百年，就已經慢慢發軔了，而它對後世的影響就更難以估計了。

　　當然，荷蘭人留下來的也還有許多展現人類弱點的地方，當最後一任長官斯特文森在一六四七年抵達新阿姆斯特丹的時候，他就是因為看不慣這裡的髒亂，而決定採用鐵腕統治手段。當時他所見到的街市，堆滿了每戶人家丟到街面上的垃圾，市民們成天到晚喝得醉醺醺的，街上每四家店舖就有一家是酒店或酒吧。另外，城裡還有許多妓女、賭徒和黑奴，斯特文森自己就蓄養了大約五十名黑人。

　　不過，斯特文森也做了一些好事，譬如設立警察隊伍、建造了醫院和郵局、馬路鋪上石頭、安排垃圾清理等等，這是現代市政管理的濫觴。總之，在十七世紀二〇年代至六〇年代之間，太平洋和大西洋的西緣，不約而同出現了由荷蘭人占領的兩個天地。但是因為移民組成的不同和荷蘭人治理方式的不同，兩者後來

荷蘭人在新阿姆斯特丹建造的城堡風格與大員的熱蘭遮城極為類似。

的發展出現了截然不同的結果。

就台灣來說，荷蘭人開放漢人到台，而沒有招徠其本國或歐洲移民，是因為他們原先只想把台灣作為一個對華貿易站，並沒有長遠的墾殖規劃，更沒有類似紐約的市政層次的政府結構，當然漢人更不可能像紐約的歐洲自由移民一樣，與荷蘭人平起平坐，討論施政方針。

然而，台灣原來就已經有了漢人社會的雛形形成，荷蘭人到來以後只想在原有的基礎上利用漢人種植農作和開展對華貿易，因此在對待漢人的態度上，除了抽取重稅外，並沒有像他們在爪哇或是像西班牙人在菲律賓那樣嚴苛，也就是漢人在政治地位上雖然比荷蘭統治者低一等，但還保留了相當的經濟活動自由和人身自由。可是，除此之外，並沒有什麼規章制度，而且統治時間久了以後，統治者與被統治者之間的摩擦加劇，尤其是郭懷一事件以後，這種相互共存的信賴基礎已不復存在，不僅導致了荷蘭人統治根基的動搖，也造成了漢人對這些歐洲外來者的完全排斥。終於在鄭成功勢力到來以後，荷蘭人在台灣三十八年「治理」的一切痕跡，包括其生活習俗等，也連帶被幾乎連根剷除。

另外，就紐約來說，除了印第安人外，本來就是一個處女之地，要進行開發，除了利用本國移民和歐洲剩餘的勞力外，根本沒有其他移民來源。而當時荷蘭正開始進入歷史上最繁榮的黃金時期，其本國人口也不過數十萬人之眾，實際上是很難招到人員到新大陸從事墾殖工作的，願意去的都是一些急於發財致富的冒險之徒，他們帶去的是一種獨立自主、開創犯難精神。這些人有比利時南部和北歐的農民，後來還有從巴西前去的猶太人，以及從北美洲的英國人區搬過去以逃避宗教壓迫的基督教徒，這些人先天已經帶有追求高度自由的血液，而且在新的天地裡，得到了比較平等的待遇，因此，在荷蘭統治者為英國人取代以後，雖經歷了數百年，原有的某些生活方式並沒有被揚棄，反而很好地保存了下來，後人仍舊能夠從中看到原來的一些風貌。

三、歷史的反思

十六、七世紀是中國沿海居民衝破朝廷海禁冒險開闢海外事業的時期，也是第一波的歐洲人開始在亞洲大發現、大殖民的時期。原來孤懸海上不受注意的台灣正處於從南洋到日本的航道上，也正好處在福建、澎湖對大洋投射的航路上，

因此兩股海洋勢力在這裡交會碰撞乃是歷史的必然，最後是以起自中國民間的勢力的勝利，荷蘭人的退出，開啟了台灣成為漢人主體社會的歷史。

但是荷蘭人雖然走了，卻留下了一些帶有歷史意義的重大問題值得我們去探索：台灣在經過長期的歷史沉睡時期以後，為什麼在十七世紀一夜之間成為東西方衝突的焦點？為什麼中國民間的海上武裝力量最後能夠擊敗當時從非洲到南洋所向披靡的歐洲人先進勢力？在世界殖民歷史上，台灣被漢人最後擁有的歷史意義是什麼？台灣對滿清的歸屬地位確定以後，它的地緣地位出現了什麼變化？在與西方接觸和受到西方治理的過程中，台灣又獲得了什麼歷史經驗？

要探討這些問題，必須從十七世紀全世界格局的變化和對東亞產生的影響說起。

從全球的意義上來說，十六、十七世紀歐洲人的東來，是人類有史以來第一波全球化的開始。它不僅打開了歐洲人與中國的直接貿易，也直接衝擊了東亞的政治格局，特別是火藥槍枝的運用促成了日本的統一及其後的對外短暫擴張。

這一波的全球化以海運和海權的伸張為其主軸，台灣以其可以用來打開西方夢寐以求的中國貿易的優異地理位置，和從南洋到日本的中間站地位，受到了西洋人和日本人的垂涎。雖然開頭因為對這種優異性了解不足和台灣本身尚未開發，而為最早期東來的歐洲人（葡萄牙人）所忽略，但是隨著時間的推移，它的有利地位已益發受到注意，因此在進入十七世紀以後，荷蘭人、西班牙人，甚至東亞北部的日本人，都無不想要在此占有一席之地，以建立和中國貿易的據點。而中國人本身的海上武裝力量，包括在日本的閩南海商勢力，在歐洲人帶來了對歐和對日的商機後，儘管有著朝廷的重重限制，並不放棄利用三不管地帶的台灣作為中國、南洋和日本之間三角貿易的據點，因而也很早就在這裡建立了地盤。到李旦和鄭芝龍等兩代人的實力壯大並統合了零散商民與海盜之後，中國人在台灣的活動性質，實際上已脫離了以福建閩南為基地的對台漁獵和海上武裝搶劫的「國內經濟活動」範疇，開始被納入亞洲內部和跨洲的國際貿易格局之中。

但是，這個時期的國際貿易，完全是以海上武裝力量為其後盾，沒有強大的武裝海船和能夠適應遠洋海上生涯的充裕人力，就不可能與對手一爭短長。從明朝中葉王直一代開始的中國東南沿海商民和閩南人海外冒險勢力，正好為此提供了必要條件。

一六五五年的荷蘭地圖中接近實際輪廓的台灣島，象徵了世界對台灣認識的逐漸加深。

　　這些以人數龐大的閩南海商與船員為主的海上武裝力量，延續了從中國宋、元以來的航海傳統，他們不但具備了中國古代製造大船的能力，也得風氣之先，在自己的船隻上安裝了從西洋人學來的大砲。像鄭芝龍的船隻就安裝有十六、二十甚至三十六門大砲。鄭成功進一步發展這些武裝力量，不但戰船上安裝有大量大砲，而且開始使用投擲式的火藥瓶。在這個基礎上，這些閩南海上力量，因為早期與日本海寇的合作和與澳門葡萄牙人、馬尼拉西班牙人及台灣荷蘭人的接觸來往，也顯然學會了更為先進的航海技術與更優越的遠航能力；同時在作戰能力上更能知己知彼，和能夠結合西洋人與日本人的長處。這些都是無形的寶貴資產，使他們在當時的條件下，具備了足夠與西洋人和東洋人匹敵的實力，因此在歐洲人競相東來，日本人對外伸出觸角的時候，能夠在沒有政府支持的劣勢下，形成與東洋人和西洋人鼎足而三的三雄併立局面，並在日本因國內因素退出海上

角逐之後，約束了荷蘭人在亞洲的進一步擴張，成為東亞海洋發展與海洋貿易的主導力量。

　　在這個意義上，由鄭芝龍到鄭經三代所延續經營的海上武裝力量，無形中也就延緩了歐洲人前進東亞的步伐。荷蘭是當時歐洲最強的海上王國。荷蘭的擴張受到約束，相對的，在亞洲的海軍力量還不如荷蘭的英國，以及法國等歐洲新興海上強權在東亞的發展，也自然難以超越這個王國。滿清領有台灣以後，初期政權穩定，農工商業繼續發展，並在相當一段時間內在台灣海峽仍維持和承襲了鄭氏三代所遺留下來的海上穩定局面，直到其統治後期因國力衰竭而為不斷發展的歐洲新海上強權所擊敗為止，可以說台灣能夠發展成為一個成熟的漢人主體社會，與這種相對平穩的東亞國際環境是密不可分的。

　　從世界殖民史的角度，荷蘭人為漢人取代，退出台灣的歷史舞台，也有其特殊的意義。如果沒有作為漢人代表的鄭成功領有台灣，台灣本身勢將繼續成為歐洲人的殖民地。不但荷蘭人不會輕易將其放棄，即使放棄，繼荷蘭人而起的歐洲新興強權的英國也會虎視眈眈，[4]西班牙人更可能遲早要捲土重來，而出現像當時的紐約在西方人之間相互轉手的那種情況。以當時的滿清統治者而言，身為馬上民族，政權初立，對海洋發展既無經驗也不會有興趣經營，是不言而喻的。一

鄭成功驅逐荷蘭人，提早結束了台灣淪為類似東南亞一些國家被白人長期殖民的命運，而閩南、客家人的大量流入，則在台灣建構了一個強有力的漢人主體社會，並以寺廟香火信仰為代表的傳統文化。結合現代生活方式所形成的社會結構，奠定了台灣不斷創新邁進的基礎。圖為香火鼎盛的台中大甲媽祖廟鎮瀾宮。

旦歐洲人繼續占有台灣，除非他們已立即成為其海防心腹大患，否則清朝政府是不可能有積極進取台灣趕走歐洲人的雄心的。而台灣如果不被清人收入版圖，則其與印尼或菲律賓被西方人殘暴殖民統治三、四百年的命運將不相上下。那麼，今天的台灣就像印尼或菲律賓一樣，又是另一種發展局面了。因此，可以說有了鄭成功擊退荷蘭人的行動，才使台灣能夠形成與印尼或菲律賓截然不同的發展命運。

從一六六二年鄭成功去世、鄭經繼位，到一六八三年台灣降清為止，由於清朝禁海，鄭氏政權為了維持生存，繼續利用海上貿易擴大生存空間。台灣充分發揮了對日本、南洋進行轉口貿易的優勢。但是這種地緣優勢在台灣歸清以後就逐漸消失。

康熙二十四年（一六八五）清政府有限度地開放海禁，台灣的海外貿易角色很大程度上受到削弱，無法與大陸沿海口岸匹敵。一方面大陸沿海商民紛紛自行北上日本，南下南洋；另一方面，各國商船獲准到福建、廣東、浙江和江蘇貿易，原來在台灣與鄭氏政權交易的英國人也改而轉到廈門、廣州、寧波等地經營。之後因為洋商，特別是英商多集中在寧波，企圖直接切入絲、茶產區，清政府擔心形成另一個澳門，於是在乾隆二十二年（一七五七年）宣布關閉福建、浙江和江蘇三省海關。從此廣東一省得天獨厚，全部對外貿易均由廣州進出，所有海關業務全由十三商行壟斷，這種一口通商的局面一直維持到道光年間鴉片戰爭前夕。因此，廣東海商勢力便趁勢而起，取代了曾經縱橫東亞海域的閩南海商。[5]

在此背景下，當初跟隨鄭成功和鄭經父子轉移台灣的傳統閩南海上商業和武裝勢力的精華，也就隨著清代台灣海外貿易功能的逐漸削弱而自然流失，無法再度稱雄台灣海峽和南洋海域，大體主要扮演對大陸的內貿角色。所謂「一府二鹿（鹿港）三艋舺」就是在這種情勢下應運而生的。整個十八世紀的情形都大致如此。

但是，有失就有得，清初政權的穩定和經濟發展的結果，給台灣的經濟帶來了長足的進展，傳統的農業和商業都繼續發展，奠定了典型漢人社會的基礎。

就這樣，台灣在十七世紀被歐洲人占領的歷史塵埃落定了。接續的鄭氏和滿清政權將台灣完全納入中國人的社會，荷蘭人在台灣的治理痕跡，很快就隨著時間的推移而煙消雲散了。

然而，荷蘭作為當時歐洲經濟最發達的國家，同時也是現代資本主義的發源

處在中國為代表的東方文明和美國代表的西方文明夾縫中的台灣,將是引爆兩種文明衝突的導火線?還是引導其良性競爭的推手?

地,其造船和地圖的製作技術在世界上更是首屈一指,從現代意義上說,台灣接受過它近三十八年的統治,理論上,對台灣發展成為兼收中西文化之長的社會,是具有得天獨厚的條件的。可是,實際上由於荷蘭人始終只是把台灣作為其海外殖民帝國的延伸,除了殖民地式的甘蔗種植和對先住民的「教化」外,台灣社會所獲得的歐洲先進科技和文化其實等於是零,這不能不是一個遺憾。反過來,在荷蘭人退出,台灣轉變而為漢人主體社會後,統治者繼續排斥與西方世界的接觸,並沒有像日本統治者對待長崎那樣,利用台灣的歷史經驗,把台灣當作吸收西方科技文明的窗口,因此台灣作為催化中國社會提早向現代化前進的一點作用,也被白白浪費掉了。連帶地,台灣本身的發展也受到了局限。

相對於中國人的固步自封,當時的日本雖然正處於鎖國狀態,卻一直都在注意西方的發展。日本的統治者除了早期從英國人阿當姆斯(三浦按針)身上學習造船和製圖的技術外,在鎖國時期還繼續從長崎的荷蘭人處學習西洋醫學、天文、地理等和其他科學,並有專人翻譯荷蘭文獻,定期向幕府報告,並使西方新知逐漸滲入民間知識階層。中日統治者在學習西方事務上的態度差異,到十九世紀後期,效果已經互見高下,日本現代化的步伐終於走到了中國的前面。而台灣則在中日這場現代化的角逐中,在十九世紀即將結束之際,於甲午戰後從一個海權已經沒落的國家的手中,轉移到了另一個重新出發的海權國家的手中。

四、歷史的未完結篇

今天，台灣已經進入了一個全新的歷史時期，日本的統治早已結束了，台灣也早已進入了由本土漢人統治的階段，如今台灣與大陸之間又回到了以經貿為主軸的歷史互動原點，但是，由於地緣的因素，同樣的，台灣也始終擺脫不了成為東西國際海權爭奪東亞主導權的格局下任人擺布的棋子的命運。

四百年前，台灣因為靠近中國的地緣位置而受到世人的注意，從此開始了東西海權圍繞著台灣而展開的互動，台灣的歸屬就在每一次的互動最後上升到戰爭的階段之後被決定了：一六〇二年荷蘭人攻打葡萄牙人占領的澳門不果後，在一六〇四年進占澎湖一三一天；一六二二年荷蘭人進攻澳門再遭失敗後，二度占有澎湖兩年又一個半月，經福建官兵與荷蘭人在澎湖決戰後，一六二四年荷蘭人改占台灣；一六六一年鄭成功從金門、廈門發兵大員，對荷蘭人發動長達九個月的作戰後，台灣被納入了漢人的社會；一六八三年清將施琅水師攻克澎湖，鄭克塽政權覆滅，台灣進入了大清的版圖；一八九四年中日渤海海戰，清海軍瓦解，台灣讓與日本；一九四五年中日二次大戰終結，台灣又再度被納入中國版圖；一九四九年代表西方不同利益的美蘇集團各自支持的國共勢力經過慘烈的內戰後，敗方退據台灣，勝方隔海而治，明末鄭氏政權與清廷隔海對峙的歷史局面重演；一九五〇年韓戰爆發，中美開戰，美國海上武裝力量進入台灣海峽，台灣再度被納入西方勢力範疇，六十多年來，這種態勢基本保持不變。近年來雖然台灣海峽的局勢有所緩和，但是，美國不願放棄台灣的強烈意圖從未稍斂。歷史似乎一再向我們顯示，從十七世紀開始的在東西海權的對抗互動中塑造台灣歸屬的歷史軌跡，到現在都還繼續延伸。

而一些基本的歷史決定因素也似乎在向我們證實著這點，因為：台灣在中國旁邊的戰略地理位置一直沒有改變；四百多年來西方海權國家尋找龐大的中國貿易與戰略利益的興趣一直沒有消退；鄭成功祖孫三代在台政權與滿清對峙的歷史陰影一直揮之不去；更重要的，東西方海權的互動較量，雖然已經經歷了幾個世紀，而西方介入的角色，從葡萄牙人、西班牙人、荷蘭人到英國人、法國人，再到現在的美國人，一直不斷更換，但是最後的勝負結局卻還沒有出現；因此，也就似乎注定了台灣還要繼續承受這種被戰爭手段決定歸屬的歷史宿命，並且隨著戰爭手段的飛躍升級，遭受毀滅性打擊的可能性也在不斷上升之中。

　　或許有一天，以當前中國與美國之間的抗衡為形式，以圍繞台灣的較量為主軸，以國家軍事實力為後盾，並且歷時長達四百年以上的東西兩個文明的互動和競爭，遲早會有決定性的結果，到時台灣的最後歷史歸宿也就會隨之塵埃落定！但是，跳脫這種戰爭歷史宿命的主導權並非完全操之在戰爭掌握者的手中，生存在這個島上的每一個人所作的選擇，也同樣可以改寫台灣的命運。時間將是台灣人民是否能作出最明智的歷史選擇的最佳答案。

注釋

1. 曾叫「熱蘭遮城」的台南安平古堡，最早也是取名「奧蘭治堡」，後來改稱「普羅民遮城」，再改名「熱蘭遮城」。
2. 目前位於曼哈頓南端紐約市最出名的一所公立高中，即是以這位長官的名字命名。
3. 南美洲北部的原荷蘭殖民地，與圭亞那為鄰。
4. 《荷蘭人統治下的台灣》一書中提到一位英國人從一六三二年起就蒐集了大量有關台灣的資料，敦促英國東印度公司注意台灣線索。在荷蘭人到了台灣以後，英國人也一直都想打開對華貿易，苦於找不到一個適當的立足據點。在鄭經繼承了在台灣的統治權以後，英國東印度公司與他在一六七〇年簽訂了條約，在安平（大員）舊址上設立了商館。
5. 和閩南海上勢力一樣，在廣東海商當中，也有不少是亦商亦盜的武裝集團，其中最著名的有鄭一夫婦和張保率領的集團。在十八、九世紀之交，這個集團與張保集團，縱橫粵海十幾年，連同其他小股海盜在內，人數最多時達五萬人之多。

附錄：台灣是怎樣從史前進入大航海時代的

十六世紀初期葡萄牙人的船隻進入東亞水域，是徹底顛覆世界格局的重大事件。從這一時期起，東西方文明在中國近海的碰撞，不僅改變了唐宋以來東亞與西亞文明在海上共同形成的亞洲國際秩序，也推動了台灣開始快速轉型成為漢人移民社會並被納入歐亞海上貿易體系的進程。

一、史前台灣的環南海貿易

在十六世紀後半期，漢人海上武裝力量開始進入台灣，尋找棲身之地，並進而開啟了當時被明朝人士稱為「小琉球」的這個島嶼的近代歷史之前，台灣並不是個對外孤立和與世完全隔絕的史前社會，它事實上已經經歷過對外通商的漫長年代。

從迄今在台灣所發現最早的玉石器物推斷，在距今五千五百至四千五百年前，也就是新石器時代早期／大坌坑文化晚期，台灣的先民們已進入開發玉石的萌芽期，開始使用玉鉞、玉鑿之類的工具。

進入距今四千五百至兩千年前，則是玉器裝飾品和器物在台灣全境普及和在菲律賓群島及南海中段海岸地帶流通貿易的時期，其中，又以距今四千至二千五百年前，玉管、玉珠、玉環等台灣製玉飾，隨著島民南向渡海抵達最近的

越南中部出土源於台灣的「三突起耳飾玉玦」（取材自維基百科可分享圖片）。

新北市八里十三行博物館館藏的唐代貨幣和玻璃飾品，指出了古代唐代和環南海／環印度洋貿易圈與台灣的貿易聯繫。

巴丹、呂宋等島嶼，並由菲律賓擴散到從越南中部南向一直延伸至暹羅灣沿岸的地帶，在今越南中部、柬埔寨和泰國南部，都有發現不少這一時期的台灣玉飾的蹤跡。但到了距今二千五百至二千一百年前，隨著取代新石器時代的鐵器時代到來，和環南海貿易的崛起，台灣玉的輸出由玉飾成品改為可供加工玉飾的玉石石材，在從越南中部沿著暹羅灣海岸，延伸至今柬埔寨，再到泰國南部半島的海岸地帶，直接由當地生產以「三突起耳飾玦」及「雙頭耳飾玦」為兩類主要飾品的方式，與三千年前在越南中部會安興起的沙瑩文化產生密切交流，[1] 但直到此時，似仍未與二千多年前源於越南北部紅河谷以中國南傳的青銅造型為代表的東山文化有過接觸，因此台灣未能從已經與中國大陸各地同步發展出的高度玉器文明，進一步進入青銅器時代，因而導致了台灣文明進化的滯後，這不能不說是歷史的遺憾。

在此之後距今兩千至五百年前的一千多年期間內，台灣的對外貿易仍侷限於南海中段的島嶼和沿海地帶，但到後半期，似已打開與中國大陸的海上貿易。不過，其玉石石材外貿已開始式微，代之而起的是玻璃、金器等飾品與銅錢、銅器、鐵器等實用物品的流入，這一時期的前期，也是漢朝（公元前二○二至公元二二○）開始拓展其遠洋海上貿易的年代，在來自印度洋方向的佛教文化和商業力量的影響下，處於世界兩大文明邊緣的台灣原始社會雖仍未能像中南半島一樣

受到兩大古代文明的洗禮，但也被納入了新興的環南海貿易圈的運作。作為這一時期初期重要商品象徵的玻璃飾品，同時在台灣與漢代最大海外貿易港廣西合浦的出土，並不是一個偶然的現象，而恰恰是證明了圍繞著東海與南海的海上貿易已帶領著台灣進入了一個新的貿易時代。在新北市淡水河口八里的十三行遺址，就曾出土了可能是早至魏晉南北朝時代的五銖錢，說明了台灣與大陸通商之早。

唐代（六一八至九〇七）中國與西亞的海上貿易空前繁盛，「蕃國歲來互市，奇珠、玳瑁、異香、文犀，皆浮海而來」。[2] 但唐代也可能是大陸與台灣貿易轉趨頻繁的時期。二〇〇七年一月二十五日中央社報導，台東台灣史前文化博物館考古人員在台東縣金峰鄉多良遺址挖掘到一個「外圓內方」類似中國古錢幣的鑄模。研究員李坤修說，這個鑄模距今一千三百年，相當於中國唐朝時期，是在台灣所發現最早的錢幣鑄模。

同樣的，在十三行遺址也曾出土唐玄宗開元通寶（七一三至七四一）、肅宗乾元重寶（七五八至七六〇）、宋太宗太平通寶（九七六至九八四）和至道元寶（九九五至九九七），以及宋真宗咸平通寶（九九八至一〇〇三）。這些銅錢現均藏於十三行博物館內。

中國的海上貿易商圈已向北擴張至日本、高麗，向南抵達菲律賓群島最南端的民答那峨島（又稱棉蘭老島），向西遠及西亞的阿拔斯帝國（白衣大食）。

據《宋會要輯稿》的記載，僅北宋開國當年的太祖建隆元年（九六〇年），就已有三佛齊、占城等國入貢，要求海上互市。建隆三年又有高麗加入這個行列。

從北宋第二個皇帝宋太宗起，與中國海上通商的國家更增加了大食、闍婆、賓同矓、蒲端、三麻蘭、注輦等。

這些國家中，三佛齊又稱室利佛逝，是七至十四世紀存在於異他群島的佛教商業王國；占城是在越南中部繼沙塋文化而起的一個婆

新北市八里十三行博物館展出的青銅刀柄。

羅門教／佛教王國；大食是統治西亞的阿拉伯穆斯林帝國；賓同曨是占婆南方今越南平順省境內的古商業港口國；闍婆在今爪哇和蘇門答臘境內；蒲端在今菲律賓民答那峨島北端的武端市（Butuan）；三麻蘭在今民答那峨島西南方的三寶顏市（Zamboanga）；注輦為一至十三世紀存在於印度半島南方、勢力一度擴張至南海諸島的印度教王國。

從研究台灣史前海上貿易的角度，在這些貿易國中，以蒲端國與台灣關係似最為密切。

蒲端國地理上所在的民答那峨島的居民，主體來自菲律賓中部的宿務（Cebu），當地富含金礦，有世界第二大黃金礦藏之說。宋朝開國後，突向中國朝貢，於真宗咸平六年（一○○三），「獻紅鸚鵡」。此後陸續多次進貢，於真宗大中祥符四年（一○一一），「五月二十四日，蒲端國主悉離琶大遏至遣使，以金版鏤表，奉丁香、白龍腦、玳瑁、紅鸚鵡來貢。」這是首次見到該國以其黃金特產製表刻字，列上貢品清單。[3]

由於北宋是以汴梁開封為都，外國使臣進貢都必須到達此一內陸都城獻上貢品，以當時蒲端國的條件，很難想像他們是如何做到的。但是，據聯合國教科文

十六世紀末西班牙人初進占菲律賓時期，群島居民頭領身上穿戴的金飾，說明了黃金在當地是極為重要財物的象徵。台灣一些史前博物館收藏的數量極少的金飾，即可能是來自菲律賓群島（取材自維基百科公共領域圖片）。

組織的考證，蒲端國的海上航行是依靠一種在該國舊址出土，名字叫「Balangay」（一種木板舟）來完成的。這種木舟至今仍在使用。[4]

由於當時蒲端國與占城國來往甚密，因此推測其對宋朝的瞭解是從占城國處得知的。而更早之前，占城國所在之地的越南中部，已與台灣有玉器貿易的聯繫，因此也可推斷該國在同一時期與台灣也有貿易的往來，甚至在其歷次遣使前往北宋王朝期間，也可能在台灣停留過。[5] 這說明台灣在一千年前似已被納入了蓬勃發展的東亞─西亞的海上貿易圈。但遺憾的是，因當時台灣的社會發展程度已滯後於占城或蒲端，最後不能跟隨東亞海上貿易時代的來臨，而在物質文明的發展方面獲得突破性的躍升。直到十六世紀大航海時代的到來，才因漢人的大批進入而得以打破其幾乎與世隔絕的存在狀態，並由此而被直接導入了世界歷史發展的進程。

二、接近尾聲的台灣史前期

一五一一年，從非洲好望角進入印度洋的葡萄牙人占領了麻六甲，打開了通往東方貿易的大門。

葡萄牙人征服麻六甲後不久，大約是在一五一一年年底至一五一二年年初，一位名叫法蘭西斯科・羅德里格斯（Francisco Rodrigues，？～一五四〇）的領航員整理了一本尚未完成的書稿，後來被當作航海指南，與葡萄牙國王任命的首任駐中國大使皮雷斯（Tome Pires，一四六五？～一五二四或一五四〇）在一五一一年至一五一五年所寫的《東方志》（*The Suma Oriental*）書稿，一起發行面世，這兩份書稿現藏於法國國家議會圖書館，合併後的書本全稱是：《一五一二年至一五一五年皮雷斯在麻六甲和印度書寫的記述從紅海到日本的東方見聞的書，〈東方志〉；以及一五一五年以前羅德里格斯在東方書寫的書、紅海航行志、航海指南、曆本和手繪的地圖》。[6]

在這本總共一百七十八頁的合併本圖書中，羅德里格斯共提供了二十六幅地圖和六十九幅已完成或未完成的印尼爪哇及其相鄰一些島嶼的全景素描圖。二十六幅地圖中，有五幅是與中國有關的。所有二十六幅地圖，都是以葡萄牙遠征軍司令阿巴克奇（Afonso de Albuquerque，一四五三～一五一五）占領麻六甲後，一位爪哇人領航員為他收集到的一幅大地圖為藍本重畫的，並經修飾成西方

葡萄牙人羅德里格斯描摹的西方最早的台灣地圖（1512?）。

人所熟悉的海圖風格。這些地圖和素描圖及文字描述，構成了當時葡萄牙人對東南亞和中國的重要信息來源，也是葡萄牙王室最想要得到的重要東方地理資料。

但是作為羅德里格斯的二十六幅描摹地圖原始來源的這幅大地圖又到底源自何處？圖裡又藏有哪些重要信息？這才是值得我們深入探究的重點。因為它直接涉及了台灣結束其史前階段的最後年代，也就是在台灣將要轉型進入近代前期的社會之前，它是與世界如何交集的。

實際上，皮雷斯和羅德里格斯在書中所提供的信息，大有助於我們增加這方面的瞭解。其中，最重要的就是在與中國有關的五幅地圖中，一幅台灣地圖的出現。還有就是原始的大地圖中所呈現的當時的東亞人對世界的認知。

在羅德里格斯的書中第三十八至四十二頁列有歐洲人從麻六甲到廣州的最早的五幅航圖。它們分別是：東京灣，今越南北部與中國之間海域；交趾至中國海岸；珠江三角洲；中國北方海岸；台灣。

在這五幅圖中，特別值得注意的是台灣地圖所呈現的除台灣本島外，還有在其旁邊兩個尺寸相加幾達台灣四分之一大小的澎湖，但這是葡萄牙人最早對台灣的整體印像，也可能是後來的葡萄牙製作亞洲古地圖將台灣畫出三塊的原因。羅德里格斯在書中對該圖的說明是：「這是琉球群島的主要島嶼。他們說島上有種小麥和生產銅製品。」皮雷斯在《東方志》中也提到，銅器、黃金、各類武器和小麥等是琉球群島與麻六甲交易的貿易商品。[7] 然而到此時為止，雖然從考古出土的銅模，可證實島上先民已具有生產小銅器的能力，但小麥的生產並未出現，黃

金、武器等更無可能，因此地圖雖屬台灣，但能出產所述商品的，應是指琉球王國而言。

但顯而易見，正是因為羅德里格斯將台灣與琉球王國混為一談，甚至誤認其為琉球，才會高估了當時台灣的貿易價值，而將其與廣州並列為進軍中國的重要地圖線索。也因為這樣，我們在今天也才得以一窺這幅西方最早的台灣地圖的真容。

那麼，羅德里格斯賴以畫出這幅台灣圖的原始地圖，又是如何被葡萄牙人獲得的？

事情源於一五一二年四月，阿巴克奇在呈給葡萄牙國王的信中提到，他要呈上「一份根據一名爪哇人領航員的一幅世界大地圖畫出來的海圖，裡面畫有好望角、葡萄牙和巴西大地、紅海、波斯海、丁香群島以及前往中國與琉球（Gores）的航路」。[8]

根據信中所言，這份海圖所呈現的是歐洲人到來之前活躍於東南亞的海商們所熟悉的一個全新的世界，它不僅包括從非洲東岸的丁香群島到中國東海的廣闊海域，連才被葡萄牙人併入版圖剛過十年的巴西，也已經進入了這些海商們的視野，因而被他們畫進了海圖之中。而根據《東方志》的記載，這個時期的台灣周邊海域，儘管有著明朝的海禁，但是南海諸國相互之間和與中國之間的商貿仍是往來不絕。透過這樣的瞭解，葡萄牙國王也急欲打開通往中國的貿易之路。所以當時的台灣，已是處於將要被歐洲人的新式武裝商船擠進來插上一腳，徹底改變東亞貿易格局的世界巨變前夕。

然而，隨著羅德里格斯新地圖的面世和葡萄牙人的來到近旁，仍舊處在幾乎與世完全隔絕狀態中的台灣，並未能立即感知到巨變的即將到來。最後還是需要依靠一群因為葡萄牙人所帶來的商機而突破官方海禁的閩粵亡命之徒的到來，才將台灣從史前狀態，快速推進到了與世界全面對接的嶄新未來。[9]

三、打開台灣大門的閩粵海上私商

從一五一三年葡萄牙船隻首次進入珠江口尋求中國貿易，到一五五七年正式登岸立足澳門為止，葡萄牙人為了在中國沿海找到一塊落腳之地，可說是備嘗艱辛，因為，他們在一四九八年進入亞洲水域後，用於占領印度口岸和麻六甲的

強橫手段，在遠較其強勢的中華帝國之前，可說是毫無還手之力。若不是得到漳州人商幫的鼎力相助，葡萄牙人最終落腳何處，仍很難說。而沒有了葡萄牙人在澳門的開埠，也就不會有荷蘭人的兩度霸占澎湖，自然而然，台灣的歷史發展軌跡，也就不是現在那樣了！

漳州人海上商幫的出現，與明朝在福建推行的海防做法息息相關。朱元璋開國後，由於福建海岸曲折，沿岸多島嶼，因缺乏足夠的海防力量防範當時以對外劫掠為立國之本的日本的海寇入侵，一方面實施嚴厲的海禁，一方面以沿海築城、設置衛所，並遷徙住居海上孤嶼居民的方式行守勢海防，用意是斷絕入侵倭寇海上補給，強化陸上軍事態勢。

在閩南地區，於洪武二十年（一三八七）在漳州龍海置鎮海衛，下轄六鰲（今漳浦縣六鰲鎮）、銅山（今東山）、玄鐘（今詔安縣梅嶺鎮）三個千戶所。次年二月又在泉州石獅市永寧鎮設立永寧衛，管轄五個所，即福全（今晉江市金井鎮）、中左（今廈門）、金門、高浦（今廈門集美、杏林區）、崇武五所，並在惠安建造了五座城，即崇武城、獺窟城、小岞城、黃崎城、峰尾城。到永樂年間又先後設浯嶼（今漳州龍海市九龍江口）、南日（在今莆田市興化灣）、烽火門（今閩北寧德市霞浦縣）三個水寨及四十五個巡檢司。

這些衛所水寨的布建影響了日後歐洲人勢力到來後福建與台灣的地緣格局，但在初期的確發揮了防禦中國人與日本人海寇的一定作用。但因其限制了福建沿海居民的生計和對琉球與南海方向的貿易，卻客觀上製造了抑制這些沿海居民前往台灣交易的意願障礙，並隨著歲月的流逝和官紀、軍紀的廢弛，製造出許多內生的海上私商或海盜團夥，實際上負面的效應已經不斷顯現。[10]

永樂末年，福建衛所因承平日久，士兵糧餉遭剋扣，導致大量兵士逃亡，沿海衛所官兵「往往私造海舟，假朝廷幹辦為名擅自下番。」[11]

在這種背景下，位於漳州九龍江口的浯嶼水寨奉命收縮，從浯嶼島撤出，大概是在正統八年（一四四三）內遷到中左所（廈門）。[12]

然而，這個看似小小的海防調整，卻無意中打亂了台灣海峽的海上秩序。由於水寨從浯嶼島突然撤出，這個正好扼住九龍江出海口月港船隻進出的要地，頓時成了無人看管的海上亡命者的樂土，「至景泰（一四四九至一四五七）時，九龍江口以月港為走私貿易集散地的格局已然形成了」，「到十五世紀中葉，漳州航

海貿易勢力已有九龍江口和詔安灣兩大基地，前者地跨漳、泉二府⋯⋯同時，又吸收東南沿海各地下海者投靠、入夥」。「成化（一四六五至一四八七）時任閩皋奉玘巡視海道的辛訪（字咨道），正值『湖海大姓私造海船，歲出諸番市場』」。由此可見，隨著福建民間突破官方桎梏力量的崛起，即使葡萄牙人的船影尚未到來，「十六世紀東亞海域『漳州時代』」已經到來。[13] 通往東南亞方向的中國帆船已成當時的海上一景。但可惜的是，可能是因當時台灣自身貿易條件的不足，尚吸引不了這股新興民間私商的注意力，閩台兩地間的貿易連接要到更晚些時候，才開始萌芽。

　　正德十二年（一五一七）八月，葡萄牙艦隊司令安德烈（Fernao Peres de Andrade）奉國王之命，船上載有出使中國使臣皮雷斯和胡椒等大量香料的龐大艦隊，共八艘船隻，浩浩蕩蕩開到了珠江口的南頭島（今香港機場所在地的大嶼山島），然後闖進廣州，受到廣州當局禮遇接納，皮雷斯獲准到北京拜見正德皇帝。但不久安德烈及其艦隊突被麻六甲葡萄牙總部召回。皮雷斯一行十餘人，包括一名從麻六甲帶去的中國人譯員，則繼續留在廣州等待上京消息。

　　但不幸的是，此後中葡關係走上了一條曲折發展的彎路。

　　由於麻六甲王國與中國素來友好，葡萄牙人以武力侵占後，令中葡之間關係產生裂痕。而繼安德烈之後於一五一九年陸續率船抵達廣州尋求中國貿易的葡萄牙人，在珠江口南頭島等待當局給予其前往廣州交易許可期間，粗暴對待中國官民，皮雷斯最終未得面見正德皇帝，此後中葡關係急轉直下，廣州官員處死了數名皮雷斯的華人助理，皮雷斯本人不知所終。葡萄牙人在廣州得不到貿易機會，在漳州人私商的指引下，向北航行至舟山群島，設據點於雙嶼港，與漳幫、徽幫和浙江大戶往來，在雙嶼港和漳州浯嶼之間建立了繁忙的商業通道。但當大有起色之時，在嘉靖二十七年（一五四八）卻遭到了頭一年剛上任的浙江巡撫朱紈的強力掃蕩。不得已又撤回漳州一帶，利用浯嶼與九龍江的月港，繼續尋找新的永久據點。[14]

　　這段期間，漳州私商勢力風起雲湧，群雄並起。「與海貿經濟伴生的是海盜經濟⋯⋯著名的海盜有阮其寶、四師老、林剪毛等」，（金門）料羅、浯嶼均為其巢穴。[15]

　　一些世家豪門更趁勢一改中國讀書人傳統，私造大船，下海從商，玩得風

生水起。「據推官俞柔舉報，考察閑住在同安老家的僉事林希元（正德十二年進士），『專造違式大船，假以渡船為名，專運賊贓並違禁貨物』；『怙勢恃強，專通番國，以豺虎之豪奴，駕重艖之鉅航，一號「林府」，官軍亦置而不問，（……）遂成巨富』；『借其資本，藉其人船，動稱某府，出入無忌，船貨回還，先除原借，本利相對，其餘贓物平分。蓋不止一年，亦不止一家矣，惟林希元為甚耳。』」[16]

然而，這股新興的商業力量，畢竟與中國傳統統治思維格格不入。朱紈於嘉靖二十六年（一五四七）南下視察福建，後在嘉靖二十九年（一五四九）派兵掃蕩，向朝廷呈報「走馬溪大捷」，誅殺連無辜孩童在內的九十餘名「海寇」，造成史上一件懸案。主張弛海派與支持海禁派勢力相互攻伐，最後導致朱紈自殺。朝廷可能感覺處理過程中有愧於葡萄牙人，此後放鬆葡人在廣東珠江口海域的活動，未對其趕盡殺絕，葡萄牙人終於在嘉靖三十六年（一五五七）以租借之名，得以長期以澳門為據點，開創了東亞真正的大航海時代，[17] 也因此開始帶動了閩粵私商更大規模進入台灣的歷史進程。

早在李旦、顏思齊和鄭芝龍等閩南私商進入台灣以前，一些台灣海峽上的武裝勢力已先後來到此地。據乾隆年間《潮州府志》卷三十八，〈招撫〉記載，林道乾廣東惠來人，嘉靖四十五年（一五六六）三月，攻打詔安，都督俞大猷派兵追剿，從澎湖遁入台灣北港，明兵不追，留師澎湖駐守，[18] 他逃往占城，後受招

嘉義縣布袋鎮好美里（魍港）據稱供奉明代最早來台媽祖神像的太聖宮。

安，但不久再度招兵買馬復叛，再為官兵追剿，遁入東南亞。

不過，對於林道乾是否到過台灣，學術界存有爭議。[19]

最早在台灣本島建立基地的是林鳳，相對於林道乾，他的聲勢更大，事跡更多彩多姿，他是一個可以被封為中國近代海盜原型「始祖」的傳奇人物。

林鳳是廣東饒平人。《明史‧二二二卷》五八六一～五八六二記載：「淩雲翼，字洋山，太倉州人。嘉靖二十六年進士，……提督兩廣軍務，代殷正茂。時寇盜略盡，惟林鳳遁去。鳳初屯錢澳求撫，正茂不許，遂自彭湖奔東番魍港，為福建總兵官胡守仁所敗。是年冬，犯柘林、靖海、碣石，已，復犯福建。守仁追擊至淡水洋，沉其舟二十。賊失利，復入潮州。參政金淛諭降其黨馬志善、李成等，鳳夜遁。明年秋，把總王望高以呂宋番兵討平之。」

這是迄今明代史料對林鳳最有根據的敘述，因為其中有名有姓地指出了當時官方對付他的官員王望高以及他手下的人馬，也讓我們看到了早期漢人勢力進入台灣時的原始生態。

林鳳的崛起，與一五六四年西班牙人從太平洋的另一頭出兵占領菲律賓群島的時間不相上下。一五七一年，西班牙遠征軍占領了馬尼拉，由黎牙斯比（Miguel Lopez de Legalspi）擔任菲律賓總督，但立足未穩，即因躲在台灣的林鳳，襲擊了兩艘從馬尼拉回漳州的船隻，被搶走了黃金和大批西班牙銀元，也獲悉馬尼拉城防守空虛，只有七十多名西班牙人留守，其他的人都前往外島去探索。

在這種背景下，林鳳決定帶著他全部四百名手下偷襲馬尼拉，但最後失敗了，可是他的行動導致中國官方派出潮州把總王望高率領水師艦隊前去呂宋島與西班牙人聯手打擊他。也促成王望高帶著兩名西班牙傳教士一起前去中國，商談建立貿易關係。西班牙傳教士門多薩（Juan Gonzalez de Mendoza）在事後回顧此次事件的報告中，曾提到林鳳及其一夥因偷襲林道乾的船隊，搶走了他的船隻，頓時成為擁有九十五艘船、四百個手下的強大勢力。他棲身的島嶼被稱為「Tonzncaotican」，處在通往菲律賓群島的航路上，其實指的就是台灣。[20]

同時，因為林鳳事件的刺激，西班牙人對台灣相對於菲律賓的戰略地位有了深刻的認識，日後西班牙人防範日本利用台灣進兵馬尼拉，或是西班牙在一六二六年的出兵台灣，應該都屬於發生林鳳事件的後續戰略思維範疇。

林鳳最後不知所終。此後，台灣與閩粵的聯繫日益密切。陳第的《東番

記》，在介紹台南的先住民時說：「始皆聚居濱海，嘉靖末，遭倭焚掠，乃避居山。倭鳥銃長技，東番獨恃鏢，故弗格。居山後，始通中國」。張燮的《東西洋考》也論及台灣的住民：「厥初朋聚濱海，嘉靖末，遭倭焚掠，稍稍避居山後。忽中國漁舟從魍港飄至，遂往以為常」。另《明史》記載：「而雞籠遭倭焚掠，初悉居海濱國遂殘破，既遭倭難，稍稍避居山後。忽中國漁舟從魍港飄至，遂往來通販，以為常」。[21]

後續到台的漢人有袁進、李忠、林辛老等。更後來的，有「天啟元年（一六二一），有慣走倭國巨賊總管大老、大銃老、鳴喈老、黃育一等，因領島酋（指日本藩主）貨本數千金，為其黨我鵬老所奪，不敢復歸，竟據東番（指台灣）北港擄掠商船，招亡納叛，爭為雄長。撫院商周祚遣將領密訪出唐賊、黃十二、黃應東，與接濟奸徒郭台潮、洪疊飛等擒獲收禁，令副總、坐營等官親督哨前往雞母澳，追至彭山外洋，擒獲賊首黃色彩、假倭鹿筋、吳發等二十四名。餘黨南遁。八月，諸將追至粵東錢澳海洋，生擒賊眾八十餘名，陣斬黠賊蜈蚣老首級一顆。」[22]

從這段引述，可以看出，到了天啟初年後，來自日本的華商力量，更已開始積極進入台灣。這是台灣有國際資金加入運作的初始期，但是，論起始作俑者，則非李旦莫屬。因為他在一六一八年就已利用英國東印度公司平戶商館的資金，投資到他的台灣、日本、中國大陸三角貿易了。[23] 有了這個國際運作，也才有顏思齊、鄭芝龍等眾多開台人物加入這個行列，共同譜寫出台灣跨進近代歷史的新頁。

四、赤崁城真正的奠基人

一六二四年荷蘭人到來台灣，繼又同年建成熱蘭遮城之後，並在一六五三年建造了普羅民遮城（Fort Provintia），即今天的赤崁樓前身。但是，大概很少人會想到，普羅民遮城也有它自己的前身。

在荷蘭人到來之前就已在台灣一個叫「赤崁」的地面上建造城堡的人，是漳州市漳浦縣、據稱是宋朝皇室後裔所建仿開封城格局的「趙家堡」家族大院裡一個叫趙秉鑒，後改稱趙若思的子弟。

史料來源是來自著名的《東西洋考》的作者、漳州龍溪人張燮（一五七四至

一六四〇）一本失傳已久的《霏雲居續集》。緣於廈門大學台灣研究院歷史研究所教授陳小沖早年在北京國家圖書館善本部發現了他在《東西洋考》之外原被認為軼失的大量著作，其中包括六十六卷的《霏雲居續集》和其他作品共五百三十二卷之巨，但只有《霏雲居續集》是張燮本人的文集，其餘均是編輯前人著作，所以最具原始史料價值。在這一文集中，與台灣早期漢人活動最相關的，就是卷四十的〈海國澄氛記〉。[24]

〈海國澄氛記〉全文近二千五百字，主要涉及早年開發台灣的漢人人群中，一位名叫趙秉鑒、又名趙若思，但又此前未被發現其完整事蹟的傳奇人物。佐以福建社科院歷史所所長徐曉望引曹學佺《石倉全集》將近百字有關趙秉鑒的記載[25]和其他中外相關史料，大致可以勾勒出這位早期開發台灣的重要人物留給後人的以下瞭解。

趙秉鑒是漳州漳浦人，又名趙若思，家境富裕，自稱宋室後裔，考取生員，但喜納狐群狗黨，偏謀造反，欲襲取漳浦邑城，遭舉報被捕，因其為生員，審官以案情可疑而將其釋放。釋後繼續招納亡命。

恰逢萬曆四十四年丙辰年（一六一六）陰曆三月十九日，長崎代官村山等安奉日本統治者德川家康之命，由次子秋安率戰船三艘、帆船十艘進犯，欲襲擊台灣，琉球王尚寧獲報，派遣使臣向明朝示警，明軍沿海警備。

村山秋安的船隊開航到琉球海面時，恰遇暴風，秋安自率的三艘船隻漂散，漂抵越南北部，一年後返回。

在此同時，由村山等安部將明石道友率領的另三艘船隻抵達了台灣北部，其中帶有一兩百名兵士的一艘登岸後，為住民包圍，悉數自殺。另兩艘逃至福州外海的東湧島（今連江縣東引島）附近，受福建巡道副使韓仲雍密令的把總董伯起前往東湧偵查被擄，一年後日人才將其送回。

另外七艘日船在琉球整修幾個月後，進入福建、台灣海面，進犯金門的料羅，閩北寧德的大金堡，最後取道澎湖進入台灣竹塹港（今新竹），但不敢登陸，後又回到浙江海面，其中一艘橫衝直撞，殺明兵，擄掠漁戶，為名將沈有容部擊沉，另外的船隻與明軍交鋒，各有損傷，最後逃逸而去。[26]

以上幾段敘述，說的正是張燮文中所稱的「丙辰，倭犯（寧德）大金，屠殺甚夥，當事戒嚴，因議增設水兵」的中日關係大背景下，趙秉鑒時來運轉，福建當

局因「恐其乘倭生變，不若羅致兩甄」，「遂召試一旅，賜名若思」。這是趙若思
名字的由來。

趙若思被甄用後，官拜水師右翼軍把總，有如猛虎添翼。但是他按照漳浦
一帶商民與外商或外寇勾結慣例，派出親信與日本人通聲氣，允諾與他們互市。
「又遣所親以募兵為名，於是閩廣間及外洋大盜、小寇鼠竄者赴為逋藪」，連已
立足台灣的李忠，也就是文中所稱的漳州海盜李新，都潛回漳浦，穿著鮮麗的衣
帽，要去與他會晤，但不幸遭一個名叫陳文煬的將軍擒獲。

直到此時，從圍繞著趙若思和福建水師的一連串行動，我們可以看出兩大影
響台灣的新地緣趨勢正在悄然襲來。一是在德川幕府的南向擴張政策的鼓舞下，
在日華人的重要商業勢力正開始加入袁進、李忠等稍早到台的閩粵私商／海盜的
行列，擴大了漢人在台灣的聲勢，而此時的活動重點仍在北港一帶。這就是張燮
文中所稱的「而東番者，在澎湖島外，去漳僅衣帶水。奸民林謹吾[27]逋歸彼中為
酋，與倭奴往返。」可見，這名林謹吾是比李旦稍早在台灣、日本和中國大陸之
間從事三角貿易的一個實力派。他的到來台灣，給閩南躍躍欲試的民間勢力，在
把總王望高因林鳳事件訪問菲律賓並帶回兩名西班牙教士訪華後形成的月港與馬
尼拉貿易之外，提供了又一個貿易窗口，但其合法性仍不受官方認可。而在此
時，漳州在地民間力量也已注意到了這一新的動向，「長泰人沈國棟亦子衿（生
員）也，集眾海外行動，聲勢漸盛，便欲謀據東番，竊此為夜郎王。」

另一個趨勢是明朝福建當局對台灣的重視，也隨著德川的南向行動而有所調
整。這從福建當局將對台灣展開的部署可以看出。

事因趙若思督師海上後，想壯大私人力量的念頭不曾稍止，「翻念安頓場所
莫如東番」，於是收沈國棟及其同夥楊鐘國，還有廈門把總林志武、澎湖把總方
興為羽翼，「遂收楊、沈為唇齒，廈門把總、澎湖把總皆附焉，蓋七日而築城赤
勘（赤崁）矣。」自此，一夥在海上橫行霸道，勒索商賈，「若思益發舒自得，挾
妓數輩，歌舞樓船為樂」。

新任福建巡撫王士昌（一五六一～一六二六）在萬曆四十六年（一六一八）年
九月上任，一上任就掌握了他的劣跡，想除掉他。剛好沈國棟跑到台灣之事事跡
敗露，於是前去面見王世昌和刑部主官，聲稱自己是被抓到台灣去的，但也建議
王世昌屯田台灣之策。

　　王世昌將計就計，「佯令國凍與若思、志武往諭林謹吾來歸，以覘其舉止」，但實際是調兵遣將，將其一幫人陸續擒獲伏法。據曹學佺《石倉全集》的記載「（萬曆）四十六年（一六一八），巡撫王士昌提孽寇趙秉鑑斃諸監獄。」

　　因此，總結王士昌從一六一七至一六一八這一年內，藉假意安撫行動掃清趙若思黨羽一事可以看出，他當時的對台策略，基本上是孤立島內林謹吾等與日方有往來的私商，以及掃蕩福建這邊像趙若思這樣勾結台灣的新興海上力量。也就是對台灣採取了堅壁清野，但卻默許來自日本的華商力量在島內自發成長的政策，但另一方面卻不鼓勵福建民間力量往台灣發展。或許正是因為王士昌這樣的思路，而有一六一八年李旦得以繼續步林謹吾之後，於北港之外，在林鳳待過的魍港建立了他的山頭，留供顏思齊、鄭芝龍的勢力在台灣成長壯大，也讓荷蘭人能夠在一六二四年順利從澎湖進占大員和赤崁，而明朝官方卻從此對台灣沒有進一步的作為。

　　值得一提的是，由於赤崁一地有了趙若思築城的根基，到一六二四年荷蘭人準備從澎湖撤至現在稱為安平的大員前夕，赤崁一帶顯然已經發展出一定的以漢人為主的聚落規模，這或許是荷蘭人最後選取與赤崁相鄰的海濱沙洲大員為其落腳台灣第一站，並將普羅民遮城設址於赤崁的主要原因。但無論如何，不容否認的是，趙若思是開發現在台南的第一人。

　　近期有漳州閩台文史研究學者涂志偉撰文一篇，題為〈明萬曆末年間台灣赤崁築城及晚明台灣開發〉，對趙若思赤崁築城和同時期台灣開發之事，作了一些更正和不少補充。

　　譬如確定趙若思的官位是「水標中軍左翼把總」，指出他在「萬曆四十五年（一六一七）五月，在福建巡撫黃承玄指揮下，隨沈有容參戰」圍剿明石道友所率三艘日船，「獲東沙之捷」。並在萬曆四十五年（一六一七）八月之後至萬曆四十六年（一六一八）九月之前築成赤崁城砦等。

　　至於七日築城，似為誇張之說，但〈台灣赤崁築城〉一文認為，可能是採用了「鄭成功軍隊攻打崇明縣城即今上海清軍時就已採用的『蓬蓁』」，即以閩南人所用的「把土或沙（並添加石子）填到竹子編製的簍筐」堆砌而成。特此舉列，以為參考。[28]

五、結語

　　自從多年前台灣史的研究進入大航海時代以來，這方面的各方研究為我們提供了許多有益的歷史論述。但台灣史前末期與大航海時代相互銜接的歷史，至今仍多不詳之處。

　　本文是試圖對上述部分的歷史作進一步探討的嘗試。期待今後能有更多這方面的中西史料被發掘出來，這對幫助我們完整理解台灣的全部歷史，將有極大的助益。

注釋

1. 黃國恩，〈跨越千年傳播萬里的台灣玉〉，《科學發展》，二〇一七年四月／第五三二期，頁二十八～三十二。

2. 引自陳明光、靳小龍，〈論唐代廣州的海外交易、市舶制度與財政〉，《中國經濟史研究》，二〇〇五年，第一期，頁一一四。

3. 《宋會要輯稿》。

4. 見聯合教科文組織網頁：https://zh.unesco.org/silkroad/content/nizhidaoma-wuduankaoguyizhihefeilubinz aihaishangsichouzhiluzhongdezuoyong。

5. 武端市曾同時出土宋代青瓷與大量造型優美的金飾，這些黃金飾品可能也是一千年前蒲端國立國時期的重要對外貿易商品。台東史前博物館展有在台灣極為罕見的出土黃金頸飾，表明台灣與蒲端國之間可能存有貿易關係。

6. 英文全稱：*The Suma Oriental of Tomé Pires: An Account of the East, from the Red Sea to Japan, Written in Malacca and India in 1512-1515, and The Book of Francisco Rodrigues, Rutter of a Voyage in the Red Sea, Nautical Rules, Almanack and Maps, Written and Drawn in the East before 1515*，1944 年葡萄牙製圖學家 Armando Cortesão 重編，英國 Haklyut Society 發行。

7. 見上，第一卷，頁一三〇。

8. 同上，第一卷，頁 lxxviii-lxxix。

9. 關於這幅西方最早的台灣地圖，也可參看本文作者在《閩南海上帝國——閩南人與南海文明的興起》（如果出版社，2013 年）第 169 頁的簡要解說。另可參閱在澳門從事中葡交往史研究的 Ivo Carneiro de Sousavo Carneiro de Sousa 更詳細說明的相關文章, The First Portuguese Maps of China in Francisco Rodrigues' Book and Atlas(c.1512), January, 2013 https://www.researchgate.net/publication/279192054_The_First_Portuguese_Maps_of_China_in_Francisco_Rodrigues'_Book_and_Atlas_c1512。

10. 王日根、黃友泉引《崇禎長篇》卷六三，崇禎五年九月乙卯條，「自昇平久，而額軍、額船，漸失制，指揮、千百戶等官，足不逾城，會哨之法杳然矣」，指出「軍政的廢弛，巡哨的不行，才是明代中葉水寨職能喪失的關鍵因素。」見王日根、黃友泉，〈海防地理視域下的明代福建水寨內遷〉，《明史研究論叢》第十三集，頁六十一。

11. 楊國楨引《明宣宗實錄》卷一〇三，宣德八年六月己未。見楊國楨，〈東亞海域漳州時代的發端——明代倭亂前的海上閩南與葡萄牙（1368-1549）〉，澳門文化局《文化雜誌 2002》，頁九十五。

12. 同上楊國楨文，頁九十六。

13. 同上，頁九十六～九十七。

14. 可參考《閩南海上帝國》，頁一四〇～一四四。

15. 同前，頁九十八。

16. 楊國楨引朱紈：《甓餘雜集》卷二，〈閩視海防事〉。見同上，頁九十九。

17. 葡萄牙多明我會傳教士 Friar Gadper Da Cruz (1520-1570) 於一五六九年出版的葡萄牙文本中國專書，也是歐洲繼馬可波羅之後第一本專門記述中國的書籍，*Treatise of China and the Adjoying Regions*（一九五三年 Haklyut Society 出版英文版），在第三卷第五章，頁五四〇～五五六中，對這段歷史與相關案件的來龍去脈有詳細的描述。

18. 周碩勳：《(乾隆)潮州府志》卷三十八《征撫》。

19. 徐曉望，〈曹學佺《石倉全集》與晚明台灣澎湖的開發〉，《海峽兩岸台灣史學術研討會論文》，二〇〇六，頁七〇。

20. 據 Samuel Purchas 編，*Hakluytus Posthumus or Purchas His Pilgrimes, Contayning a History of the World in Sea Voyages and Lande Travells by Englishmen and others*, Glasgow, 1908, 卷十二，第三章，頁一五四～一六八。

21. 引徐曉望，同前，頁七十三～七十四。

22. 徐曉望引曹學佺：《曹能始先生石倉全集》《湘西紀行》卷下，海防，頁四十六。同前，頁七〇～七十。

23. Hakluyat Society 編，*Diary of Richard Cocks, cape-merchant in the English factory in Japan, 1615-1622, with correspondence*（1615-1622 年日本英國商館館長理查‧考克斯日記，附通信），in 2 vols., London, 1883，卷二，頁二九八。

24. 陳小沖，〈張燮《霏雲居續集》涉台史料鉤沉〉，《台灣研究集刊》，二〇〇六第一期（總第九十一期），頁七十四。

25. 「(萬曆)四十六年（一六一八），巡撫王士昌提孽寇趙秉鑒斃諸獄。秉鑒即若思也。往犯常刑，幸免，復謀海總。初焉招賊充兵，後竟連兵作賊，外結東番逆酋為援，內糾漳泉叛民為黨，建議襲取東番，實啟兵端。以圖巨測。至是誅滅，漳人德之，見於縉紳公揭。」同前，頁七十三。

26. 同注9，《大航海時代的台灣》，頁八十五～八十六。

27. 曾任福建右政使的沈演（一五六六～一六三八）稱其為「林錦吾」。

28. 涂志偉，〈明萬曆末年間台灣赤崁築城及晚明台灣開發〉，《閩學研究》（季刊），二〇一九年第三期（總第十九期），頁五十九～七十三。

年 表

公元與年號	重 要 事 件
1340 元順帝至元 6 年	中國十五名使臣抵印度蘇丹王國都城德里，會見摩洛哥旅行家伊本‧巴圖塔。
1341 元順帝至正 1 年	伊本‧巴圖塔奉印度蘇丹王國國王之命出使中國。
1346 元順帝至正 6 年	伊本‧巴圖塔抵達泉州。
1368 明太祖洪武 1 年	朱元璋稱帝，建立明朝。
1369 明太祖洪武 2 年	倭寇侵擾山東、浙江沿海。
1371 明太祖洪武 4 年	朱元璋「以海道可通外邦，故嘗禁其往來。」
1372 明太祖洪武 5 年	明使僧祖闡、克勤使日。
1374 明太祖洪武 7 年	明政府派兵巡海，防備倭寇。
1383 明太祖洪武 16 年	明與日本絕交。
1390 明太祖洪武 23 年	朱元璋以「兩廣、浙江、福建愚民無知，往往交通外番，私易貿易，故嚴禁之。」
1405 明成祖永樂 3 年	鄭和第一次出使南洋（～ 1407 年）。
1415 明成祖永樂 13 年	葡萄牙人跨過地中海占領北非摩洛哥重要港口休特。
1417 明成祖永樂 15 年	鄭和第五次出使南洋，行前至泉州參拜伊斯蘭兩聖人墓，祈求航行平安。
1419 明成祖永樂 17 年	葡萄牙亨利王子任阿爾加維省總督，醉心推動葡萄牙的航海事業。倭寇侵遼東。
1423 明成祖永樂 21 年	中山王統一琉球，派使臣到中國請封。
1433 明宣德 8 年	鄭和於第七次遠航回程途中在印度西南海岸的古里（加利卡特）外海去世，鄭和船隊的遠航壯舉劃下句點。
1434 明宣宗宣德 9 年	日本勘合貿易船初次發遣中國。
1436 明英宗正統 1 年	德國人 Johannes Gutenberg 發明金屬活字印刷機。
1439 明英宗正統 4 年	倭寇侵浙江台州。
1453 明景帝景泰 4 年	土耳其滅東羅馬帝國，占有君士坦丁堡。
1455 明景帝景泰 6 年	歐洲使用 Gutenberg 活字印刷機印出首部聖經，開啟了知識傳播的大門。
1479 明憲宗成化 15 年	西班牙阿拉岡和卡斯提王國在斐迪南和伊莎貝拉夫婦手中合併。
1486 明憲宗成化 22 年	葡萄牙人狄亞士發現非洲好望角。
1492 明孝宗弘治 5 年	斐迪南和伊莎貝拉夫婦完成西班牙的完全統一；哥倫布抵達加勒比海聖薩爾瓦多島。
1494 明孝宗弘治 7 年	西班牙、葡萄牙簽署瓜分東西半球的條約。
1498 明孝宗弘治 11 年	達伽瑪繞道好望角經東非蒙巴薩穿越印度洋抵印度加利卡特。
1500 明孝宗弘治 13 年	葡萄牙人抵巴西。
1502 明孝宗弘治 15 年	哥倫布最後一次航抵加勒比海，抵達今巴拿馬運河進口處。
1504 明孝宗弘治 17 年	葡萄牙在印度設總督。

公元與年號	重　要　事　件
1510 明武宗正德 5 年	葡萄牙人阿布克奇占領印度果阿（古稱臥亞），建立控制印度西海岸的據點。
1511 明武宗正德 6 年	阿布克奇占領馬來半島的要衝麻六甲，打開了從歐洲通往東方的航路。
1512 明武宗正德 7 年	葡萄牙侵入香料產區摩鹿加群島。
1513 明武宗正德 8 年	一位葡萄牙商人抵廣東珠江口屯門進行香料貿易。
1515 明武宗正德 10 年	至 1520 年，葡萄牙使臣和商人陸續抵廣東外海要求通商。
1519 明武宗正德 14 年	葡萄牙人麥哲倫受西班牙國王支助率五艘船隻組成的艦隊沿南美洲尋找往東方航路，次年十一月繞過南美南端抵達太平洋。
1520 明武宗正德 15 年	葡萄牙船隊在廣東東莞茜草灣與中國艦隊首次發生武裝衝突，葡萄牙人被擊退。
1521 明武宗正德 16 年	麥哲倫在菲律賓遇害。僅存的兩艘船隻在十一月抵達摩鹿加群島，其中一艘為葡萄牙人劫走。剩下的「維多利亞號」經南非好望角在次年九月回到西班牙，完成人類首次海上環球壯舉。
1524 明世宗嘉靖 3 年	義大利人維拉扎諾航抵今紐約市南端海灣。
1526 明世宗嘉靖 5 年	葡萄牙人抵舟山雙嶼港與中國私商進行走私貿易。到此進行走私貿易的還有日本人、馬來人、琉球人、暹羅人、印度人和衣索匹亞人。
1540 明世宗嘉靖 19 年	安徽人王直到廣東造船，往日本、暹羅貿易，在暹羅結識葡萄牙人。
1543 明世宗嘉靖 22 年	三名住在暹羅的葡萄牙人與王直因船隻遇風漂到日本南方的種子島，這是日本初次與歐洲人接觸。西洋火器傳入日本。王直抵平戶。
1544 明世宗嘉靖 23 年	中國海盜許二抵平戶。
1545 明世宗嘉靖 24 年	明軍焚燬雙嶼港的葡萄牙船。
1547 明世宗嘉靖 26 年	葡萄牙人入侵月港（今漳州）。倭寇攻寧波、台州。
1548 明世宗嘉靖 27 年	葡萄牙人在雙嶼的走私據點為浙江巡撫朱紈搗毀，逃抵漳州浯嶼、月港。隨後因與當地官府產生衝突，又移師廣州外海的上川島和浪白澳。
1549 明世宗嘉靖 28 年	王直結合倭寇劫掠中國沿海。西班牙人征服阿根廷。耶穌會創始人之一的西班牙籍教士沙勿略登陸日本九州南端的鹿兒島，天主教開始傳入日本。
1551 明世宗嘉靖 30 年	葡萄牙船航抵日本九州東北的豐後進行貿易，途經台灣時，以福爾摩沙（Formosa）稱呼。中國海盜徐海抵平戶。沙勿略自日本返回印度果阿。中日勘合貿易終止。
1552 明世宗嘉靖 31 年	沙勿略自果阿抵廣東珠江口的上川島，年底病逝。
1553 明世宗嘉靖 32 年	葡萄牙人向中國官員「借住」澳門。
1554 明世宗嘉靖 33 年	福爾摩沙（Formosa）之名首度標上葡萄牙人的地圖。倭寇侵入溫州。俞大猷在吳淞擊敗倭寇。漳州籍海盜陳老「結巢澎湖」。
1555 明世宗嘉靖 34 年	王直引倭寇從江蘇太倉攻入蘇州、南京，在南京安定門一帶縱火焚燒和屠殺平民 4500 人。
1556 明世宗嘉靖 35 年	俞大猷敗倭寇於廣東黃浦。戚繼光在浙江組民軍禦倭。明使鄭舜功從九州島豐後登陸日本。
1557 明世宗嘉靖 36 年	倭寇入侵揚州。
1558 明世宗嘉靖 37 年	倭寇入侵福建、浙江，遭戚繼光擊退。
1559 明世宗嘉靖 38 年	王直被計誘回國，斬首於杭州。

公元與年號	重要事件
1560 明世宗嘉靖 39 年	倭寇侵入浙江湖州。
1561 明世宗嘉靖 40 年	戚繼光在浙江連敗倭寇。
1562 明世宗嘉靖 41 年	「唐船」（日本對中國貿易船的通稱）航抵長崎。戚繼光在福建興化擊敗倭寇。
1563 明世宗嘉靖 42 年	俞大猷、戚繼光在福建再敗倭寇。廣東惠來籍海盜林道乾為俞大猷追至澎湖，後遁入今台灣嘉義一帶。
1565 明世宗嘉靖 44 年	西班牙人占領菲律賓，在宿務建立西人在亞洲的第一個殖民地。西班牙人占據廣東虎跳門，廣東當局派兵焚燒其據點。戚繼光在福建福寧再敗倭寇，福建、廣東倭患平定。
1566 明世宗嘉靖 45 年	年底爆發尼德蘭反抗西班牙天主教壓迫為名義的基督教武裝反叛。
1567 明穆宗隆慶 1 年	明政府開放月港為對南洋貿易港口。廣東籍海盜曾一本作亂。葡萄牙船航抵長崎。荷蘭反叛西班牙統治的武裝叛亂幾個月內被平息。
1568 明穆宗隆慶 2 年	織田信長進入京都，統治日本。
1569 明穆宗隆慶 3 年	明軍平曾一本亂。
1570 明穆宗隆慶 4 年	荷蘭 1570 年出版的地圖開始標示 Formosa，但被當作硫球的一部分。長崎開港。
1571 明穆宗隆慶 5 年	西班牙人在菲律賓的殖民總部從宿務轉移到馬尼拉，途遇被當地土著稱為 Sangleys（生理人）的中國商人，開啟了與華人貿易的契機。
1572 明穆宗隆慶 6 年	尼德蘭海上武裝游擊隊攻占荷蘭省南方的 Brill 港，引發全面反叛西班牙的武裝叛亂。
1574 明神宗萬曆 2 年	廣東饒平籍海盜林鳳為明軍追擊逃至台灣魍港（今嘉義縣布袋鎮好美里），後率眾襲擊馬尼拉西班牙人失敗。倭寇又侵浙、粵沿海。
1575 明神宗萬曆 3 年	日本長篠之戰，織田信長、德川家康聯軍以西式火器擊敗武田勝賴馬軍。明工科給事中李熙上書建議造西洋火器，將浙江歲造軍械內一半改造鳥銃，福建、廣東軍械一半改造熟鐵佛郎機百子銃。
1576 明神宗萬曆 4 年	尼德蘭南方各省（今比利時部分）參加反叛西班牙的行動。
1578 明神宗萬曆 6 年	耶穌會東方傳教區視察員范禮安（Alessandro Valignanao）神父往日本視察途中抵澳門，居留八個月，迎合中國習俗，試圖開闢中國教區。
1579 明神宗萬曆 7 年	尼德蘭南方各省脫離反叛西班牙的行動，北方各省成立烏特列支聯盟，繼續反抗。英國神父 Thomas Stephens 抵達印度。
1580 明神宗萬曆 8 年	義大利籍耶穌會教士利瑪竇抵澳門。葡萄牙併入西班牙。
1581 明神宗萬曆 9 年	明朝宰相張居正推行「一條鞭法」。尼德蘭北方各省宣布脫離西班牙國王菲利普二世的統治，荷蘭共和國開始成形。
1582 明神宗萬曆 10 年	一艘西班牙船航經台灣海峽，稱台灣為 Hermosa。由澳門前往長崎的葡萄牙船在台灣附近遇難。織田信長遇刺身亡，豐臣秀吉統治日本。倭寇侵入溫州。日本九州大名有馬晴信等派出少年使節團經果阿前往歐洲參拜教皇（1590 年回到長崎）。
1583 明神宗萬曆 11 年	女真努爾哈赤開始攻打明朝遼東建州各部。豐臣秀吉大阪城建築完成。
1584 明神宗萬曆 12 年	一艘迷航的西班牙船航抵平戶。
1586 明神宗萬曆 14 年	馬尼拉的西班牙人建議國王菲利普二世出兵占領台灣。
1587 明神宗萬曆 15 年	豐臣秀吉平定九州。

公元與年號	重 要 事 件
1588 明神宗萬曆 16 年	豐臣秀吉發布「刀狩令」，禁止農民擁有武器；頒發「賊船停止令」，禁止倭寇出航。西班牙無敵艦隊在英吉利海峽為英國艦隊擊敗。
1590 明神宗萬曆 18 年	豐臣秀吉平定日本全國，德川家康受封關東地區，進駐江戶（今東京）。豐臣秀吉向葡萄牙果阿總督發出國書，要求進貢。
1592 明神宗萬曆 20 年	豐臣秀吉第一次出兵侵略朝鮮，明朝派兵援朝。豐臣秀吉頒布「朱印船制度」。菲律賓總督特使科博（Juan Cobo）自馬尼拉抵日本。
1593 明神宗萬曆 21 年	明將李如松進軍平壤，擊退日軍。努爾哈赤征服海西諸部。豐臣秀吉遣部屬原田孫七郎前往馬尼拉，責令西班牙總督進貢，並在途經台灣時要求「高山國王」納貢。
1594 明神宗萬曆 22 年	努爾哈赤征服長白諸部。在馬尼拉的一名中國船員刺殺了西班牙駐馬尼拉總督達斯馬里納。荷蘭出版的地圖開始用斷續的方塊標示台灣。
1595 明神宗萬曆 23 年	荷蘭船隊首次繞道南非好望角航抵印尼萬丹。鄭芝龍出生。
1596 明神宗萬曆 24 年	自馬尼拉前往墨西哥的西班牙船「聖菲利普號」漂流到四國島土佐（今高知縣），因船員揚言將以教士為先鋒征服日本，豐臣秀吉下令全面禁教，並處死廿六名教徒。「聖菲利普號」船長回馬尼拉後建議占領台灣一港口。西人驅逐馬尼拉的 12,000 華人回國。
1597 明神宗萬曆 25 年	豐臣秀吉再度發兵侵略朝鮮。明設 850 名澎湖遊兵。
1598 明神宗萬曆 26 年	西班牙兩艘兵船載員兩百多人征討台灣，因遇逆風無功而返。荷蘭人范聶克和明朝史書所稱的韋麻郎首次率船隊自好望角航抵南洋。豐臣秀吉病歿，日本召回侵朝軍隊。
1599 明神宗萬曆 27 年	建州女真創立滿文。
1600 明神宗萬曆 28 年	荷蘭人范努爾特率領的艦隊繞道南美從太平洋方向航抵馬尼拉。西班牙船「聖地亞哥號」在馬尼拉灣為荷蘭艦隊擊沉。自太平洋方向過來的荷蘭船隻漂抵日本九州島豐後，英國籍領航員阿當姆斯（三浦按針）受德川家康禮遇。日本「關原之戰」，德川家康從豐臣家族手中取得日本統治權。英國東印度公司成立。德國出版火箭、手榴彈和迫擊砲的製造和射擊書籍。
1601 明神宗萬曆 29 年	荷蘭人范聶克率第一艘荷蘭船航抵澳門，為葡萄牙人驅走。
1602 明神宗萬曆 30 年	荷蘭聯合東印度公司成立。明漳州浯嶼把總沈有容追剿倭寇抵今台南一帶。
1603 明神宗萬曆 31 年	德川幕府在江戶開府。荷蘭人韋麻郎率船抵澳門，為葡萄牙人開砲轟走。馬尼拉的西班牙人屠殺華人 25,000 人。隨沈有容到台灣的福建連江文人陳第寫《東番記》，記述今台南一帶風土人情。
1604 明神宗萬曆 32 年	韋麻郎率荷蘭人占領澎湖 131 天，為沈有容驅逐。德川家康頒發「朱印狀」推動海外貿易，確立「絲割符制度」。法國東印度公司成立。
1605 明神宗萬曆 33 年	西班牙出版塞萬提斯的《唐吉訶德》。法國開始殖民加拿大。
1607 明神宗萬曆 35 年	明朝官員徐光啟譯成《幾何原本》。荷蘭海軍在直布羅陀擊敗西班牙艦隊。英國人在北美洲今維吉尼亞詹姆斯鎮建立第一個歐洲人永久殖民地。荷蘭人 Jacob de Gheyn 出版軍事操典書籍，書中荷蘭士兵的武器操典圖案已非常接近現代軍人的操作。在馬尼拉的華商李旦因受西班牙人欺凌，轉往長崎、平戶發展。
1608 明神宗萬曆 36 年	長崎領主有馬晴信的船隻航抵澳門，因船員滋事，為葡萄牙人驅逐。法國人在加拿大建魁北克城。

公元與年號	重 要 事 件
1609 明神宗萬曆 37 年	日本完成對琉球的支配。日人第一艘歐式帆船橫渡太平洋，抵墨西哥。長崎領主有馬晴信奉德川家康之命派船「招諭」台灣向日本進貢，在台灣北部遭遇頑抗，並抓走數名澎湖漁民前往日本。有馬晴信的船隻焚燬停在長崎港內的一艘葡萄牙船。荷蘭人在平戶設立商館。西班牙、荷蘭簽署休戰條約。英國人哈德遜航抵今紐約市海灣，進入哈德遜河。義大利人伽利略發明望遠鏡。
1612 明神宗萬曆 40 年	鄭芝龍受西班牙人迫害，逃出馬尼拉，抵平戶。
1613 明神宗萬曆 41 年	英國商館在平戶開設，租用李旦在平戶港邊的房子。
1614 明神宗萬曆 42 年	荷蘭人根據哈德遜的調查，在今紐約州首府奧本尼附近設貿易站。
1615 明神宗萬曆 43 年	日本德川與豐臣家族在「大阪之夏」戰役中最後決戰，豐臣家族滅亡。德川家康向長崎代官村山等安發出「高砂國渡船朱印狀」，令其組遣船隊，準備征討台灣。李旦與他在長崎的弟弟華宇亦領有該朱印狀，開始派船赴台，在魍港設立對大陸轉口貿易基地。努爾哈赤建八旗軍制。
1616 明神宗萬曆 44 年	除「唐船」外，日本只允外國船隻進入長崎、平戶二港。村山等安次子村山秋安率征台艦隊自長崎出發，在琉球遇暴風失散，其部將明石道友所率一船抵台灣北部，士兵一、二百名登陸後為土著包圍，集體自殺，餘下二船逃抵福建海面，殺害一千多名中國百姓。德川家康病歿。努爾哈赤稱汗建後金國。
1618 明神宗萬曆 46 年	荷蘭人科恩被任命擔任東印度公司駐印尼總督。
1619 明神宗萬曆 47 年	科恩擊敗英國在南洋的艦隊，取得南洋貿易和香料主導權，並在改名為巴達維亞的雅加達建立城堡，作為荷蘭東印度公司的統治中心。英人三浦按針在平戶病故。閩籍華僑在長崎建興福寺。荷蘭、英國同意互派五船組成聯合艦隊航行台灣海峽之上，阻止西班牙、葡萄牙船隻前往日本和阻止中國船隻前往馬尼拉貿易。
1621 明熹宗天啟 1 年	為完全掌握香料，科恩下令屠殺香料產地班達島居民一萬五千多人，島上居民幾被消滅殆盡。荷屬西印度公司成立。
1622 明熹宗天啟 2 年	荷蘭艦隊在雷約茲率領下進攻澳門，慘遭失敗後再度占領澎湖。荷蘭艦隊洗劫廈門、漳州、東山一帶沿海村莊。
1623 明熹宗天啟 3 年	福建新任巡撫南居益計誘荷蘭人，在廈門港誘捕五十二人，斬殺八人。日本下令關閉平戶英國商館。科恩離任回國，德卡本特繼任荷蘭東印度公司印尼總督。荷蘭艦隊司令雷約茲到今台南一帶勘察地形地勢。
1624 明熹宗天啟 4 年	鄭芝龍自平戶抵澎湖任荷人通事，後隨荷人轉移到大員（今台南安平）。南居益派重兵進攻占據澎湖的荷蘭人，在旅日華商李旦的斡旋下雙方達成協議，荷蘭人撤出澎湖，退據大員；明朝當局允荷人據台與中國進行貿易。荷蘭人自澎湖轉移大員。鄭成功在平戶出生。荷蘭人移民北美殖民地包括今紐約市和紐約州一帶。
1625 明熹宗天啟 5 年	宋克任首任台灣長官，用十五疋粗棉布的代價從新港社人手中換取大片土地。鄭芝龍辭去荷蘭人的工作，從事海上生涯。李旦病逝平戶，鄭芝龍繼承其龐大財富和勢力。荷蘭人自大員派船到馬尼拉、澳門騷擾西班牙、葡萄牙人的航路。
1626 明熹宗天啟 6 年	西班牙人船隻經台灣東海岸北上占領雞籠（今基隆）。鄭芝龍部襲擊福建漳浦、劫掠金門、廈門、銅山（今東山）等地。明招撫鄭芝龍未成。明將袁崇煥巡撫遼東，金努爾哈赤歿，皇太極繼位。長崎代官末次平藏派濱田彌兵衛到台收購生絲，遭荷蘭長官宋克限制行動。

公元與年號	重 要 事 件
1627 明熹宗天啟 7 年	袁崇煥被貶，明思宗即位，殺宦官魏忠賢。第二任荷蘭台灣長官德韋特與明軍合作在東山海面夾擊鄭芝龍，鄭芝龍大敗荷蘭人，攻陷廈門，處死李旦在廈門的代理商許心素。濱田彌兵衛自台灣逃回日本，同行帶走十六名新港社土民，荷日關係出現裂痕。第一位荷蘭傳教士甘迪留斯抵台。
1628 明思宗崇禎 1 年	西班牙人占領淡水。科恩回任印尼東印度公司總督，訓令第三任荷蘭在台長官訥茨以武力打開對華貿易。濱田彌兵衛帶新港社土民回台，遭訥茨扣押，三個月後再逃回日本，幕府下令關閉平戶荷蘭商館。鄭芝龍受撫。長崎閩籍華僑福濟寺建成。袁崇煥再督遼東。李自成、張獻忠造反。
1629 明思宗崇禎 2 年	長崎閩籍華僑崇福寺創建。荷蘭東印度公司總督科恩病逝。第二位荷蘭傳教士尤紐斯抵台。荷蘭訥茨長官派艦進攻淡水西班牙人失利。
1630 明思宗崇禎 3 年	鄭芝龍先後剿滅叛變部屬李魁奇、鍾斌。崇禎殺袁崇煥。鄭芝龍派人接鄭成功回國定居。
1631 明思宗崇禎 4 年	第四任荷蘭台灣長官普特曼斯到福建打通貿易通道，無功而返。
1632 明思宗崇禎 5 年	鄭芝龍部將劉香勢力崛起，與鄭芝龍部在福州海面發生嚴重武裝衝突。福建對台實施嚴格海禁，但鄭芝龍設法走私大量貨物到台。鄭芝龍二媽黃氏到台貿易。荷蘭東印度公司將訥茨解送平戶關禁，日、荷貿易衝突結束，荷蘭平戶商館重開。西班牙人撫平台北平原各族先住民。
1633 明思宗崇禎 6 年	七月荷蘭人與劉香合作突襲廈門，鄭芝龍部損失慘重。九月鄭芝龍反擊，在金門料羅灣大敗荷人，劉香敗逃，荷人重與鄭芝龍修好。在居住大員的福建同安籍商人林亨萬的協調下，台灣、福建之間貿易開始興旺起來。
1634 明思宗崇禎 7 年	劉香突襲大員熱蘭遮城失敗。日本幕府禁日本人渡航海外。長崎開始建築人工島嶼出島。中國僧人默子在長崎架設石造眼鏡橋，為日本建造防洪石造拱橋之始。
1635 明思宗崇禎 8 年	鄭芝龍在廣東海面大敗劉香，劉香自焚而死，鄭芝龍完全掌控台海海域，福建商船源到台貿易。唐船對日貿易限定在長崎進行。荷人征討台灣島內麻豆社。
1636 明思宗崇禎 9 年	荷人征討台灣蕭壠社、小琉球。其中征討小琉球的行動為荷蘭東印度公司總督科恩1620年征討班達的翻版，島民幾乎遭滅絕。荷蘭人傳教士尤紐斯在台灣設立第一所小學，收新港社二十名小孩入學。北美哈佛大學創建。後金改國號為清。
1637 明思宗崇禎 10 年	荷蘭統治者開始派員勘察台灣東部，尋找黃金。日本九州發生島原之亂，幕府出兵平亂。宋應星《天工開物》印行。
1638 明思宗崇禎 11 年	明朝邸報改用活字排印。日本平定島原之亂。
1639 明思宗崇禎 12 年	西班牙人屠殺馬尼拉華人 22,000 人。日本發布鎖國令，除唐船和荷蘭船外，外國船隻不得進入日本。
1640 明思宗崇禎 13 年	葡萄牙脫離西班牙恢復獨立。
1641 明思宗崇禎 14 年	荷蘭人攻雞籠西班牙人，西人投降撤出台灣。平戶荷蘭商館關閉，業務轉移到長崎人造島出島，日、台間貿易完全在出島進行。
1642 明思宗崇禎 15 年	明將洪承疇降清。鄭經出生。
1644 清世祖順治 1 年	李自成攻陷北京，清軍入關，福王朱由崧在南京建立政權。
1645 清世祖順治 2 年	清屠城揚州、陷南京，福王政權滅亡。明魯王朱以海在紹興、唐王朱聿鍵在福州建立政權。鄭芝龍派員接田川氏到中國。

公元與年號	重　要　事　件
1646 清世祖順治 3 年	鄭芝龍降清。明魯王逃亡入海，清軍占福州，唐王政權滅亡。鄭成功母親田川氏遭清兵姦殺。鄭成功舉兵抗清。明桂王朱由榔在廣東肇慶建立政權。
1648 清世祖順治 5 年	荷蘭獲西班牙承認正式獨立。
1650 清世祖順治 7 年	鄭成功殺族兄鄭聯、鄭彩兄弟，占有金門、廈門基地。
1651 清世祖順治 8 年	明魯王至廈門投靠鄭成功。
1652 清世祖順治 9 年	郭懷一舉事反抗荷蘭人失敗。
1656 清世祖順治 13 年	鄭成功對台灣的荷蘭人實施海上封鎖，中國船隻不許到台灣貿易。
1657 清世祖順治 14 年	台灣的荷蘭人派通事何斌到廈門與鄭成功談判恢復通商事宜，鄭成功宣布解除對台貿易禁令。
1659 清世祖順治 16 年	鄭成功攻打南京，兵敗江南。
1660 清世祖順治 17 年	何斌逃抵廈門向鄭成功獻攻台水道圖。鄭成功召開第一次東征台灣會議。
1661 清世祖順治 18 年	鄭成功召開第二次東征會議，在廈門祭江，移師金門料羅灣，發兵攻打台灣的荷蘭人，登陸台灣本島，包圍大員熱蘭遮城荷人總部。清軍致函荷蘭人，欲聯手對付鄭成功未成。鄭成功在台灣設一府二縣，改大員為安平鎮。清政府將鄭芝龍斬首於北京。
1662 清聖祖康熙 1 年	荷蘭人向鄭成功投降，退出台灣。鄭成功病逝台灣，子鄭經繼位。鄭成功義大利籍外交顧問李科羅神父前往馬尼拉，轉達要求西人臣服之意，當地華人聞訊起而反抗西班牙人，遭屠殺者數千。
1663 清聖祖康熙 2 年	清、荷聯合攻占金門、廈門，鄭經主力東渡台灣。
1664 清聖祖康熙 3 年	荷蘭人捲土重來占領雞籠。清、荷聯軍攻台失利。荷蘭人將北美的紐約屬地移交英國。
1668 清聖祖康熙 7 年	荷人因巨額貿易虧損，放棄雞籠，完全退出台灣。西班牙承認葡萄牙獨立。
1681 清聖祖康熙 20 年	鄭經死，次子鄭克塽繼位。
1683 清聖祖康熙 22 年	清將施琅攻克澎湖，登陸台灣，鄭氏政權投降，清領有台灣。
1684 清聖祖康熙 23 年	台灣設府、縣，歸福建省管轄。
1686 清聖祖康熙 25 年	西班牙人屠殺馬尼拉華人，死難人數不詳。

大航海時代的台灣
Taiwan in the age of exploration

作　　　者—湯錦台

封面設計—萬勝安

內文設計—賴盈成

執行編輯—劉文駿

行銷業務—王綬晨、邱紹溢

行銷企劃—曾志傑、劉文雅

副總編輯—張海靜

總　編　輯—王思迅

發　行　人—蘇拾平

出版　如果出版

發行　大雁出版基地

地址　台北市松山區復興北路 333 號 11 樓之 4

電話（02）2718-2001

傳真（02）2718-1258

讀者傳真服務（02）2718-1258

讀者服務 E-mail andbooks@andbooks.com.tw

劃撥帳號 19983379

戶　　　名　大雁文化事業股份有限公司

出版日期 2022 年 9 月 再版

定　　　價　450 元

ISBN 978-957-8567-96-2

國家圖書館出版品預行編目資料

大航海時代的臺灣 / 湯錦台著 . – 再版 . – 臺北市 : 如果
出版 : 大雁出版基地發行 , 2022.09
面 ; 公分
ISBN 978-957-8567-96-2（平裝）
1. 臺灣史 2. 荷據時期 3. 明鄭時期
733.25　　　　　110004522